교실에서 바로 쓰는 SDGs
지속가능발전놀이
72

지속가능발전놀이 72

초판 1쇄 발행 2025년 3월 14일

지은이 | 홍표선, 김은샘, 배지은, 서혜승, 이슬, 이여빈, 이은주, 이정화, 이혜빈, 전주현, 주혜지
발행인 | 최윤서
편집장 | 최형임
디자인 | 김수경
마케팅 지원 | 최수정
펴낸 곳 | ㈜교육과실천
저자 강의·도서 구입 | 02-2264-7775
인쇄 | 031-945-6554 두성 P&L
일원화 구입처 | 031-407-6368 ㈜태양서적
등록 | 2020년 2월 3일 제2020-000024호
주소 | 서울특별시 중구 창경궁로 18-1 동림비즈센터 505호

ISBN 979-11-91724-80-6
정가 25,000원

저작권법에 따라 한국 내에서 보호를 받는 저작물이므로 무단 전재 및 복제를 금합니다.
저자 강의 및 도서 문의는 교육과실천 02-2264-7775로 연락 주십시오.

교실에서 바로 쓰는 SDGs

지속가능발전놀이 72

홍표선 · 김은샘 · 배지은 · 서혜승 · 이슬 · 이여빈
이은주 · 이정화 · 이혜빈 · 전주현 · 주혜지 지음

교육과실천

| 추천사 |

미래사회에서 교사의 역할은 단순히 교과를 가르치는 교수자에 그치지 않습니다. 교사는 학생들에게 지속가능한 가치와 태도를 길러주는 실천가이자 활동가로서의 역할을 요구받고 있습니다. 교육이 지식 전달을 넘어 삶의 변화와 사회적 실천으로 확장될 때, 우리는 지속가능한 미래를 만들어갈 수 있습니다. 이러한 시대적 흐름 속에서 교사들의 오랜 연구 끝에 책을 발간했다는 소식이 진심으로 반갑습니다. 이 책은 지속가능발전목표(SDGs)를 교육 현장에서 자연스럽게 실천할 수 있도록 다양한 놀이와 활동을 체계적으로 구성되어 있습니다. 놀이를 통해 아이들은 스스로 지속가능성을 경험하고, 일상에서 실천하는 힘을 길러나가게 될 것입니다.

『교실에서 바로 쓰는 SDGs 지속가능발전놀이 72』는 지속가능발전교육(ESD)의 기본 가치인 협력과 공존을 충실히 담고 있습니다. 교실에서부터 가정, 지역 사회까지 연결되는 다양한 활동을 통해 학생들은 함께 살아가는 법을 배우고, 지속가능한 공동체를 만들어가는 주체적인 시민으로 성장할 수 있습니다. 교육은 더 이상 개별적인 학습이 아니라 사회적 협력과 실천을 통해 완성되는 과정임을 잘 보여주는 책입니다. 또한, 이 책을 발간한 연구회는 교사의 역할을 미래사회 실천가로 확장하며, 지속가능한 교육 실천을 선도하는 중요한 역할을 수행하고 있습니다. 연구회의 노력은 지속가능발전교육(ESD)의 현장 적용을 위한 창의적이고 구체적인 실천 모델을 제시하며, 교육을 통해 사회적 변화를 만들어가고자 하는 교사들에게 큰 영감을 줍니다.

세종시교육청도 미래교육에 발맞추어 UN대학의 지속가능발전교육거점센터(RCE)로 지정되며, 지속가능발전교육(ESD) 허브로 자리매김하고 있습니다. 이는 지역 사회와 연계한 지속가능발전교육(ESD)의 중요성을 강조하며, 교육이 지역과 세계를 연결하는 핵심 역할을 수행할 수 있음을 보여줍니다. 앞으로 더 많은 교사와 교육 관계자들이 이 책을 통해 지속가능한 미래를 위한 협력에 동참하게 되기를 기원합니다. 지속가능한 미래를 위한 교육은 한 명의 교사가 아닌, 우리 모두의 연대와 실천에서 시작됩니다. _박은민(세종시교육청 미래기획관 ESD 담당 장학사)

2024년 세계경제포럼은 글로벌 위기 요인 1위로 기상 이변을 선정한 데 이어 2025년 글로벌 최대 위기 요인으로 1위 전쟁에 이어 2위 기상 이변을 선정 발표하였다. 예측할 수 없는 폭염과 홍수, 가뭄과 산불 등 극단적인 기후 재난은 전 세계 인류가 해결하여야 하는 최대 과제이다. "지속 가능한 미래, 미래를 만드는 학교에서 시작한다."(유네스코, 2012). 학교는 학생들에게 기후 변화와 환경 문제에 대한 지식을 전달하는 중요한 장소로서 교사의 역할은 무엇보다도 중요하다. ESD는 지속 가능한 미래를 위한 필수적인 교육 방안으로, 학생들이 환경 문제를 이해하고, 지속 가능한 행동을 실천하며, 사회적 책임을 다할 수 있도록 돕기 때문이다.

30여 년간 정부 출연 연구원과 대학에서 환경과 지속가능발전교육(ESD)을 고민하고 연구하였던 교육자이자 연구자로서 『교실에서 바로 쓰는 SDGs 지속가능발전놀이 72』를 추천할 수 있어서 기쁜 마음이다. 이 책은 ESD 교육의 길잡이로서 실제 사례들과 현장에서 바로 활용할 수 있는 ESD 콘텐츠들이 풍성하게 담겨 있어 유아교육기관은 물론 초등학교 저학년 교사들에게도 큰 도움이 될 것이다.

『교실에서 바로 쓰는 SDGs 지속가능발전놀이 72』는 오랫동안 교육 현장에서 활동하며 고민하며 빚어낸 아름다운 교사들의 이야기이다. 그래서 교육 현장에서 아이들과 함께 성장하고자 하는 교사들에게 꼭 추천하고 싶다. _남영숙(전 한국교원대학교 교수)

• • •

지속가능발전교육(ESD)이 유아기에도 가능한 것일까요? 어렵게만 느껴지던 지속가능발전교육(ESD)을 유아교육 현장에서 활용할 수 있도록 구체적인 사례와 놀이를 통해 안내해 주는 오아시스와 같은 책을 만났습니다. 『교실에서 바로 쓰는 SDGs 지속가능발전놀이 72』는 지속가능발전교육(ESD)을 쉽게 풀어 설명해 주기도 하고, 현장 선생님들의 고민을 듣고 도움을 주기도 합니다. 기후와 환경으로 대표되던 지속발전가능교육이 이제는 17개의 목표를 알고 제대로 실행될 수 있도록 지침서가 되어줄 이 책을 선생님들의 필독 도서로 추천합니다. _손정민(인보유치원 원장)

• • •

'세 살 버릇 여든까지 간다'라는 속담처럼 유아기는 세상을 탐색하고 배워가는 시기이며, 이때 형성된 가치관과 습관이 평생을 좌우합니다. 지속가능발전 사회로 발돋움하는 유아들을 위해 여러 교사들이 마음을 모았습니다. 막연하고 멀게만 느껴졌던 '지속가능발전목표(SDGs)'가 과연 유아들의 삶에도 적용 가능할지 의문이 생기나요? 이 책에서는 그런 걱정이 무색할 만큼 교육 현장에서 즉시 적용할 수 있는 72가지 놀이 활동을 풍부한 사례와 함께 보여줍니다.

특히, 아이들이 놀이 속에서 주도적으로 탐구하고 협력하며, 지속가능한 사회를 만들어가는 작은 실천을 경험할 수 있도록 구성된 점이 인상적입니다. 자연과 공존하는 삶, 공정한 사회, 윤리적인 소비 등 중요한 가치를 어린 시절부터 내면화할 수 있도록 돕는 이 책은 모든 유아 교육자에게 필수적인 지침서가 될 것입니다. _홍세영(초등교사, 『지금 시작하는 나의 환경수업』, 『환경에 마음을 쓰는 중』 저자)

・・・

환경문제, 이기주의 팽배, 갈등과 분열로 인한 전쟁 뉴스를 접할 때마다 '우리 아이들이 과연 몇 세대까지 존속할 수 있을까?' 하는 걱정과 불안을 감출 수가 없습니다. 예측할 수 없어 더 불안한 미래 사회에서 '지속가능발전교육(ESD)'이 우리 아이들에게 꼭 필요한 교육임에도 불구하고 현장에서는 관련 교육에 대한 틀조차 잘 잡혀 있지 않아 고민이 깊어 가고 있을 때 『교실에서 바로 쓰는 SDGs 지속가능발전놀이 72』가 출간된다는 반가운 소식을 들었습니다. 책을 접했을 때 제목에 '놀이'라는 단어가 제일 먼저 눈에 들어오면서 아이들과 교사들이 신나고 즐겁게 놀았구나! 하는 생각과 함께 기대감이 생겼습니다.

『교실에서 바로 쓰는 SDGs 지속가능발전놀이 72』는 '지속가능발전교육(ESD)'의 전반적인 개념을 비롯해 교사들의 고민한 흔적, 뿐만 아니라 일상에서 간과했던 매체들을 낯섬으로 마주하여 놀이로 발현되고 확장되는 아이들의 놀이 과정이 잘 녹아 있습니다. 유아교육을 전공하는 예비교사는 물론 현직 교사들이 이 책을 마주했을 때 일상이 놀이인 아이들과 함께 현장에서 유연하게 잘 활용될 수 있으리라 믿습니다. _한선희(청심유치원 원장)

| 들어가며 |

아이들의 행복한 미래를 위해
우리가 해야 할 일은 무엇일까요?

"선생님, 지구가 아파서 북극곰이 살기 어려워진대요.", "생수병에 미세 플라스틱이 많아서 마시면 안 된다고 엄마가 말했어요."

아이들의 순수한 눈망울에 담긴 걱정은 우리에게도 깊은 고민을 안겨줍니다. "미래는 현재의 우리가 무엇을 하는가에 달려있다"라는 마하트마 간디의 말처럼, 아이들이 살아갈 미래를 위해 현재 우리는 무엇을 해야 할까요?

아이들이 살아가는 현재를 들여다보고, 우리의 현재는 미래와 연결되어 있음을 인지하는 것이 무엇보다 필요합니다. 무엇을 하더라도 미래와 연결 지어 생각한다면 좀 더 지속 가능한 세상을 만들 수 있을 것입니다. 이러한 세상의 기본 토대는 교육입니다. 발달의 결정적 시기인 유아기에 지속가능발전교육(ESD)은 아이들이 살아가는 방식에 영향을 주며, 바람직한 미래를 준비할 수 있는 역량을 길러줍니다.

이처럼 지속가능발전교육(ESD)은 단순히 환경 문제를 해결하는 교육을 넘어, 우리의 삶 전체를 돌아보며 미래세대까지 이어가는 교육입니다. 처음에는 '지속가능발전교육(ESD)'이라는 단어가 낯설게 느껴지고, 생태 교육에만 치중된 교육이라고 생각하기도 했습니다.

"지속가능발전교육(ESD)은 단지 환경 보호만을 의미하는 것일까? 우리가 이미 하고 있는 교육 속에 이 개념이 녹아 있지는 않을까?"

고민에 고민을 더하며 지속가능발전교육(ESD)에 대해 알아보기 시작했습니다.

지난 2년 동안 가온누리 교육연구소의 연구진들과 함께 연구하면서 지속가능발전교육(ESD)은 지금까지 우리가 해온 교육에 이미 내재되어 있음을 인지하고, 우리의 교육을 다시 바라보게 되었습니다. 또 아이들의 놀이, 학급운영, 가정 및 지역사회와의 협력 속에 지속가능발전교육(ESD)의 씨앗이 자리하고 있다는 것을 알게 되었습니다.

이러한 노력과 연구를 바탕으로 아이들의 일상에서 지속가능한 교육이 이루어질 수 있도록 『교실에서 바로 쓰는 SDGs 지속가능발전 놀이 72』를 출간하게 되었습니다.

"작은 노력들이 모여 큰 변화를 만들 수 있다"는 슬로건처럼 이 책은 지속가능발전교육(ESD)의 핵심 메시지를 바탕으로, 아이들 스스로 생각하고 행동하며, 세상을 바꾸는 힘을 길러주고자 노력했습니다. 또한 선생님들이 지속가능발전교육(ESD)에 대해 두려움을 갖지 않고 일상에서 손쉽게 실행할 수 있도록 좀 더 구체적이고 실천가능한 내용을 담았습니다.

지속가능한 미래를 위한 첫걸음

우리는 모두 미래를 준비하는 사람들입니다. 우리가 살고 있는 지구의 소중함을 알고, 지속가능한 관점에서 생각하며 실천한다면, 지속가능한 미래 사회로 나아갈 수 있습니다.

지속가능발전교육(ESD)은 단순한 환경 보호를 넘어 아이들이 지속가능한 삶을 배우고, 더불어 살아가는 방식을 익히는 과정입니다.

이 책은 여러분을 위한 작은 초대장입니다. 교육 현장에서, 가정에서, 그리고 지역사회에서, 지속가능한 삶을 만들어가는 여정을 시작해 보세요.

여러분의 손에서 시작된 작은 변화가 우리 모두의 미래를 환하게 밝힐 것입니다. 이 책이 선생님들의 지속가능발전교육(ESD) 여정에 든든한 동반자가 되기를 바랍니다. 나의 실천이 아이들의 미래를 바꿀 수 있다는 희망을 품고, 지속가능한 세상을 함께 만들어가는 기쁨을 누리시길 바랍니다.

2025년 2월
지속가능한 사회를 꿈꾸는 저자 일동

| 이 책의 특징 |

제1부: 지속가능발전사회로 가기 위하여

지속가능발전목표(SDGs)의 의미와 교육 현장 적용 사례, 지속가능발전교육(ESD)의 필요성 및 적용 방법, Q&A를 통한 교사들의 고민을 함께 나눕니다. 이와 더불어 지속가능발전교육(ESD)은 환경, 사회·문화, 경제 등 다양한 분야를 아우르는 포괄적인 교육임을 이해하고, 지속가능한 미래를 위해 꼭 필요한 교육임을 공감할 수 있도록 돕습니다.

제2부: 지속가능발전 교실을 위하여

교사회의, 학부모 오리엔테이션, 교실 환경 구성 등 학급 운영의 다양한 측면에서 지속가능발전교육(ESD)을 실천할 수 있는 구체적인 방법을 제시합니다. 아이들과 함께 학급 규칙을 만들고, 스스로 할 수 있는 지키미 활동을 실천하며, 자신의 소중한 권리를 투표로 표현해 보는 활동 등과 같이 교육현장에서 실천하고 있는 지속가능한 활동들을 소개합니다.

제3부: 지속가능발전 놀이를 위하여

놀이 재료 활용, 아이들의 놀이, 특별한 날의 행사들을 다시 돌아보고, 아이들이 놀이를 통해 자원 순환, 에너지 절약, 나눔과 배려, 생명 존중 등 지속가능발전교육(ESD)의 가치를 자연스럽게 배우고 실천할 수 있도록 돕습니다. 이러한 놀이를 통해 아이들은 지속가능한 삶을 경험하고 세상을 변화시킬 작은 씨앗을 키워갑니다.

제4부: 지속가능발전 이음교육을 위하여

미래 사회의 변화와 과제를 지속가능발전의 관점에서 다시 들여다보고, 디지털 미디어 활용, 가정과의 연계, 유초이음, 지역사회와의 협력이 지속가능한 교육으로 이어질 수 있도록 구체적인 방법을 모색하고 실행해 봅니다. 이러한 교육을 통해 아이들은 미래 사회의 주역으로서 지속가능한 삶을 살아가기 위한 역량을 키워갑니다.

| 이 책의 활용법 |

놀이의 시작
놀이가 시작된 배경과 교사들의 고민을 공유하며,
놀이를 이해하는 맥락을 안내합니다.

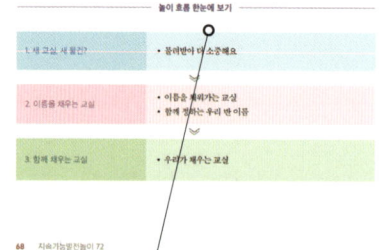

놀이 흐름 한눈에 보기
놀이의 전개 과정을 시각적으로 정리하여
쉽게 이해할 수 있습니다.

놀이 풀어가기
구체적인 활동 방법을 제시하며,
사진과 사례를 통해 현장에서
바로 실천가능한 지침을 제공합니다.

지속가능발전목표와의 연결고리
17개 지속가능발전목표와 놀이의 연계성을 구체적으로 안내하여 17개 지속가능발전목표를 쉽게 이해할 수 있도록 돕습니다.

놀이 성장기록
놀이 과정속에서 교사와 아이들의 경험과 변화를 기록하며 교육의 의미를 되새깁니다.

Q&A
'지속가능발전교육'과 관련된 실질적인 고민을 생생하게 담아 구체적인 해결 방법을 지원합니다.

| 차례 |

| 추천사 ◆ 4
| 들어가며 ◆ 7
| 이 책의 특징 ◆ 10
| 이 책의 활용법 ◆ 12

제1부. 지속가능발전 사회로 가기 위하여

1. 지속가능발전목표(SDGs) ◆ 19
2. 지속가능발전목표(SDGs) 교육 현장 적용 사례 ◆ 21
3. 지속가능발전교육(ESD)의 필요성 및 적용 방법 ◆ 36
4. Q&A로 알아보는 지속가능발전교육 ◆ 41

제2부. 지속가능발전 교실을 위하여

1. 이렇게 준비해요. 새 학기 ◆ 49
   1) 함께 배우며 성장하는 교사회의 ◆ 49
   2) 함께 발맞춰 나아가는 학부모 오리엔테이션 ◆ 59
   3) 교실 다시 들여다보기 ◆ 68

2. 아이들과 함께 만들어가요. 우리 반 교실! ◆ 79

    1) 함께 만들어가는 정리시간 ◆ 79

    2) 함께 정하는 우리 반 놀잇감 ◆ 89

    3) 함께 만들어가는 우리 반 약속 ◆ 99

    4) 화장실에서 실천하는 작은 습관 ◆ 107

    5) 마음을 연결하는 특별한 데이트 ◆ 117

    6) 화목한 날, 함께 하는 어울림 놀이 ◆ 127

    7) 함께 나누는 역할, 우리 반 지킴이 ◆ 138

    8) 투표는 나를 표현하는 힘 ◆ 147

제3부. 지속가능발전 놀이를 위하여

1. 다시 들여다봐요. 놀이재료! ◆ 163

    1) 종이 자원 순환하여 사용하기 ◆ 163

    2) 버려진 그림책의 재탄생 ◆ 174

    3) 자연으로 돌아가는 점토놀이 ◆ 185

    4) 지구사랑 꽃가게놀이 ◆ 196

2. 함께 실천해요. 자원순환! ◆ 205

    1) 재활용품으로 지구 살리기 대작전 ◆ 205

    2) 놀이로 다시 태어나는 업사이클링 ◆ 213

    3) 다시 태어나는 장난감 ◆ 221

    4) 우리의 소중한 에너지 ◆ 229

3. 함께 해요. 특별한 날! ◆ 237

    1) 우리에게도 권리가 있어요(5월 5일 어린이날) ◆ 237

    2) 가족을 위한 특별한 선물(5월 8일 어버이날) ◆ 244

    3) 윙윙 꿀벌이 필요해요(5월 20일 꿀벌의 날) ◆ 252

    4) 새들과 함께 살아가요(4월 1일 새의 날) ◆ 263

제4부. 지속가능발전 이음교육을 위하여

1. 디지털과 만나요 ◆ 277

    1) 새로운 방법으로 친구 만나기 ◆ 277

    2) 건강한 디지털 시민으로 성장하기 ◆ 283

2. 가정, 초등학교와 만나요 ◆ 291

    1) 가정과 교육기관이 만나는 행복이음 ◆ 291

    2) 유치원에서 초등학교로의 이음 ◆ 302

3. 지역사회와 만나요 ◆ 314

    1) 우리 지역과 함께 살아가기 ◆ 314

    2) 지역사회와 함께 지속가능발전교육(ESD) 연결하기 ◆ 328

| 참고 자료 ◆ 338

제1부

지속가능발전 사회로 가기 위하여

1 지속가능발전목표(SDGs)

현대사회는 급격한 성장을 이루며 빠르게 변화하고 있습니다. 이러한 성장과 변화의 원동력은 빠른 경제 성장과 기술력을 발전시켜 우리의 삶을 더 편리하고 윤택하게 만듭니다. 그러나 모든 것에는 빛과 그림자가 공존하듯이 경제 성장과 기술력의 발전은 환경 파괴, 자원 고갈, 빈부 격차 심화 등의 문제를 야기했습니다. 이러한 문제들은 개인, 또는 한 국가의 노력만으로 해결할 수 없으므로, 세계적 협력이 기반 되어야 합니다. 따라서 세계를 하나의 공동체로 인식하고, 지속가능한 발전을 추구해 나갈 때 우리는 지속가능한 세상을 만들어갈 수 있습니다.

현대사회는 인류의 생존을 위협하는 환경문제, 빈부 격차의 심화로 인한 사회적 불평등, 교육기회의 불균형 등 다양한 문제들에 직면하고 있습니다. 이러한 문제들을 해결하기 위해서는 미래 세대까지 이어지는 지속가능한 관점에서 출발해야 합니다. 또한 우리의 인식 변화도 필요합니다. 무언가를 실행할 때 개인적인 사고에서 벗어나 통합적인 사고로 세상을 바라보고, 현세대와 미래세대, 인간과 자연 간의 형평성과 공정성이 그 기반이 되어야 합니다.

현대사회가 안고 있는 문제를 해결하고 지속가능한 사회로 가기 위해 2015년도 UN 개발정상회의에서 '2030 지속가능 발전 의제'를 채택하여 17개의 지속가능발전목표(Sustainable Development Goals, SDGs)와 169개의 세부 목표를 선정했습니다. 지속가능발전목표(SDGs)는 현세대에 국한되지 않고 미래 세대까지 이어지는 공존의 목표이므로, 목표 달성을 위해 세계 각국이 각자의 상황에 맞게 노력하고 있습니다. 우리나라도 지속가능발전목표(SDGs)를 실현하기 위해 우리 사회가 처한 다양한 문제들을 직시하고 해결해 나가고자 노력하고 있으며, 이를 바탕으로 17개의 '국가 지속가능발전목표(K-SDGs)'를 수립하였습니다. 17개 목표는 아래와 같습니다.

출처: 국가 지속가능발전목표(K-SDGs)

지속가능발전목표(SDGs)는 우리 삶에서 충분히 실천할 수 있습니다. '나 하나쯤이야' 라는 생각보다 '나 하나라도 노력해 보자' 라는 의지가 세상을 바꿉니다. 특히 인격이 형성되는 유아기에 지속가능성의 가치를 전달하는 것은 지속가능한 삶을 이어가는 토대가 됩니다. 지속가능발전은 삶의 방식과 연결되어 있습니다. 우리의 삶을 돌아보며 지속가능한 관점에서 바라본다면, 현대사회에 당면하고 있는 다양한 위기를 극복하고 지속가능한 삶을 이어갈 수 있습니다.

2 지속가능발전목표(SDGs) 교육 현장 적용 사례

교육 현장에서도 일상의 경험을 통해 자연스럽게 지속가능발전목표(SDGs)의 가치와 목표를 배울 수 있도록 다양한 놀이와 활동을 지원하는 것이 필요합니다. 교육 현장에서 지속가능발전 17개 목표를 어떻게 적용할 수 있는지 사례를 통해 알아봅시다.

 빈곤층 감소와 사회안전망 강화

지구사랑 꽃가게 놀이

생산, 소비, 분배 등의 경험을 통해 합리적인 소비 태도를 기를 수 있도록 교육 현장에서는 가게 놀이를 많이 합니다. 문구점, 과일가게, 장난감 가게, 꽃가게 등 가게 놀이의 종류는 다양하므로, 아이들과 의논하여 원하는 가게 놀이를 할 수 있습니다. 가게 놀이를 할 때에도 지속가능한 생산과 소비의 관점에서 시작해 보면 어떨까요?

지구사랑 꽃가게 놀이를 할 때 지구 환경을 생각하여 과일 포장지로 꽃 포장하기, 과일 포장지나 종이타월로 꽃 만들기, 택배박스로 꽃 전시대 만들기 등 재활용품을 사용하여 놀이를 합니다. 아이들이 꽃을 다 만들면, 가격을 정하고 판매하는 역할 놀이를 통해 환경 보호는 물론 자원 절약의 중요성을 직접 체험할 수 있습니다. 이러한 가게 놀이는 어려서부터 자원을 절약하고 함께 나누는 생활 습관을 형성하는데 도움이 됩니다. 나아가 자원을 절약하는 체험은 빈곤 감소와도 연결될 수 있으므로, 지구 환경과 다른 사람을 생각하며 소비할 수 있는 윤리적인 소비 태도를 기를 수 있습니다.

 ## 식량안보 및 지속가능한 농업 강화

텃밭에 도움이 필요해요

식물을 키우고 수확해 보는 '텃밭 가꾸기' 활동은 지속가능한 농업 체험에 도움이 됩니다. '텃밭 가꾸기'를 통해 아이들은 음식의 소중함을 경험하며, 자원의 순환을 이해하게 됩니다. 특히 지역사회 전문가의 도움을 받아 식물을 키운다면 더 체계적으로 텃밭을 가꿀 수 있으며, 자연과의 관계에 대한 이해를 높일 수 있습니다. 지역전문가와 함께 모종 심는 법, 식물 가꾸는 방법, 채소 따는 법 등의 '텃밭 가꾸기' 체험을 통해 아이들은 지속가능한 농업을 체험할 수 있지요. 또한 직접 수확한 식물로 무엇을 할지 이야기 나누고, 함께 요리하며 나눠 먹는 등 다양한 체험을 통해 자급자족의 개념을 이해하고, 지속가능한 환경이 식량과도 연결될 수 있음을 알게 됩니다.

 ## 건강하고 행복한 삶 보장

함께 만들어가는 우리 반 약속

유아기는 자기중심적 사고가 강한 시기라 자신을 중심으로 세상을 이해하고 바라보므로, 친구들과 지내면서 다양한 갈등이 발생합니다. 친구들과 사이좋게 지내고 공동체 생활을 잘하기 위해서는 학급별 규칙이 필요하지요. 규칙을 만들 때는 교사가 임의로 정하기보다 아이들과 함께 만들어갑니다. 규칙을 만들어가는 과정을 통해 아이 스스로 규칙의 중요성을 느끼고 어떤 규칙을 지켜야 하는지 알아차릴 수 있기 때문입니다. 규칙은 고정된 것이 아니라 상황에 따라 바뀔 수 있으며, 불편함이 있을 때 다시 규칙을 정할 수 있습니다. 아이들은 스스로 필요한 규칙을 만들어 나가는 경험을 통해 건강하고 행복한 환경을 만드는 주체가 될 수 있음을 느끼며, 웰빙에 대한 책임감을 기르게 됩니다.

 ## 모두를 위한 양질의 교육

우리에게도 권리가 있어요(5월 5일 어린이날)

5월 5일은 어린이날입니다. 어린이날을 맞이하여 아이들을 위해 무엇을 해주고 싶은 가요? 아이들은 무엇을 원할까요?

아이들이 원하는 놀이와 선물도 필요하지만, 어린이날을 기념해 아이들과 함께 아동의 권리에 대해 알아보는 것은 어떨까요? 모든 아이들은 건강하고 행복하게 살아갈 권리가 있습니다. '아동의 권리' 주체인 아이들이 자신의 권리에 대해 관심을 가질 수 있도록 아이들 눈높이에 맞춘 '4가지 아동 권리 카드'를 제작해 어떤 권리가 있는지 함께 이야기 나눠 봅니다. 또 인형극으로 권리 경험하기, 아이들이 원하는 권리를 그림과 글로 표현하기, 영상 제작하기 등 다양한 권리 체험을 합니다. 이러한 체험은 아이들의 적극적인 참여를 도모하며, 나아가 포용적이고 공평한 교육을 보장할 수 있습니다.

 ## 성평등

화목한 날, 함께하는 어울림 놀이

유아기는 성 역할이 발달하면서 개인의 옷차림, 머리 모양 등 외적인 특성과 상관없이 생물학적 자신의 성은 변하지 않는다는 '성 항상성' 개념이 형성되는 시기입니다. 이 시기는 성별을 구분할 수 있게 되며, 성 역할에 대한 고정관념이 생길 수 있습니다. 교사는 아이들이 성 역할에 대한 고정관념을 갖지 않고 양성평등의 시각에서 바라볼 수 있도록 일상에서 자신의 언어 및 놀이 지원 형태, 교육자료 등을 분석해 봅니다. 이를 바탕으로 여자팀과 남자팀처럼 성별을 구분해 그룹 나누지 않기, 남자와 여자를 구분하는 색깔 정하지 않기, 그림책, 동시 등 교육자료에서 성 고정관념 언어가 있는지 찾아보고 바꾸기, 성 불평등이 자주 생기는 놀이를 분석하여 놀이 영역에 성차를 두지 않기 등 다양한 성평등 활동 및 놀이를 지원합니다.

일상의 경험뿐만 아니라 특별한 날을 통해서도 성평등을 경험할 수 있도록 '화목한 날! 함께하는 어울림 놀이'를 정해 남녀 구분 없이 다양한 놀이를 지원합니다. 아이들은 함께 어울려 놀이하는 경험을 통해 자연스럽게 성평등을 체험할 수 있으며, 서로를 존중하는 태도를 기를 수 있습니다.

 ## 건강하고 안전한 물 관리

화장실에서 실천하는 작은 습관

매일 사용하는 화장실! 우리 반 화장실 풍경을 떠올려봅시다. 손을 씻은 뒤 물을 잠그지 않는 아이, 물장난을 하느라 선생님이 불러도 대답이 없는 아이, 종이타월을 사용한 뒤 바닥에 버리는 아이 등… 다양한 모습이 떠오르네요.

우리가 하루에 사용하는 물의 양은 얼마나 될까요? 매일 우리가 쓰는 양을 버리지 않고 담아본다면 그 양은 어마어마할 것입니다. 공기처럼 물 사용은 우리의 일상이므로 소중함을 모를 때가 많습니다. 물을 사용할 수 없는 상황까지 이르지 않도록 어려서부터 물의 소중함을 알고, 아껴 쓰는 습관이 필요합니다.

어떻게 하면 우리 아이들이 물을 아껴 쓸 수 있을까요? 아이들과 의논하여 '종이타월

이야기', '슬기로운 화장실 이용' 활동을 합니다. 건강하고 안전한 관리를 위해 아이들과 함께 물을 아껴 쓰는 방법에 대해 이야기 나눈 뒤, 손에 있는 물을 용기에 털기, 용기에 담긴 물로 화분에 물 주기, 종이타월을 사용한 후 공으로 뭉쳐 쓰레기통에 버리기 등 일상에서 할 수 있는 것들을 실천해 봅니다. 이러한 활동을 통해 물은 소중한 자원임을 알게 되며, 물 절약의 필요성을 배우게 됩니다. 우리들의 물 절약 실천 및 환경을 생각하는 위생관리는 지속가능한 환경을 관리하도록 돕습니다.

 ## 에너지와 친환경적 생산과 소비

우리의 소중한 에너지

우리는 일상에서 다양한 에너지를 사용하고 있습니다. '에너지가 없다면 어떨까?' 라는 가정이 무색할 만큼 우리 삶에서 에너지는 필요불가결한 관계입니다. 우리가 사용하고 있는 에너지 중에 가장 많이 사용하는 에너지는 무엇일까요? 바로 전기 에너지입니다. 우리 주변에 전기 에너지를 사용하는 것들을 살펴볼까요? 전등, 텔레비전, 냉장고, 청소기, 컴퓨터, 핸드폰 등 다양하게 전기 에너지가 쓰이는 것을 알 수 있습니다. 그러다 보니 매일 사용하는 전기 에너지의 양도 어마어마할 것입니다. 일상에서 전기 에너지를 편리하게 쓸 수 있어 때로는 에너지가 낭비되는 것을 놓칠 때가 있지요. 불필요하게 사용되는 에너지로 인해 미래 세대까지 이어지는 지속가능한 에너지를 보장 받기 어려울 수 있습니다.

일상에서 에너지 절약이 생활화되려면 교육기관 및 가정에서의 작은 실천이 무엇보다 필요합니다. 아이들과 함께 절약할 수 있는 방법을 알아보고, 실천하는 경험은 에너지를 소중하게 여기는 습관 형성에 도움이 됩니다.

아이들과 함께 우리 반에서 사용하는 전기 에너지를 찾아보고 스티커를 붙여 봅니다. 또 교실에서 잘 사용하지 않는데 에너지가 낭비되는 것은 무엇인지 찾아본 뒤, '전기도둑 스티커'를 붙여줍니다. 가정과의 연계를 위해 가정에서도 찾아볼 수 있도록 안내합니다. 이외에도 에너지 절약이 습관화될 수 있게 무엇을 절약했는지 '에너지 절약 실천표'를 만들어봅니다. 이러한 작은 실천들은 에너지 절약뿐만 아니라 친환경적 생산과 소비의 바탕이 됩니다.

 좋은 일자리 확대와 경제성장

가족을 위한 특별한 선물(5월 8일 어버이날)

어버이날을 맞이하여 부모님께 감사한 마음을 표현하고자 카네이션 접기, 효도 쿠폰 만들기, 부모님께 편지 쓰기 등 다양한 방법으로 선물을 준비합니다. 어려서부터 부모님께 감사하는 마음을 가지며 표현하는 것은 참 중요하나, 때로는 어버이날이니까 선물을 준비해야 한다는 책임감과 부담감이 어버이날의 참 의미를 놓칠 때가 있습니다.

이번 어버이날은 아이들과 더 의미 있게 보내고자 어버이날의 의미에 대해 알아본 후, 무엇을 선물하고 싶은지 이야기 나눠 봅니다. 아이들은 꽃가게에 가서 자신이 직접 꽃을 골라 선물로 드리고 싶다고 합니다. 꽃을 사기 위해서는 돈이 필요하다는 것을 알고 돈으로 바꿀 수 있는 쿠폰을 모으기로 합니다. 한 달 동안 교실에서 자신이 맡은 역할을 잘 수행하면 교사는 아이들에게 쿠폰을 지급합니다. 아이들은 어느 때보다 쿠폰을 귀하게 여기며, 잊어버릴까 봐 몇 번이고 확인해 봅니다.

아이들은 교실에서 자신이 할 수 있는 일을 찾아보고 실행하면서 성취감을 느끼며 다양한 역할들을 경험하게 됩니다. 또 자신이 한 일에 대해 보상 받고, 물건을 구매하는 과정에서 경제의 흐름도 알게 되지요. 이러한 경험은 아이들에게 내가 좋아하는 일과 도전하고 싶은 일이 무엇인지 알 수 있는 계기가 되어 좋은 일자리 확대와 경제 성장의 기반이 됩니다.

 ## 산업의 성장과 혁신 활성화 및 사회기반시설 구축

지역사회와 함께 지속가능발전교육(ESD) 연결하기

우리 동네에는 가게, 경찰서, 은행, 우체국, 공원 등 다양한 시설들이 있습니다. 이 시설들은 우리의 삶을 더 편리하고 윤택하게 해주므로, 어려서부터 각 시설의 중요성을 인식하고 역할을 아는 것은 사회기반시설을 이해하는데 도움이 됩니다.

아이들이 자신이 살고 있는 동네에 관심을 가질 수 있도록 로드뷰 지도를 활용하여 우리 동네에 무엇이 있는지 알아보며 소개하는 시간을 갖습니다. 또 방문할 기관과 상점을 쉽게 찾아가기 위해 아이들이 직접 지도를 만든 다음, 방문하기 전에 궁금한 점을 질문 목록으로 만들어봅니다. 아이들은 자신이 직접 조사하고 궁금한 점을 적는 시간을 통해 지역사회 내의 역할을 이해하게 됩니다.

오늘은 아이들과 우리 동네 기관과 상점을 방문하는 날! 아이들의 표정을 보니 들뜬 마음이 가득합니다. 몇몇 아이들은 질문 하나라도 놓칠까 싶어 작은 소리로 질문을 외우고 있네요. 아이들과 함께 상점을 방문하여 사고 싶은 물건을 구매한 뒤, 아이들이 준비해 온 질문을 일하시는 분께 여쭤봅니다. 상점뿐만 아니라 은행, 우체국 등 여러 시설을 돌아보며 그동안 궁금했던 것들을 질문하며, 궁금증을 해결합니다. 이러한 활동을 통해 아이들은 지역사회 내 시설들이 서로 협력하며 성장하고 있음을 알게 됩니다.

 **모든 종류의 불평등 해소**

마음을 연결하는 특별한 데이트

　개성이 서로 다른 아이들이 한곳에 모여 매일 생활하다 보면 즐거움만 있는 것은 아닙니다. 자신의 생각과 다르거나 뜻대로 되지 않을 땐 속상할 때가 있지요. 또 친구가 내 맘을 몰라주면 화가 나기도 합니다. 이러한 마음을 선생님과 친구들에게 이야기할 때도 있으나, 때로는 속상하거나 화난 마음을 간직하며 지낼 때도 있습니다. 누구에게는 기쁜 일이 또 누구에게는 속상한 일이 될 수 있으니까요. 특히 유아기는 자기중심적 사고가 강해 자신의 입장에서 세상을 바라보고 이해하므로, 친구와의 관계에서 잘 해결되지 않은 부분이 있을 때 더 속상하고 혼란스러울 수 있습니다.

　아이들의 마음을 더 들여다보려면 무엇을 어떻게 지원하면 좋을지 생각하다가 아이와의 특별한 데이트를 준비해 봅니다. 1년 동안 함께 할 우리 반 아이들과 특별한 시간을 보내는 것은 큰 의미가 있습니다. 매일 선생님과 데이트할 친구를 정해 교사와 아이가 특별 데이트를 하는 겁니다. 처음에는 일대일 데이트로, 점차 익숙해지면 여럿이 함께 하는 데이트를 준비합니다. 방법도 상황에 따라 다양합니다. 아이의 이야기 들어주기, 선생님과 하고 싶은 놀이하기, 인터뷰 놀이 등 데이트 경험이 많아지면 많아질수록 다양한 아이디어가 넘쳐납니다. 이제는 선생님과의 데이트뿐만 아니라 친구와의 데이트도 준비하며 여러 친구와의 만남을 경험해 봅니다.

　마음을 연결하는 특별한 데이트는 서로의 감정을 알고 존중하는 마음을 가질 수 있는 귀한 시간입니다. 아이들은 이러한 활동을 통해 존중과 평등의 가치를 경험하게 되며, 나아가 불평등 감소를 위한 포용적인 태도를 기르는데 도움이 됩니다.

 ## 지속가능한 도시와 주거지 조성

유치원에서 초등학교로의 이음

유치원에서 초등학교로 전환되는 시기는 자기중심적 사고에서 점차 벗어나는 시기이므로, 아이들의 생각도 깊어지고 세상을 보는 시야도 더 넓어지는 시기입니다. 반면 성장의 전환기를 통과하는 중이어서 양가적인 감정을 갖게 됩니다. 초등학교 진학에 대한 설렘뿐만 아니라 긴장과 두려움의 감정도 동반하게 됩니다. 아이들이 초등학교에 가서도 안정적으로 생활하고 교육이 연속적으로 이루어질 수 있도록 교육 현장에서는 초등학교와의 이음교육을 실시합니다. 교육이 이어진다는 것은 좀 더 편안한 환경에서 자신의 잠재성을 자연스럽게 발현할 수 있는 기반이 되므로, 초등학교와의 이음교육은 어느 교육보다 중요하다고 볼 수 있습니다. 특히 급변하는 현대사회에 살고 있는 아이들은 이음교육을 통해 미래를 예측할 수 있어 지속가능한 환경을 경험할 수 있습니다.

유초이음교육은 초등학교와 연계하여 진행할 수 있으며, 각 교육기관의 상황 및 실정을 고려해 생활과 학습적인 면이 초등학교와 이어질 수 있도록 자체 이음 교육을 할 수 있습니다. 예를 들면 선생님의 설명을 듣고 그림책 찾아오기, 페이지 찾아보기, 타이머가 울리면 교실 찾아오기 등 자체 이음교육은 초등학교 생활을 이어갈 수 있는 발판이 됩니다. 또 초등학교를 직접 방문하여 살펴보는 활동은 유치원과 초등학교의 다른 점을 이해하는데 도움이 됩니다. 이러한 이음 활동을 통해 지역사회 내에서 서로 존중하며 포용하는 법을 배울 수 있으며, 지속가능한 관계를 유지하는 경험을 할 수 있습니다.

 ## 책임감 있는 소비와 생산

함께 정하는 우리 반 놀잇감

　우리 반 교실을 둘러보며 어떤 놀잇감들이 있는지 살펴봅니다. 아이들에게 인기 있는 놀잇감, 아이들의 손때가 거의 묻지 않은 놀잇감 등 아이들의 특성 및 선호도에 따라 잘 사용하는 놀잇감과 그렇지 않은 놀잇감으로 나뉘집니다. 아이들이 선호하는 놀잇감으로 교실을 채우다 보니 어느새 놀잇감들이 하나둘 쌓여 잘 사용하지 않는 놀잇감들이 점점 늘어나고 있습니다. 우리가 모르는 사이 자원이 낭비되고 있다는 생각에 교사의 고민이 커집니다.

　자원을 아끼고 재사용하는 습관은 지속가능한 소비와 생산과도 관련 있으므로, 아이들이 잘 사용하지 않는 놀잇감을 적절하게 사용할 수 있도록 그림책『하찮은 물건들의 졸업식』을 들려줍니다. 그림책을 감상한 뒤, 다 같이 놀잇감 졸업식에 대한 이야기를 나눠 봅니다. 아이들은 우리 교실에 있는 놀잇감의 졸업식을 하자고 의견을 냅니다. 아이들의 의견에 따라 졸업을 할 수 있는 물건과 그렇지 않은 물건을 나눈 다음, 졸업을 하는 놀잇감들에게 졸업장을 만들어줍니다. 아이들이 정성스럽게 만든 졸업장으로 졸업식을 열어봅니다.

　졸업식을 마친 놀잇감들은 이제 우리 반 교실을 떠나 다른 반 교실로 가거나 놀잇감이 필요한 다른 아이들에게 기부합니다. '놀잇감 졸업식' 활동을 통해 아이들은 자원의 소중함을 배우고, 책임감 있게 사용하는 태도를 경험하게 됩니다. 이는 책임감 있는 소비와 생산에 기여할 수 있습니다.

기후변화와 대응

재활용품으로 지구 살리기 대작전

현대사회가 직면한 가장 큰 문제는 기후 위기입니다. 기후 위기는 자연재해, 지구온난화 등 다양한 문제를 야기하고 있습니다. 북극 지역의 해빙은 점점 감소하고 있으며, 폭염으로 인해 농작물 수확량이 감소하거나 가축이 폐사했다는 뉴스를 빈번하게 만납니다. 이외에도 온실가스 상승으로 우리들의 삶에 부정적인 영향을 미치고 있습니다. 특히 온실가스 배출은 쓰레기 처리 과정에서 많이 발생하므로, 늘어나는 쓰레기로 인해 기후 위기가 더 심각해지고 있는 상황입니다. 따라서 어려서부터 자원 절약을 위해 아껴 쓰는 태도뿐만 아니라 재사용 및 재활용, 올바르게 분리배출하는 습관 형성이 필요합니다.

아이들과 일상에서 사용하는 물건 중에 버려지는 물건들을 살펴보면서 쓰레기를 줄이는 방법을 생각해 봅니다. 또 버려지는 물건 중에 재활용할 수 있는 물건들을 찾아본 다음, 종류에 따라 분류해 봅니다. 분류한 물건들을 다시 사용할 수 있는 방법을 생각해 보고, 올바르게 분리하는 방법을 익혀 분리 놀이를 합니다. 재활용할 수 있는 쓰레기를 바르게 분리하고 배출하는 경험을 통해 자원을 절약하고 기후변화를 예방할 수 있습니다.

해양생태계 보전

놀이로 다시 태어나는 업사이클링

우리가 사용하는 물건 중에 플라스틱 물건들은 얼마나 될까요? 플라스틱 물건은 다른 물건에 비해 가격도 저렴하고 사용하기도 편해 그 양을 가늠하기 어렵습니다. 일상에서 쉽게 볼 수 있는 플라스틱은 일회용품도 많아 한 번 사용한 뒤 바로 쓰레기로 버려지는 경우가 많지요.

   우리 생활에 자주 사용되고 버려지는 플라스틱 쓰레기로 인해 해양생태계가 심각한 위험에 처해 있습니다. 플라스틱 제품은 자연 분해가 되지 않는 관계로 제품 속에서 미세 플라스틱이 배출되고 있어 그 오염의 정도는 더 심각하다고 볼 수 있습니다. 지속가능한 생태계 보전을 위해 플라스틱 제품 사용을 줄이는 것이 무엇보다 시급합니다.
   아이들과 함께 그림책『미세미세 플라수프』를 읽은 뒤, 그림책 속에 나오는 물고기의 알록달록한 점은 무엇인지 알아봅니다. 또 플라스틱이 바닷속 동물들에게 어떤 영향을 미치는지 이야기 나누며 동물이 플라스틱으로 인해 다치거나 아프다는 것을 알게 됩니다. 해양 동물을 보호하기 위해 우리가 할 수 있는 방법을 찾아본 뒤, '환경지킴이 약속판'을 만들어 실천해 봅니다. 이러한 활동을 통해 바다 환경 보호의 중요성을 알고 해양생태계의 소중함을 경험하게 됩니다. 해양생태계를 소중히 여기고 보호하는 태도는 해양 자원을 보존하고 지속가능한 환경으로 이어나갈 수 있습니다.

 육상생태계 보전

새들과 함께 살아가요(4월 1일 새의 날)
   육상생태계는 우리의 삶과 함께하므로 꼭 필요한 존재입니다. 인간과 육상생태계는 수직적인 관계가 아니라 함께 나아가는 동반자적 관계이지요. 아이들에게 육상생태계와 관련된 다양한 활동을 지원하여 어려서부터 생태계와 교감하며 감수성을 기를 수 있도록 도와줍니다.
   생태계와 교감하는 태도는 생명의 소중함을 알고 지속가능한 생태계 보전 실현에 핵심적인 역할을 합니다. 육상생태계 보전의 출발은 우리 주변에 함께하고 있는 다양한 생물들을 보호하고 존중하는 태도에서 시작됩니다. 생명을 존중하는 우리의 마음가짐, 우리가 할 수 있는 것부터 실천하는 자세가 생태계를 보호하고 생물의 다양성을 유지하는 데 긍정적인 영향을 미치지요.

우리 주변을 둘러보면 우리와 함께하고 있는 생물들을 발견할 수 있습니다. 아이들과 산책하다 우연히 나무에 있는 새둥지를 발견합니다. 조심스럽게 둥지를 열어 청소를 해 줍니다. 며칠 뒤 아이들과 함께 둥지를 열어보니 딱새의 알이 있네요. 그 후로 아이들은 둥지에 있던 알들이 어떻게 되었는지, 딱새는 잘 지내는지 궁금해합니다. 새를 위해 둥지를 만들고 새에게 편지쓰기를 합니다. 이러한 활동을 통해 아이들은 딱새뿐만 아니라 다른 새들에게도 관심을 가지고, 새들을 보호하기 위한 여러 방법을 찾아 봅니다. 아이들의 작은 실천이 육상생태계의 다양성을 보호하는 자세를 길러주며, 생태계 보전에 기여할 수 있습니다.

 평화, 정의, 포용

건강한 디지털 시민으로 성장하기

현대사회 특징 중의 하나는 디지털 미디어의 변화입니다. 우리들은 디지털 미디어를 통해 다양한 정보를 접할 수 있으며, 더 나은 삶을 살아가는 데 도움을 받을 수 있습니다. 디지털 기술이 급격하게 발달하면서 디지털 미디어는 더 다양한 방식으로 우리 삶에 영향을 미치고 있습니다.

급변하는 현대사회에 잘 적응하고 긍정적인 디지털 문화 형성을 위해 어려서부터 디지털 시민교육이 이루어져야 합니다. 또 디지털 미디어를 사용하는 사람들의 역량을 강화하기 위해서는 디지털 미디어의 긍정성과 부정성을 인식하고, 올바르게 사용하는 자세가 필요합니다. 디지털 시민 교육은 자신과 타인을 존중하는 태도에서 비롯됩니다. 디지털 기술의 발달로 인해 자신도 모르게 개인 정보가 유출되어 사생활을 침해받을 수 있습니다. 아이들이 건강한 디지털 시민으로 성장할 수 있도록 디지털 시민 교육을 지원합니다.

아이들과 함께 주변에서 볼 수 있는 숫자를 찾아보면서 숫자의 특별함에 대해 이야기 나눕니다. 주변에서 사용되는 숫자를 활용하여 개인 정보에 대해 알아본 뒤, 우리 반만의 태블릿PC 비밀번호를 정합니다. 또 사진도 보호해야 하는 하나의 개인 정보임을 알려주고 나와 친구들의 개인 정보를 보호하는 방법에 관해 이야기 나눕니다. 이러한 경험 지원은 아이들에게 자신의 권리를 지키는 방법을 알 수 있도록 도와줍니다. 공정한 사회를 만드는 기반은 권리 존중이 바탕이 되어야 합니다. 또 우리 사회의 평화와 정의 구현을 위해 사회적인 책임과 윤리의식을 기르는 것이 필요합니다.

 ## 지구촌 협력 강화

투표는 나를 표현하는 힘

자신의 결정권을 선택하는 방법 중의 하나인 '투표'는 민주 시민이라면 당연히 해야 할 권리이자 책임입니다. 우리는 투표를 통해 국가의 정책 및 방향에 대한 나의 의견을 표현합니다. 투표는 민주 시민의 구성원으로서 민주적 의사결정을 내리는 한 방법으로, 민주주의 기본 가치 정립의 초석이 됩니다.

자율성이 발달하는 유아기에 선택과 책임의 경험은 민주적 의사결정을 하는데 소중한 경험이 됩니다. 아이들에게 의사결정 경험의 한 방법으로 투표 활동을 지원합니다. 아이들은 투표를 통해 자신의 생각과 의견을 표현하면서 서로의 생각이 다르다는 것을 알게 되고, 존중하는 방법을 배우게 됩니다. 이는 파트너쉽의 본질을 이해하는데 도움이 됩니다.

'우리 교육기관을 대표하는 캐릭터'를 선정하기 위해 투표를 합니다. 아이들은 '우리 교육기관 대표 캐릭터'를 정하는 공동의 목표를 위해 자신이 만든 캐릭터를 친구들에게 이야기합니다. 여러 협의의 과정을 통해 최종 캐릭터를 선정한 다음, 우리들이 만든 캐릭터를 다양한 방법으로 알려봅니다. 또 '우리 교육기관 대표 캐릭터'를 선정하는 일이므로, 투표권의 범위를 넓혀 교사와 학부모에게도 투표의 기회를 제공합니다. 이러한 활동을 통해 아이들은 다른 사람과의 소통 방법 및 협력의 중요성을 알 수 있습니다.

3. 지속가능발전교육(ESD)의 필요성 및 적용 방법

지속가능발전교육(ESD)의 정의

지속가능발전교육(Education for Sustainable Development: ESD)이란 학습자들에게 교육과정 및 교육환경을 통해 지속가능성에 대한 인식, 이해를 높이고, 지속가능한 사회와 환경을 실현하기 위해 지식, 가치관, 태도, 기술, 행동 등을 기르는 교육을 의미합니다(UNESCO, 2004, 재인용).

지속가능발전교육(ESD)의 필요성

급변하는 현대사회를 살고 있는 아이들에게 필요한 교육은 무엇일까요? 자신의 역량 강화하기, 지식 활용하기, 다양한 문제 해결하기, 협력적 소통하기 등 현대사회 특성을 고려한 교육이 필요합니다. 이 교육 외에도 지구온난화로 인한 기후 위기, 자연생태계 파괴, 자원 고갈, 빈부 격차 심화 등 불안정한 문제를 해결할 수 있는 지속가능발전교육(ESD)도 중요합니다.

유아기는 기본생활습관 및 가치와 태도가 형성되는 시기이므로, 일상에서 다양한 경험을 통해 사회·문화, 환경, 경제 영역에 대해 관심을 갖고 감수성을 기르는 태도가 필요합니다. 또 아주 작은 것이라도 생활 속에서 실천하는 습관이 중요합니다.

지속가능한 미래를 만들기 위해서는 교사와 아이들, 학부모가 삼위일체가 되어 협력하며, 아이들의 지속가능발전 역량 강화에 힘써야 합니다. 지속가능발전 역량 강화를 위해 현장의 교육을 지속가능발전의 관점에서 다시 돌아보는 태도가 필요합니다. 우리가 무심코 하는 것들이 다음 세대로 이어지는 걸림돌이 된다면 지속가능한 미래를 예측할 수 없습니다.

현 세대뿐만 아니라 미래 세대에도 지속가능한 사회를 만들기 위해서는 지속가능발전교육(ESD)에 대한 인식, 미래 세대를 위한 바람직한 가치 형성, 친사회적 기술, 실천 중심의 교육 등을 바탕으로 지속가능발전교육(ESD)을 실행해야 합니다.

지속가능발전교육(ESD) 적용 방법

1. 환경과 자원을 고려하여 교실 구성하기

새 학기를 맞이하여 교실을 예쁘게 꾸미고, 다양한 놀잇감을 준비하여 각 영역에 채웁니다. 여러분은 어떤 마음으로 새 학기를 준비하나요? 당연히 아이들을 생각하는 마음으로 준비하지요. 이 마음에 '우리가 살고 있는 지구'를 생각하는 마음도 함께하면 어떨까요?

사람과 자연과의 관계는 수직적인 관계가 아니라 수평적인 관계입니다. 자연과 공존하며 살아갈 때 우리는 진정한 행복을 느끼게 됩니다. 자연이 없는 세상을 상상해 보셨나요? 우리의 삶 자체가 존재하기 어렵겠지요. 어떤 교육을 하더라도 자연과의 관계를 먼저 생각한다면, 자연스럽게 지속가능발전교육(ESD)이 이루어질 것입니다.

교실 구성 시 자원을 절약하고 환경을 보호하는 관점에서 재사용할 수 있는 자원을 구분하고, 더 이상 쓰지 않는 물건의 활용도를 생각하여 구성해 봅니다. 또 전년도 학급운영 평가를 통해 우리 아이들이 가장 많이 사용한 재료는 무엇이며, 적절하게 사용했는지 점검합니다.

만약 재료가 과다하게 사용했다면 아이들과 의논하여 이 재료가 꼭 필요한지, 적당한 양은 어느 정도인지 알아보는 시간을 갖습니다. 지속적인 실천을 위해 '우리 지구 살리기 놀이재료' 판을 만들어 등·하원 전에 함께 읽어본 뒤, 스스로 실천해 보도록 격려합니다.

2. 일상 속 지속가능발전교육(ESD) 실천하기

우리는 매일 '하루'을 선물 받습니다. 하루하루가 모여 한 달이 되고 일 년이 됩니다. 겹겹이 모인 날들에서 우리는 많은 생각을 하고 다양한 일들을 합니다. 특히 아이들에게 하루는 세상을 만나는 일이고, 세상을 배우는 특별한 경험입니다. 일상의 경험이 아이들 인생에 큰 영향을 미치지요. 가치관의 기초가 형성되는 유아기에 경험하는 것들이 우리가 사는 지구에 영향을 미친다는 것을 알고, 무엇을 하더라도 지구와 연결하여 교육한다면 아이들에게 더 가치 있는 경험이 될 것입니다. 이는 지속가능한 사회로 나아가는 출발점이 됩니다.

이처럼 우리가 살고 있는 지구와 함께 살아가는 방법을 매 순간 생각하고 실천하는 일들은 더 건강한 지구를 만들 수 있는 토대가 되므로, 일상의 경험과 습관을 되돌아보면서 내가 할 수 있는 일부터 실천하는 것이 중요합니다.

일상에서 실천할 수 있는 일은 무궁무진합니다. 예를 들면, '물건 아껴 쓰기, 잘 사용하지 않는 물건 함께 나누기, 쓰레기 버리지 않기, 사용할 때만 물을 틀고 물이 잘 잠겼는지 확인하기, 전기 아껴 쓰기, 시간을 정해 스마트폰 사용하기, 음식 남기지 않고 먹기' 와 같이 하루 일과를 돌아보며 내가 할 수 있는 일들을 하나하나 실천해봅니다. 아이들이 일상생활에서 아주 작은 것이라도 실천하고 노력하면, 구체적으로 격려하여 지속가능한 생활 실천을 돕습니다.

이처럼 '나'에서 시작한 출발은 '우리'로 확대되고, '우리'에서 더 큰 세상으로 뻗어 나가게 됩니다. 지구를 위해 실천하는 것은 세상을 지속하는 귀한 가치가 되므로, 아이들과 함께 협의하고 또 협의하면서 아이들이 자발적으로 행동할 수 있도록 격려합니다. 함께한다는 것은 어떠한 문제를 더 효율적으로 해결할 수 있는 토대가 되며, 나아가 공동체의 일원으로서 해야 할 책임감을 기르게 됩니다.

3. 협력하여 문제를 해결해나가기

아이들과 생활하면서 생기는 다양한 문제들이 있습니다. 문제 발생 시 결과에 초점을 맞추기보다 어떤 문제가 발생하였는지 상황을 파악할 수 있는 기회를 제공합니다. 아이들이 어떠한 문제를 만났을 때 자신의 감정뿐만 아니라 상대의 감정도 느낄 수 있도록 '감정 어휘'를 사용하여 감정을 알아차릴 수 있게 도와줍니다. 사람뿐만 아니라, 사물, 자연의 입장에서 느끼고 생각하는 태도는 통합적인 사고를 기르는데 도움이 됩니다.

문제가 발생했을 때 교사 혼자서 방법을 찾고 해결하기보다 아이들의 유능함을 믿고 함께 해결해 나간다면, 아이 스스로 다양한 해결 방법을 찾아낼 것입니다. 아이들은 문제를 찾아 토의하며 다양한 방법으로 해결해 나가는 과정을 통해 지속가능발전교육(ESD) 핵심 역량 중의 하나인 통합적 문제 해결 역량을 기를 수 있습니다. 또한 어려서부터 협력해 나가는 태도는 공동체의 가치를 발견하고 자신의 역량을 강화하는데 바탕이 됩니다.

4. 가정과 연계하여 실천하기

한 가족이 모여 살고 있는 '가정'은 작은 사회입니다. 가정교육의 중요성을 강조하고 또 강조해도 지나치지 않지요. 특히 유아기는 인격의 기초가 형성되는 시기라 부모의 역할과 가치관이 아이의 삶에 많은 영향을 미칩니다. 따라서 교육의 일관성과 지속성이 무엇보다도 중요합니다. 교육기관에서 이루어지는 지속가능발전교육(ESD)이 일회성에 그치지 않고 지속적으로 이루어지기 위해서는 가정 연계가 우선되어야 합니다. 가정과의 연계를 통해 아이들은 일관성 있게 지속가능한 삶을 경험하고 실천하는 법을 배우기 때문입니다.

새 학기를 시작하기 전에 부모교육을 실시하여 지속가능발전교육(ESD)이 왜 필요한지, 지속가능발전교육(ESD)은 어떻게 이루어지는지 구체적으로 안내합니다. 이러한 안내는 학부모들의 인식 개선 및 변화를 도모할 수 있으며, 앞으로 교육기관에서 실시하는 지속가능발전교육(ESD)에 관심을 가지게 됩니다.

현대사회를 살아가는 MZ세대 부모들의 특성을 살펴보면, 다른 세대들보다 디지털 미디어 사용에 더 익숙하며, 어려서부터 다양한 정보를 경험한 세대로서 사회적 이슈 및 환경에 더 민감하게 반응합니다. 따라서 디지털 플랫폼을 활용하여 가정에서 실천할 수 있는 방법을 소개하는 것도 실천 효과를 높이는 방법 중의 하나입니다. 이외에도 MZ세대 학부모들은 실질적이고 구체적인 변화를 선호하므로, 물건 재사용 및 새 활용 방법, 그림책을 활용한 환경 보전 놀이 등 교육기관에서 실천한 사례들을 QR코드, 사진, 기록장과 같이 다양한 방식으로 안내합니다. 또 가정에서도 실천해볼 수 있도록 주별 또는 월별로 지속가능발전 미션을 실시해 학부모들의 적극적인 참여를 독려합니다.

4 Q&A로 알아보는 지속가능발전교육(ESD)

Q. 지속가능발전교육(ESD)이 너무 어렵게만 느껴지네요. 어떻게 접근해야 할지 막막합니다.

A. 지속가능발전교육(ESD)은 현재의 교육과 동떨어져 있는 것이 아니므로, 지금 하는 교육에서 그 답을 찾을 수 있습니다. 먼저 교육의 지속성을 생각해 볼까요? 인간의 발달은 분절되기보다 연속적으로 발달합니다. 따라서 교육은 유아기, 아동기, 청년기, 성인기 등 전 생애에 걸쳐 지속적으로 이루어집니다.

이러한 교육이 지속되기 위해서는 현 세대에 국한할 것이 아니라 미래 세대까지 이어지도록 교육의 방향을 설정해야 합니다. 또 고정관념에서 벗어나 인식을 개선하고 다양한 시각에서 바라봐야 합니다. 사회 및 문화, 경제, 환경적인 측면을 고려하여 통합적으로 교육을 할 때 지속가능한 교육이 이루어질 수 있습니다. 예를 들면 새 학기에 새로운 물건을 구입할 때 내가 사는 물건이 아이들에게 꼭 필요한 것인지, 환경 보전에도 긍정적인 영향을 미치는지 등 다양한 각도에서 생각해 보고 구매하는 태도가 필요합니다.

일상에서 내가 해 온 것들을 점검하고 변화하는 과정에서 다양한 시행착오가 발생할 수 있고, 때로는 내가 지속가능한 교육을 하고 있는지 의문이 들 때가 있습니다. 이러한 의문은 자신을 성찰하는 바탕이 되어 지속가능한 교육을 실행하는 시발점이 됩니다. 망설이지 말고, 작은 것이라도 실천해 보세요. 선생님의 실천이 아이들의 미래를 더 밝게 비춰 줄 것입니다.

Q. 17개 지속가능발전목표(SDGs)가 너무 광범위해서 교육과정에 적용하기 어렵다고 생각합니다. 위 목표를 꼭 교육과정에 적용해야 하나요?

A. 유네스코에서는 지속가능발전목표(SDGs)를 실행하기 위해 교육의 중요성을 강조했습니다. 위 목표는 우리 지구가 직면하고 있는 문제를 해결하기 위한 중요 과제이므로, 교육을 통해 실현될 때 더 효과적으로 지속가능한 삶을 이어갈 수 있습니다.

처음부터 다 실행하려고 하면 부담감이 앞서므로, 교육 현장에서 바로 할 수 있는 것들부터 실행해 나갑니다. 예를 들면 식물 키우기, 식물과 대화하기, 물 아껴 쓰기, 사용하지 않는 전등 소등하기, 꼭 필요한 물건인지 생각하고 구매하기, 물건 나눠 쓰기, 쓰레기 분리하여 배출하기 등 일상에서 바로 실천할 수 있는 활동부터 시작합니다. 이 시작이 지속가능발전목표(SDGs)를 실행하는 출발점이 됩니다. 이러한 작은 실천들이 모여 지속가능한 생활습관의 기초를 형성하게 됩니다.

일상에서 작은 실천이 생활화되면 지속가능한 삶을 위해 전체적으로 바라보는 사고가 필요합니다. 이를 위해서는 UN에서 제시한 17개 지속가능발전목표(SDGs) 살펴보고, 현재 내가 실천하고 있는 것들을 점검합니다. 위 목표들을 균형 있게 교육 현장에 적용할 수 있는 방법을 모색하여 1년 교육과정 계획 수립에 반영합니다. 지속가능발전목표(SDGs) 사례는 본 장의 지속가능발전목표(SDGs) 교육 현장 적용 사례를 참조하세요.

Q. 유아기 인성교육은 아이의 역량 강화에도 꼭 필요한 교육이며 지속가능발전교육(ESD)의 한 부분이라고 생각합니다. 다만 현장에서 적용할 때 어떻게 풀어나가야 할지 고민이 됩니다.

A. 아이들은 지속가능발전교육(ESD)을 통해 역량을 강화할 수 있습니다. 지속가능발전교육의 핵심 역량은 크게 인지적, 사회·정서적, 행동적 역량으로 나눌 수 있습니다. 인격이 형성되는 유아기에 지속가능성에 대한 가치를 알 수 있도록 돕습니다. 또 지속가능한 생활 습관을 형성하여 실행할 수 있는 역량을 키우는 것이 필요합니다. 지속가능발전교육(ESD) 역량을 살펴보면 존중 및 배려, 공감, 책임, 소통, 협력 등 인성교육의 요소가 내재되어 있습니다.

일상에서 갈등 상황이나 문제상황이 발생했을 때 교사가 해결하려고 하기보다 아이들 스스로 무엇 때문에 속상하고 화가 났는지, 어떻게 하면 해결할 수 있는지 등 어떤 문제에 대해 토의하며 방법을 찾는 것이 중요합니다. 친구들과 함께 문제를 해결하는 과정을 통해 아이들은 타인의 입장을 이해하고 협력하며 지낼 수 있습니다.

친구들과 함께 놀이하는 경험을 지원하여 함께하는 즐거움을 느끼도록 합니다. 서로 어울려 놀이하면서 친구의 마음을 이해할 수 있으니까요. 일상에서 놀잇감과 재료 나눠 쓰기, 차례 지켜 기다리기, 친구의 말이 끝나면 이야기하기 등 친사회적 기술을 지속적으로 경험하는 과정도 중요합니다.

유아기는 자아존중감이 발달하는 시기이므로 인성교육의 적기입니다. 자신을 귀하게 여기고 존중하며, 나아가 친구를 존중하는 태도는 내면의 힘을 기르는 바탕이 됩니다. 존중, 공감, 배려, 협력은 다른 사람과 더불어 살아가며 지속가능한 삶을 이어가는 데 꼭 필요한 가치입니다.

Q. 아이들의 놀이와 절약 사이에서 고민이 많습니다. 아이들이 놀다보면 과도하게 재료를 사용할 때가 있습니다. 재료를 제한하면 놀이의 다양성을 제한하는 것 같아 걱정이 되고, 반대로 아이들이 원하는 만큼 재료를 허용하면 자원 낭비가 될까 염려가 됩니다.

A. 아이들은 자신이 하고 싶은 욕구에 더 중점을 두므로, 무언가를 만들 때 만들고 싶은 것에 초점을 맞춰 자료를 사용할 때가 많습니다. 따라서 적정량을 조절하여 쓰기 어려울 때가 있지요. 또 기질과 성향에 따라 다를 수 있습니다. 예를 들면 호기심이 많고 도전하기 좋아하는 아이들은 순간순간 아이디어가 떠오르면, 의도치 않게 자료가 낭비될 수 있습니다.

먼저 우리 반 아이들의 재료 사용을 살펴보고, 어떤 재료를 가장 많이 사용하는지 알아봅니다. 아이들이 사용하는 재료 중에 불필요하게 많이 사용되는 것과 조금만 쓰고 아깝게 버리는 것들을 모아 함께 이야기 나눕니다. 이 재료들이 쓰레기로 간다면 어떻게 될지 생각하고, 다시 쓸 수 있는 것들을 분리합니다. 또 어떻게 사용하면 좋을지 방법을 생각하고, 아이들이 생각한 것을 적어 벽에 부착합니다. 예를 들면 '색종이가 다시 태어났어요!' 라는 제목 아래 조각난 색종이, 구겨진 색종이로 할 수 있는 것을 적어봅니다.

아이들과 함께 자유롭게 사용할 수 있는 것과 제한해서 써야할 것을 구분하고, 제한해서 써야 할 것은 몇 개로 할지 서로 의논하여 정합니다. 만들다가 더 필요한 이유를 말하면, 상황에 따라 추가되거나 변경될 수 있음을 이야기해 줍니다.

높은 연령의 아이들 경우 만들기 재료 옆에 설계도를 그릴 종이를 제공해 만들기 전에 어떻게 만들지 그림으로 그려 볼 수 있게 합니다. 이러한 경험은 자신의 생각을 좀 더 명료하게 표현할 수 있어 자료를 더 효과적으로 사용하는 데 도움이 됩니다.

Q. 아이들과 놀이를 하다보면 일회용품이나 플라스틱 재료들을 많이 사용하게 됩니다. 지속가능발전교육(ESD)을 위해서 꼭 친환경 제품으로만 접근해야 할까요?

A. 아이들은 놀이를 통해 세상을 배우며 이해합니다. 아이들의 삶 자체가 놀이이지요. 아이들의 놀이에는 다양한 재료가 들어갑니다. 일회용품, 자연물, 일상에서 사용하는 물건 등 우리 주변에서 사용하는 모든 것들이 훌륭한 놀이재료가 되지요. 다양한 재료로 무언가를 만드는 것은 상상이 현실이 되고, 경험이 또 다른 경험으로 바뀌는 귀한 시간입니다.

아이들의 삶 속에서 놀이재료는 세상을 만나고 표현하는 데 중요한 매체가 됩니다. 이 시기는 다양한 매체를 사용해 보는 것이 필요하지요. 아이들의 사용하는 모든 재료를 친환경 제품으로 다 바꾸기보다, 지금 사용하고 있는 재료들을 잘 사용하고 분리배출할 수 있는 것도 지속성 및 환경 보호의 측면에서 의미가 있습니다. 즉 아이들이 사용하는 재료가 환경과 함께 가는 것인지, 환경을 아프게 하는 것인지 살펴봅니다.

아이들이 가장 많이 사용하고 있는 재료 영역 옆에 웃고 있는 지구 사진을 부착한 뒤, "지금 우리가 종이를 버리지 않고 다시 써서 자료가 낭비되지 않았네. 또 환경도 보호할 수 있어 지구가 기뻐할 것 같아"라고 이야기합니다. 교사의 이야기에서 아이들은 지구 의 얼굴을 떠올리며 재료를 어떻게 사용할지 생각해 볼 것입니다.

일회용품 사용을 줄이거나 부득이하게 사용했다면 다시 사용하기, 오래 사용할 수 있는 재료를 찾아보고 놀이하기, 재활용품을 활용하여 새로운 물건 만들기 등 일상에서 할 수 있는 것부터 실천해 나간다면 꼭 친환경 제품을 사용하지 않아도 자원 재활용 및 환경 보호를 실천할 수 있을 것입니다.

제2부

지속가능발전 교실을 위하여

1. 이렇게 준비해요. 새 학기

1) 함께 배우며 성장하는 교사회의

교사 회의의 시작

"백지장도 맞들면 낫다"는 속담처럼 교사들이 함께 머리를 맞대고 이야기를 나누다보면, 낯설고 어렵게만 느껴지던 과제도 쉽게 해결하게 될 때가 많습니다.

첫 교사 회의에서 "지속가능발전교육(ESD)은 어떻게 하는 교육일까요?"라며 어리둥절해하는 선생님들도 계십니다. 함께 다양한 자료들을 살펴보고, 서로의 생각과 고민을 나누며 이해를 넓혀갑니다. 특히 사회·문화적, 환경적, 경제적 영역을 모두 고려한 1년 계획은 우리 학급의 장점과 단점을 꼼꼼하게 살펴본 뒤, 구체적인 목표를 설정하고 실행해야 합니다. 이러한 과정을 통해 지속가능발전교육(ESD)에 대한 열정과 자신감이 생겨 일상에서 자연스럽게 실천하게 됩니다.

회의 흐름 한눈에 보기

---

1. 지속가능발전교육(ESD) 탐색하기	• 교사 회의 • 지속가능발전교육(ESD) 실천을 위한 교사의 성찰 과정

2. 지속가능발전교육(ESD) 계획하기	• 지속가능발전교육(ESD) 계획 • 지속가능발전교육(ESD) 연간교육계획

교사 회의 풀어가기
---

1. 지속가능발전교육(ESD) 탐색하기

    교사들은 지속가능발전교육(ESD) 탐색을 위해 서로의 생각을 나누며, 배움을 이어갑니다. 처음에는 '지속가능발전교육(ESD)'이라는 낯선 용어에 막막하겠지만, 회의가 거듭될수록 아이들과 자신의 삶을 돌아보며 성찰하게 되면서 좀 더 편안한 마음으로 회의에 임하게 됩니다. 지속가능발전교육(ESD) 탐색 과정을 통해 교사들은 일상에서 이미 실천하고 있음을 깨닫게 됩니다. 그동안 환경영역에 치중되어 왔던 지속가능발전교육(ESD)의 범위를 넓혀 '사회문화, 환경, 경제'라는 세 가지 영역이 균형있게 들어갔는지 스스로 살피며, 좀 더 통합적 접근이 될 수 있도록 노력합니다. 교사들의 작은 변화와 실천이 지속가능한 미래의 출발점임을 인식하고, 아이들과 함께 그 변화를 만들어 나갑니다.

1) 교사 회의

* **사전 자료** 지속가능발전교육(ESD) 관련 도서, 기사, 동영상
* **방법**
① 교사 회의 전 사전 자료를 공유하여 탐색하는 시간을 가진다.
② 열린 마음으로 회의에 참여하여 모든 의견을 존중하자는 기본 규칙을 합의한다.
③ 각자의 생각을 나누며, 가볍게 아이스브레이킹 활동을 진행한다.
④ 지속가능발전교육(ESD)에 대한 각자의 관점과 고민을 공유하고, 기존 교육 활동과 연결성을 탐구한다.

일시	20**년 *월 **일(*)	장소	회의실
참석 인원	홍교장, 박교감, 김교사, 이지속, 최가능, 배발전, 전교육		
회의 주제	지속가능발전교육(ESD)		

1차 회의 내용

1. 회의 시작 및 존중의 약속 만들기

홍교장 오늘은 지속가능발전교육(ESD)에 대해 처음 논의하는 시간입니다. 먼저, 열린 마음으로 서로의 의견을 존중하며 참여할 것을 약속하는 건 어떨까요"

최가능 약속을 만들고 나니 의견을 자유롭게 나눌 수 있을 것 같아요.

2. 사전 자료 학습 및 토의

공유 자료: 지속가능발전교육(ESD) 관련 도서, 기사, 동영상
주요 질문: 지속가능발전교육(ESD)이란 무엇인가?
우리 학급에서 실천할 수 있는 지속가능 활동은?

3. 주요 논의 내용

박교감 지속가능발전교육(ESD)은 기후변화나 환경문제를 해결하는 데 중점을 둔 것 같아요.

배발전 학급에서 아이들과 함께 환경 캠페인을 하면 좋을 것 같아요.

전교육 분리수거 같은 간단한 활동도 지속가능한 교육의 일부라고 볼 수 있겠죠?

김교사 환경에 대한 이야기만 집중되고 있는데, 사회문화나 경제적 관점도 포함되어야 하지 않을까요?

4. 회의 결과

공통된 의견: 지속가능발전교육(ESD)은 기후변화와 환경문제에 대한 실천으로 이해되는 경우가 많음. 환경문제 해결 외에 사회문화, 경제적 관점에 대한 이해 필요
추후 과제: 지속가능한 실천 사례를 더 폭넓게 탐구하기로 결정
각 교사가 자신의 실천 사례를 정리해 다음 회의에서 공유

일시	20**년 *월 **일(*)	장소	회의실
참석 인원	홍 교장, 박 교감, 김교사, 이지속, 최가능, 배발전, 전교육		
회의 주제	지속가능발전교육(ESD)		

2차 회의 내용

1. 개인 실천 사례 공유

이지속 저는 장바구니를 사용하는 습관을 꾸준히 실천하고 있어요. 생각보다 큰 변화라고 느껴져요.

최가능 가족들과 함께 지역 사회에서 자원 봉사 활동을 하고 있는데요. 지속가능성을 위해 이런 연결이 중요한 것 같아요.

2. 토론

주제: 우리 학급에서 무엇을 실천하고 있는가?
환경 영역: 아이들과 함께 학교 텃밭을 가꾸며 식물의 생태를 배워요.(배발전)
사회문화 영역: 다양한 문화를 소개하는 활동을 통해 세계시민교육을 실천하고 있어요.(전교육)
경제 영역: 재활용 재료를 활용해 교재를 만들고 있어요.(김교사)

박 교감 화이트보드에 공통된 고민과 발견을 정리해 봅시다.
환경: 기후변화, 자원 절약
사회문화: 다양한 문화 존중
경제: 재활용 및 자원 관리

3. 구체적 실행 계획 설계

문제 해결 워크숍

홍 원장 학급 운영에서 개선할 점을 찾아보고, 지속가능한 목표를 설정합시다.
주요 아이디어
업사이클링 재료 활용 놀이(최가능)
지역사회와 연계한 프로젝트 (이지속)
자원 절약 캠페인 (배발전)

4. 정리 및 피드백/회의록 작성 및 공유

알게 된 점: 지속가능발전교육(ESD)은 세 영역의 균형이 중요함
느낀 점: 일상 속 작은 실천도 큰 변화를 이끌 수 있음
실천하고 싶은 점: 학급에서 지속가능한 놀이와 활동을 구체적으로 설계

다음 회의 주제: 실행 계획 점검 및 추가 사례 탐구

2) 지속가능발전교육(ESD) 실천을 위한 교사의 성찰 과정

구분	인지적 측면	사회·정서적 측면	행동적 측면
방향	지속가능발전교육(ESD)의 이해와 사고력 강화	가치 내면화와 협력적 소통	구체적인 실천과 변화를 이끄는 행동 역량
핵심 내용	지속가능발전교육(ESD)의 개념과 필요성을 깊이 이해하고, 이를 달성하기 위해 요구되는 목표와 과제를 명확히 파악 교육 현장에서 지속가능성을 적용하기 위해 논리적 사고력과 문제 해결 능력을 바탕으로 통합적 접근 탐구	교사로서 지속가능발전교육(ESD)의 가치를 스스로 내면화하며, 자아 성찰을 통해 지속가능한 삶의 태도와 동기 형성 동료 교사, 학부모, 지역사회와의 협력과 소통을 통해 지속가능 목표를 실현할 수 있는 공동체적 역량 강화	지속가능발전교육(ESD)의 가치를 학급 운영과 교육 활동으로 전환하여 구체적인 실천 방안 실행 아이들과 함께 지속가능한 프로젝트를 기획하고 실천하며, 교육 현장에서 지속가능한 삶의 방식과 변화 경험
교사 성찰	지속가능발전교육(ESD)이 단순히 환경문제를 넘어 사회와 경제를 포함한 통합적 접근이 필요함을 인식 지속가능발전목표(SDGs)를 교육과정에 어떻게 자연스럽게 녹여낼지 사고의 폭을 넓힘	일상에서 지속가능한 실천을 얼마나 하고 있는지 돌아보며 작은 변화 시작 동료들과 소통하며 다양한 관점을 이해하게 되었고, 학부모와 협력해 학급 내 지속가능한 프로젝트를 성공적으로 진행	업사이클링 재료를 활용한 놀이 활동을 통해 아이들과 함께 환경 보호의 중요성 체감 학급 자원을 운영하면서 아이들과 함께 실천적 변화의 보람을 느낌

2. 지속가능발전교육(ESD) 계획하기

　지속가능발전교육(ESD)의 계획을 세우기 위해 교사들은 '사회·문화, 환경, 경제'라는 세 가지 영역의 사례를 살펴보며 깊이 있게 이야기를 나눕니다. 각자의 생각과 아이디어를 화이트보드와 포스트잇에 작성하여 함께 살펴보면서, 학급 운영의 장단점을 분석하고 지속가능한 실천 목표를 구체적으로 설계합니다. 교사들은 서로의 의견을 경청하고 피드백을 주고받으며 1년간의 교육계획을 완성합니다. 이 과정은 단순한 계획 수립을 넘어 함께 시행착오를 겪고 해결하며 지속가능한 미래를 위한 교육의 방향을 모색하는 데 큰 도움이 됩니다. 또한 교사 간의 유대감이 강화되는 소중한 시간이기도 합니다. 결과적으로 자원 절약과 재활용, 공동체 의식 함양, 소비 습관 개선 등을 실천할 구체적이고 의미 있는 계획이 마련됩니다.

* **자료** 화이트보드 또는 이젤패드, 포스트잇, 필기도구

* **방법**
① 지속가능발전교육(ESD)의 세 가지 영역(환경, 사회문화, 경제)에 대한 사례를 나눈다.
② 공통된 고민과 발견을 시각적으로 정리(화이트보드, 포스트잇 활용)한다.
③ 현재 학급 운영의 장단점을 분석하고, 개선할 수 있는 지속가능한 방안을 구상한다.
④ 환경적, 사회문화적, 경제적 관점에서 작은 실천 목표를 설정한다.
⑤ 상호 피드백을 주고받으며 격려한다.

함께 만들어가는 지속가능발전교육(ESD) 연간 계획(예시)

① 1학기

시기	주제	내용
2~3월	새 학기 준비	교사 회의: 지속가능발전교육(ESD)의 목표와 학급 운영 방향 설정 학부모 오리엔테이션: 지속가능발전교육(ESD)의 중요성과 학부모 협력 방안 공유 교실 다시보기: 기존 교실 환경 점검, 재사용 가능한 자원 활용 계획 수립
3~4월	우리 교실 만들어가기	함께 만들어가는 정리시간: 정리 습관 형성과 자원 절약의 중요성 학습 우리 반 놀잇감은 우리가 정해요: 환경 친화적 놀잇감 선택 및 제작 다 같이 행복하게 지내기 위해서는?: 학급 규칙 설정 및 협력 활동 우리는 화장실 탐험대: 물 절약 및 위생 관리 교육 마음을 연결하는 특별한 데이트: 친구와의 관계 형성 및 배려 교육 화목한 날: 주 1회 마음 나누기 및 공동체 활동 우리 반 지킴이: 학급 청결 및 자원관리 책임 역할 분담 투표는 나를 표현하는 힘: 선거를 통해 민주적 의사결정 경험
4~5월	특별한 날 되돌아보기	새들과 함께 살아가요(4월 1일 새의 날): 새 보호 캠페인 및 관찰 활동 어린이날(5월 5일): 지속가능한 선물 제작 활동 가족을 위한 특별한 선물(5월 8일 어버이날): 재활용품을 활용한 선물 만들기 윙윙 꿀벌이 필요해요(5월 20일 꿀벌의 날): 꿀벌과 생태계 보호 교육
6월	놀이(재료) 되돌아보기	종이 자원을 순환하여 사용하자: 종이 재활용 활동 그림책을 종이 자원으로 되살리기: 낡은 책의 새로운 활용법 탐구 자연으로 돌아가는 점토놀이: 친환경 점토를 활용한 놀이 지구사랑 꽃가게: 재사용 가능한 재료로 꽃 장식 만들기

② 2학기

시기	주제	내용
9월	새로운 방법으로 친구 만나기	다양성 존중 활동: 새로운 친구와 교류하며 세계시민의 가치 학습 협력 놀이: 함께 문제를 해결하는 놀이 활동을 통해 관계 증진
10월	건강한 디지털 시민으로 성장하기	디지털 활용 교육: 디지털 환경에서의 책임과 권리에 대한 학습 환경을 위한 디지털 기술 활용: 에너지 절약과 환경보호를 위한 기술 탐구
11월	가정과 함께 놀 지구	가족과 함께하는 프로젝트: 집에서 실천할 수 있는 환경보호 활동 제안 가족 협력 캠페인: 재활용품 수집 및 업사이클링 경연대회
12월	초등학교와의 이음	초등학교 탐방 활동: 지속가능발전교육(ESD)의 연계성 체험 협력 프로젝트: 초등학생과 유치원생이 함께하는 지속가능한 놀이 활동
연중	지역사회와 이음	우리 동네 탐험: 지역 자원을 탐구하고 활용 방안 제시 지역사회 연계 프로젝트: 지역 환경 정화 활동 및 자원 활용 놀이 지속가능한 지역 만들기: 주민 참여 프로그램 기획 및 실행

―――― **SDGs 연결 고리** ――――

4	교사 회의는 지속가능발전교육(ESD)의 목표와 가치를 논의하며, 아이들에게 양질의 교육을 제공하기 위한 공동 목표를 수립합니다. 환경, 사회문화, 경제의 세 영역을 통합한 교육 활동(예: 텃밭 가꾸기, 재활용 캠페인)을 설계하여 아이들이 지속가능한 삶의 방식을 체득하도록 돕습니다.
12	교사 회의에서 종이 재활용, 장난감 업사이클링 등 자원을 지속가능하게 활용하는 방법을 논의하고, 이를 학급 활동에 반영합니다. 아이들에게 낭비를 줄이고 재사용하는 습관을 가르치는 활동(예: 재활용품을 활용한 놀이)을 계획합니다. 지속가능한 소비를 주제로 한 가정 프로젝트를 통해 아이과 가족 모두가 실천에 참여하도록 유도합니다.
13	기후변화와 관련된 수업 내용(예: 꿀벌과 생태계 보호, 물 절약 교육)을 설계하여 아이들이 기후 위기에 대한 인식을 키우도록 돕습니다. 학급에서 전력 사용을 줄이거나, 재생가능한 에너지의 중요성을 배우는 활동을 포함하여 기후 행동을 실천합니다.
16	교사 회의에서 학급 내 투표 활동(예: 놀이 주제 정하기, 반 규칙 설정)을 계획하여 학생들이 민주적 과정의 가치를 체험할 기회를 제공합니다. 존중과 신뢰를 바탕으로 의견을 나누고, 협력의 중요성을 경험하면서 이를 아이들의 활동으로 연결합니다. 아이들이 서로 의견을 조율하고 소통하며 문제를 해결할 수 있도록, 교사들이 공동체 활동을 설계합니다.
17	교사 회의에서 다루는 자원 절약, 쓰레기 줄이기 등의 실천은 지역 사회와 교실 내 지속가능한 환경을 만드는 데 기여합니다. 이는 아이들과 가정에까지 영향을 미쳐 지속가능한 공동체 형성을 촉진합니다.

교사 회의를 효과적으로 운영하기 위한 Q&A

Q. 교사 회의에서 지속가능발전교육(ESD)의 실천 방안을 두고 갈등이 발생하면 어떻게 하나요?

A. 선생님들간의 의견 차이는 자연스러운 현상이며, 이를 해결하기 위해서는 열린 마음으로 경청하고 합의점을 찾는 노력이 필요합니다. 사전에 회의의 기본 규칙으로 '모든 의견을 존중하기'로 합의하고, 각자의 아이디어가 교육의 목표와 어떻게 연결되는지 논리적으로 설명하도록 유도합니다. 의견 차이가 큰 경우, 다양한 관점을 시각적으로 정리하고, 소규모 그룹으로 나누어 논의한 뒤, 결과를 공유하는 방식도 효과적입니다.

Q. 교사 회의에서 논의된 내용을 학급 운영에 효과적으로 반영하려면 어떻게 해야 하나요?

A. 구체적이고 실천가능한 구체적인 계획을 세우는 것이 가장 중요합니다. 예를 들어, 회의에서 자원 절약의 필요성이 논의되었다면, 이를 학급 활동으로 구체화하여 '물 절약 캠페인'이나 '재활용품 활용 놀이'와 같은 실천 가능한 목표를 설정합니다. 또한, 학급 내에서 아이들과 함께 작은 목표를 세우고 이를 꾸준히 실천하면서 결과를 공유하는 과정이 필요합니다. 이처럼 교사와 아이가 함께 목표를 세우고 실행하면 지속가능성과 교육 효과를 모두 높일 수 있습니다.

Q. 회의 시간이 너무 길어져 생산성이 떨어지는 것 같아요.

A. 회의가 지나치게 길어지면 집중도가 떨어지고, 실효성이 떨어집니다. 회의 전 각 발언자의 시간을 제한하거나 핵심 주제에 집중하여 회의를 간결하게 운영하는 것이 좋습니다. 회의 시작 전에 발언 순서를 정하고 타임 키퍼를 지정하여 효율적으로 운영하는 것도 좋습니다.

2) 함께 발맞춰 나아가는 학부모 오리엔테이션

현장에서 아이들의 놀이와 성장 지원 방안을 찾다 보면 늘 언급되는 지점이 가정 연계입니다. 유아-교사-학부모가 하나의 마음으로 함께 해나간다는 것은 무엇보다도 중요하지만, 가정 연계를 실행하는 과정에서 어려움을 겪을때도 있습니다. 가정 연계가 잘 이루어지려면 한 아이를 위한 체계적이고 의미 있는 공동체 조성이 기반되어야 합니다. 이러한 기반은 학급 운영의 질을 높이고 유아 교사 학부모 모두 성장할 수 있는 기회를 제공받습니다. 가정 연계를 활성화하기 위해 학부모 오리엔테이션 준비와 실행방법을 소개합니다.

흐름 한눈에 보기

학부모 오리엔테이션의 시작	1. 긴장된 마음 녹이는 시간 2. 학급 이야기 설명
학부모 오리엔테이션 속 가정 연계	3. 함께 발맞춰 나갈 공간 소개 4. 마음을 하나로 모으는 다짐
학부모 오리엔테이션 이후	5. 학부모 오리엔테이션 미참석자를 위한 자료 발송 6. 학부모 오리엔테이션 그 후

• A. 학부모 오리엔테이션의 시작 •

1. 긴장된 마음을 녹이는 시간 갖기

1) 우리 반 퀴즈

우리 반 이름, 교사 이름, 학부모님께 전달하고 싶은 교사관 등을 활용하여 10개 이내로 퀴즈를 내면 긴장된 마음이 풀어지며 교사의 마음을 전달할 수 있는 시간이 됩니다.

★ TIP
마무리 시간에 퀴즈(우리 반 관련)를 내서 다시 한번 교사의 교육관, 학부모의 협조 요청을 강조하는 방법으로 사용합니다.

2) 간단한 공동체 놀이: 당신을 사랑합니다. 텔레파시 게임

첫날부터 몸을 사용하는 놀이가 가능할까 싶지만, 교실에서 아이들과 함께하는 놀이라고 안내하면 첫 시작은 어색할지라도 점차 아이들처럼 즐기는 시간으로 변합니다.

당신을 사랑합니다	텔레파시 게임
① 모든 참가자가 원형으로 의자에 앉습니다. ② 술래를 정한 후 의자 하나를 뺍니다. ③ 술래가 "나는 ~을 사랑합니다"라고 특정 조건을 말합니다. (예: 나는 안경 쓴 사람을 사랑합니다.) ④ 해당하는 조건의 참가자들은 자리에서 일어나 빈자리로 이동합니다. ⑤ 자리를 찾지 못한 참가자가 다음 술래가 됩니다.	① 참가자들이 두 그룹으로 나뉘어 안쪽 원과 바깥쪽 원을 형성합니다. ② 처음 만난 짝에게 "반갑습니다, 제 이름은 ○○입니다"로 인사합니다. ③ 진행자가 텔레파시 질문을 제시합니다. (예: 산과 바다 중 좋아하는 것 선택) ④ 선택한 이유를 말하며 짧은 대화를 가집니다. ⑤ "즐거웠습니다"라고 인사하며, 안쪽 학부모들이 오른쪽으로 한 칸 이동합니다.

2. 학급 이야기 시작하기

아이들을 위한 교사의 마음가짐, 연령별 특징, 학급에서 풀어갈 특별한 활동, 가정 협조가 필요한 이유, 학부모님께 전하는 교사의 작은 편지까지 교사에게는 당연한 이야기들이지만, 누군가 말해주지 않으면 알아채지 못할 수 있기에 학부모님들께 섬세하게 설명해야 합니다.

★ TIP
학부모님께 전하는 교사의 작은 편지는 동요 제목, 그림책 제목, 책 내용을 활용하면 인상 깊고 오래 기억에 남을 수 있습니다.

1. 매일이 선물인 것처럼 유치원에서, 가정에서 한번 더 웃어주고 한 번 더 사랑을 표현해 주세요.
2. 내가 원하는 답이 오지 않을 수 있어요. 마음에 담아두지 않고 수많은 핑을 보내주세요.
3. 긍정의 힘으로 하루를 보낼 수 있게 화난 표정보다는 웃는 표정으로 아이들을 대하겠습니다.

그림책 편지 예시

• B. 학부모 오리엔테이션 속 가정연계 •

3. 함께 발맞춰 나가는 방법 소개하기

학부모 오리엔테이션을 하는 이유는 학급을 소개하는 것에도 있지만 궁극적인 목표는 학부모의 협조를 강조하고 이끌기 위합니다. 따라서, 가정과의 연계를 어떻게 진행할 것인지 사전에 설명해두는 것이 좋습니다. 각 원에서 사용하는 어플(키즈노트, 학교종이 등)을 사용하거나 패들렛, 구글 드라이브 또는 문자 등의 활용법을 안내하고 이에 따른 가정연계 방법을 소개한 뒤 간단한 소감이나 다짐을 받아볼 수 있습니다. 첫 시작을 학부모와 함께한다면 이후의 연계는 조금 더 원활히 진행될 수 있습니다.

> ★ TIP
> 가입이 필요하다면 그 자리에서 가입하는 것도 연계를 촉진하는 방법이 될 수 있습니다.

4. 마음을 하나로 모으는 우리의 다짐

1) 학부모의 마음 알기

* **자료** '마음을 나눠요' 또는 '다섯 가지 예쁜 말' 활동지
① '너의 의미' 또는 '다섯 가지 예쁜 말' 노래를 듣고 활동을 안내한다.
 "지금까지는 제 마음을 전달했습니다. 이제 학부모님의 마음을 알아보고자 합니다."
 "나에게 아이, 교사, 나 자신은 어떤 의미일까요? / 종이에 내 마음을 적어보겠습니다."
② 작성한 내용 중 한 부분을 소개한다.

"작성한 내용 중 소개하고 싶은 부분을 읽어주시면 감사하겠습니다."

"학부모님들께서 읽어주신 내용을 들으니 그 마음이 확 와닿았습니다. 소중한 아이, 교사, 학부모님들을 위해 함께 발맞춰 나가는 한 해가 되길 바랍니다."

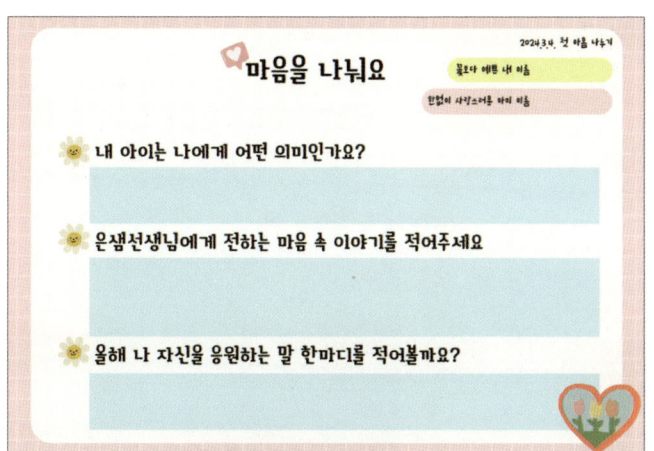

마음을 나눠요 활동지

다섯가지 예쁜 말 유인물

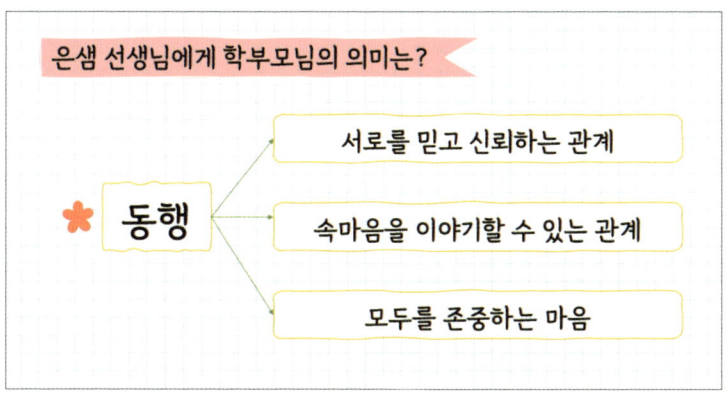

학부모님 마음에 대한 교사 마음 전하기

> **TIP**
> 부모님이 작성한 종이는 이후 학부모 상담 때 활용하거나 아이와의 인터뷰 시간에 활용할 수 있습니다.

2) 교사-아이-가정의 마음 연결

교사와 학부모의 마음을 확인했다면, 그 내용을 발판으로 마음을 연결하고 마음 다짐을 이끌 수 있습니다.

아이에 대한 약속, 학부모 서로에 대한 약속, 교육기관과 선생님에 대한 약속과 같이 세 가지 약속을 함께 정합니다. 이에 대한 다짐을 하며 한 해 동안 함께 발맞춰 나가면서 성장하는 교육 주체로서 역할을 인식하고 실천하는 계기를 마련합니다.

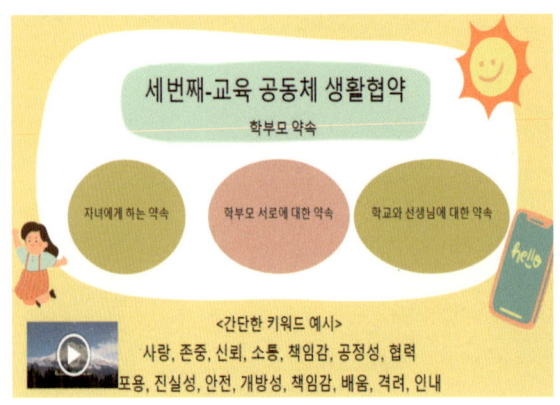

교육 공동체 생활 협약

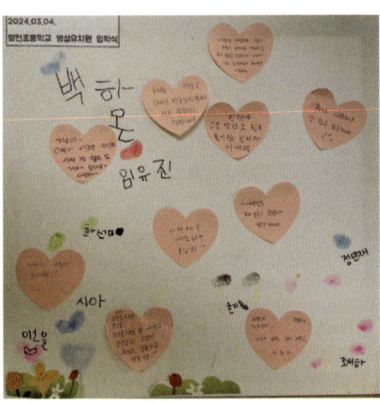

교육 3주체 다짐 지문

• **C. 학부모 오리엔테이션 이후** •

5. 학부모 오리엔테이션에 참여하지 않은 분들을 위한 자료 발송

모든 학부모가 참여하면 더할 나위 없이 좋지만, 혹시나 개인사정으로 참여하지 못한 분들이 있을 경우 학급운영에 관심을 갖도록 별도의 안내자료 발송이 필요합니다. 학부모 오리엔테이션 그대로 진행할 수는 없지만, 교사가 꼭 전달하고 싶은 부분과 협조 부분을 설명하여 오리엔테이션 자료를 축약해 발송하는 것이 좋습니다.

6. 학부모 오리엔테이션 그 후

학부모 오리엔테이션은 입학식 전날이나 입학식 당일에 이루어질 경우, 입학식 당일 또는 입학식 주간에 전화상담을 한 번씩 하는 것을 추천합니다. 학부모가 작성한 자료를 바탕으로 '아이 칭찬 시간'을 갖고, 아이에 대한 이해를 한 번 더 할 수 있습니다. 또한, 교사에게 전달한 메시지를 바탕으로 짧은 말 답장도 보낼 수 있습니다. 이렇게 학부모 오리엔테이션 이후의 전화 한 통은 학부모와의 관계를 조금 더 친밀하게 만들 수 있는 계기가 됩니다.

> 안녕하세요 어머님 ○○반 교사 ○○○입니다.
> 오늘 ○○이와 데이트를 했는데 '사랑해'라는 말이 가장 좋다고 하여 데이트 마무리에 '사랑해'라고 말해주며 꼭 안아주었답니다. 어머님의 이야기처럼 ○○이는 정말 보석같은 아이같아요. 보석같이 빛나는 ○○이와 반짝이는 한 해를 보내도록 하겠습니다. 함께 해주세요!^^ 오늘 찍은 사진도 함께 보내드립니다. 감사합니다.

> 선생님♥ㅎㅎㅎ감사합니당!
> 우진이는 기분이 좋을 때 눈이 없어지는 웃음이 나오는데 그 표정이네요!~^^ 다 선생님께서 사랑으로 안아주시고 지도해 주셔서 그런 거 같아요~ 어제 우진아 사랑반 되었지? 선생님은 바뀌셨어?라고 물어보니 당연히 김은샘 선생님이지~!!라고 자랑스럽고 우쭐하게 대답해주더라구요.
> 선생님~ 기분 좋아지는 메세지 보내주셔서 감사합니다^^ 퇴근까지 힘내시궁 늘 응원드려요~^^

학부모와 소통하는 짧은 말 답장

SDGs 연결 고리

교사도 학부모도 3월은 설렘과 긴장의 달입니다. 또는 매우 불안하고 걱정되는 마음이 들기도 하지요. 그러나 학부모 오리엔테이션을 통해 교사는 학부모의 지지를 받게 되고 학부모는 교사와 다른 학부모들의 생각을 공유하면서 안정감을 찾게 됩니다. 그렇게 찾아온 지지와 안정감이 기반이 되어 건강하고 행복한 삶을 보장하게 합니다.

가정 연계 활동에 모든 가정이 참여할 수 있는 시작을 알리는 자리가 학부모 오리엔테이션입니다. 교사는 아이와 학부모에 대한 이해를 높이고, 학부모는 교사에 대한 신뢰를 높여서 동반자로서 아이의 성장을 돕습니다. 이는 모두를 위한 양질의 교육이 이루어지는 시발점이 됩니다.

교육 공동체 생활 협약 또는 교육 3주체 다짐 과정은 서로를 배려하고 존중하기 위한 약속입니다. 그 약속을 만드는 과정에서 자신의 행동을 되돌아보고, 앞으로의 마음가짐도 다잡습니다. 이것은 사회의 축소판인 교실이 모두가 행복한 교실로 유지되게 돕습니다. 나아가 교실 밖에서도 타인을 긍정적으로 대하고 공동체에서의 생활 습관을 형성하여 지속가능한 도시와 주거지 조성에 앞장서게 합니다.

교사의 교육관, 교육철학 그리고 학부모의 육아관, 아동관을 함께 공유하는 시간을 통해 한 교실에서 만난 모두는 공동의 목표를 바라보고 있음을 깨닫게 됩니다. 목표 달성을 위해 각자의 방법으로 공동체 구성원에게 관심을 보이고 협조하는 태도를 갖게 됩니다. 이러한 마음들이 모여 지구촌 협력을 강화합니다.

가정연계 활성화 tip

Q. 가정연계를 시작하고 싶은데, 어떻게 시작해야 할까요?

A. 단계적으로 시작해 보세요.
처음부터 거창한 활동을 제시하기보다는 아주 손쉽게 할 수 있는 것부터 시도하여 점차 복잡한 활동으로 확장해 나갑니다. 처음에는 아이와 밥을 먹으면서 이야기 나눌 수 있는 것부터 시작하는 것을 추천합니다. "좋아하는 말, 듣고 싶은 말, 유치원이 좋은 이유" 등 따로 시간을 내지 않아도 일상에서 실천할 수 있는 활동이 적합합니다. 그 이후에 주제와 관련된 활동사진이나 영상 찍기로 심화할 수 있습니다. 더 나아가 온 가족이 함께 참여하여 실행할 수 있는 미션도 가능해지게 됩니다.

Q. 교사의 일방적인 미션인 것 같고 어떻게 활용해야할 지 모르겠어요.

A. 가정에서 실행한 미션 내용을 놀이자료로 적극 활용해 보세요.
미션 활동 시 가정 연계 결과물을 받는 것에서 그치기보다, 우리 반 교실와 연결하여 또 다른 이야기가 펼쳐질 수 있도록 합니다. 아이들이 직접 소개하기, 책으로 만들어 제공하기, 놀이자료로 활용하기 등 다양한 방법으로 적용할 수 있습니다.

Q. 우리 학급만 가정 연계 활동(예: 패들렛)을 운영하는 게 부담스럽습니다.

A. 자칫 비교, 경쟁 구도가 될 것 같아 부담될 수 있습니다. 자신의 활동을 먼저 공유하고 의논하여 함께 하는 분위기를 형성해 보세요. 함께 성장하는 동료 교사이기에 좋은 방법을 공유하고 경험한다면 긍정적으로 받아들이게 됩니다.
1. 전체 교사들에게 본인의 가정 연계 방법 공유하기
2. 같은 연령의 아이들과 함께하기
3. 패들렛과 같은 웹페이지 활용 자체가 어렵다면 문자 활용하기

3) 교실 다시 들여다보기

___ 놀이의 시작 ___

　교실을 생각하면 어떤 것들이 떠오르나요? 낮은 책상과 의자, 교구장과 다양한 놀잇감들, 그리고 여기저기에 붙여져 있는 이름들. 새 학년을 시작하는 우리의 교실은 다른 듯하면서도 매우 닮아있습니다. 아이들이 한번 기관에 등원하면 적게는 4시간, 길게는 10시간 이상을 보내는 교실, 매년 다른 듯 닮은 교실을 꾸미면서 많은 고민을 하게 됩니다. '이 공간을 어떻게 하면 좀 더 의미 있는 공간으로 채워갈 수 있을까?', '아이들의 생각과 경험을 담아 채울 수는 없을까?', '또 교실을 채워가는 과정이 아이들에게 배움을 가져다줄 수는 없을까?' 와 같은 다양한 고민들을 우리 교실 한해살이에 접목합니다.

___ 놀이 흐름 한눈에 보기 ___

1. 새 교실, 새 물건?	• 물려받아 더 소중해요

⌄

2. 이름을 채우는 교실	• 이름을 채워가는 교실 • 함께 정하는 우리 반 이름

⌄

3. 함께 채우는 교실	• 우리가 채우는 교실

― 놀이 풀어가기 ―

1. 새 교실, 새 물건?

학급에서 새 학년을 준비하며 가장 먼저 하는 것이 무엇인가요? 처음 하는 일 중 하나가 낡은 물건들을 버리고 새로운 아이들과 함께 쓸 새로운 물건들을 구매하는 것입니다. 이 과정에서 다시 쓸 수 있으나 버려지는 물건들을 한곳에 모아봅니다. 건전지가 닳아 소리가 나지 않는 놀잇감, 아이들이 싫증 내서 놀이하지 않는 블록 등 조금만 손보면 쓸 수 있는 놀잇감들이 많습니다. 그중에서도 특히 아이들이 좋아하는 색만 빠져있거나 심이 반 이상 남은 색연필과 사인펜은 충분히 다시 쓸 수 있지요. 새롭게 시작하는 학급에서 새 물건을 사용하면 기분이 좋지만, 그보다는 다시 쓸 수 있는 물건을 계속 사용하며 존중, 절약 등의 가치를 배워갑니다.

물려받아 더 소중해요

* **자료** 물려받은 놀잇거리(색연필, 사인펜, 블록 등), 나눔 편지, 감사 편지

* **방법**

> 학년말 아이들과 함께 교실을 정리하며 다음 해에 물려줄 물건을 정하고 나눔 편지를 써보는 활동도 함께 합니다. 다른 연령 선생님과 함께 진행해도 좋습니다.

① 물려받은 놀잇감과 편지를 소개한 후 선물을 받은 느낌에 관해 이야기한다.
② 우리도 놀잇감을 물려주기 위해서 어떻게 사용하면 좋을지 이야기 나누고 감사편지를 쓴다.

2. 이름을 채우는 교실

아이들의 신발, 가방, 옷가지 등을 정리하기 위해 정성을 담아 코팅한 이름표들은 그 아이들이 계속 유치원에 다녀도 새 학년이 되면 버려집니다. 또 새 학기 준비 기간 동안 우리는 예쁜 그림과 이름을 넣어 코팅한 이름표를 만들고, 아이들이 오기 전 곳곳에 붙여두기도 합니다. 그런데 버려지는 이름표와 그로 인한 쓰레기, 매번 다시 만들어야 하는 수고로움, 또 이것을 당연하게만 생각하는 것이 과연 맞을까요? 무엇을 하기 전에 환경을 먼저 생각하는 자세가 필요합니다. 이를 바탕으로 아이들과 함께 할 수 있는 방법을 알아보고 이름표부터 과감하게 바꿔봅니다.

이름을 채워가는 교실

* **자료** 아이들의 생각을 담을 수 있는 칠판 또는 패드, 빈 이름꽂이, 빈 이름꽂이가 붙어 있는 사물함과 신발장 사진, 이름을 그리거나 쓸 종이(이름표)

* **방법**
① 학기 초 신발장과 사물함 등에 이름을 표시하지 않은 채 지낸다.
② 자신의 자리는 아이들이 자유롭게 정할 수 있도록 안내한다.
　(자녀의 자리가 없어서 불안해하거나 불편해하는 학부모님이 계실 수 있으니 학기 시작 전 학부모님께 미리 잠깐의 불편으로 배울 수 있는 것들에 대해 안내하세요.)
③ 이름표가 없어서 좋았던 점과 불편했던 점에 관해 이야기 나눈다.
④ 빈 이름꽂이가 붙어 있는 사물함과 신발장 사진을 소개한다.
⑤ 아이들과 함께 어떻게 자리를 정하면 좋을지 이야기 나눈다.

"우리 자리를 어떻게 정하면 좋을까?"

"남자끼리, 여자끼리 해요." / "일찍 오는 사람이 정해요."

"내가 하고 싶은 자리를 먼저 뽑아요."

"키 큰 친구를 윗자리로 해요."

"만약 자리는 하나인데 하고 싶은 친구가 많으면 어떻게 하지?"

"가위바위보로 정해요." / "제비뽑기해요."

"하루씩 돌아가면서 그 자리를 해요."

⑥ 아이들과 함께 이름표를 만든다.

"필요한 이름표는 어떻게 만들 수 있을까?"

"이름표에 내가 좋아하는 그림을 그리거나 넣어주면 어떨까?"

⑦ 함께 결정한 방법으로 정해진 자신의 자리 및 필요한 자리에 이름표를 끼워 넣는다.

⑧ 며칠 후, 정해진 자리 이름이 생긴 후와 없을 때를 비교하고 이야기 나눈다.

"이름이 없을 때와 있을 때 어떤 점이 다르니?"

"또 이름이 필요한 곳이 있을까?"

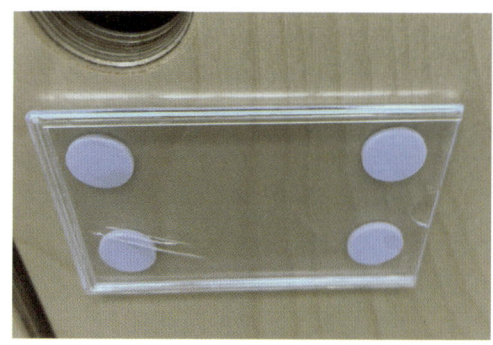

빈 이름꽂이

내 자리에 내가 만든 이름표 넣기

함께 정하는 우리 반 이름

* **자료** 칠판, 팻말용 종이상자, 색연필 등

* **방법**

① 우리 반에서 친구들과 함께 하고 싶은 것들을 이야기 나눈다.

"우리 반에서 친구들과 함께 어떤 놀이를 하고 싶니?"

② 어떤 반이 되고 싶은지, 우리 반의 이상향이 무엇인지 함께 정한다.

"우리 반은 어떤 반이 되고 싶니?"

"멋진반이요." / "귀여운반이요."

"멋진반이 되기 위해선 어떻게 해야 할까?"

③ 우리 반에 어울리는 이름을 함께 생각한다.

"너희들의 생각을 담아 우리 반 이름을 정해볼까?"

"어떤 이름이 어울릴 것 같아?"

④ 함께 생각해 낸 이름 중에서 우리 반에 가장 어울리는 이름을 선정한다.

⑤ 우리 반 팻말을 함께 만들어 게시한다.

"우리가 함께 정한 우리 반 이름을 어떻게 하면 더 잘 알릴 수 있을까?"

"팻말을 어디에 두면 좋을까?"

우리 반 이름 정하기(토의)

우리 반 이름 팻말

함께 채우는 교실

　새 학년을 시작하는 우리 반에는 아이들의 생각이 얼마나 담겨있을까요? 학기 초 교실을 살펴보면, 작년 형님들이 놀이하던 공간에 교구 몇 가지를 더하거나 빼고 이름표만 바꿔서 새로 시작하기도 합니다. 이렇게 준비된 교실은 아이들의 생각은 반영되지 않은 공간이지요. 학기 초에는 아이들의 빠른 적응을 위해 교사가 미리 준비한 교실에서 시작할 수 있습니다. 그러나 아이들이 점차 안정을 찾아갈 때쯤 우리 반 교실을 구성할 때, 아이들의 생각을 모아 바꿔보면 어떨까요? 처음에는 몇 가지 놀잇감으로 시작해 보다가 점점 늘려가면 아이들이 먼저 더 잘 꾸밀 뿐만 아니라, 어떻게 하면 좀 더 편안하게 지낼 수 있을지 고민하여 스스로 해결책을 찾아내기도 합니다. 아이들은 자신의 생각을 담은 교실을 더 소중하게 여기고, 그 과정에서 배려와 협동심, 논리적 사고력 등 다양한 가치를 배울 수 있습니다.

우리가 채우는 교실

* **자료** 교구장과 책상 사진 자료, 전지
* **방법**
① 교실에 있는 교구장 사진과 책상 사진을 미리 준비한다.
② 교구장을 벽 쪽으로 모두 밀어둔다.
③ 아이들과 빈 교실을 살펴본다.
④ 커다란 종이와 교구장 사진들을 제시한다.
⑤ 교실에 어떤 것이 있으면 좋을지 이야기 나눈다.

"교실에 어떤 것들이 필요할까?"

⑥ 동그랗게 둘러앉은 후, 미리 준비한 큰 흰 종이와 교구장 사진들로 교구장을 배치해 본다.

"이 책상은 어디에 두면 좋을까?"

"이 곳에 두면 어떤 점이 좋을까 / 불편할까?"

"혹시 자리를 바꾸고 싶은 것이 있니?"

⑦ (유아들과 함께 배치한) 교구장 배치도 사진을 TV 화면에 띄운다.

⑧ 교구장 배치도를 보며 교구장을 배치한다.

★TIP

아이들과 작품 완성한 후에도 함께 전시할 장소를 정하고, 함께 꾸며가면 아이들이 더욱더 교실에 주인의식을 갖고 생활하며 책임감도 기를 수 있습니다.

교실 비우기

교구장 배치도

함께 꾸미는 작품 전시 공간

함께 꾸미는 교실 벽면

SDGs 연결 고리

우리가 함께하고 싶은 것들, 배우고 싶은 것들을 함께 이야기 나누고 정해 우리가 교실에서 배워야 할 것들에 대해 생각해 봅니다. 이런 과정을 통해 아이들의 생각의 폭을 넓힐 수 있습니다. 또 함께 교실의 교구장을 배치하는 과정에서 사진을 보며 어떻게 배치하면 좋을지 예측할 수 있고, 실제로 배치한 후와 비교하는 과정을 통해 추론 능력과 논리적 사고력 등을 키우는 양질의 교육을 시행하게 됩니다.

지속가능한 생산과 소비에서 중요한 것 중 하나가 자원을 소중히 여기는 것입니다. 물려받은 놀잇감들을 소중히 여기고 다시 물려주기 위해서 물건을 바르게 다루는 태도를 기를 수 있습니다. 이것은 어린이들이 지속가능한 생산과 소비 목표를 위해 할 수 있는 작지만 큰 행동입니다.

공유하는 공간과 물건을 함께 사용하는 경험을 하며 서로 배려하고 양보하는 경험을 할 수 있습니다. 또 함께 놀이하고 치우며, 서로 협력하고 교실에서 함께 지내기 위해 가져야 할 태도를 생각하며 실천하려고 노력합니다. 이러한 태도와 실천 의지는 평화로운 사회를 만드는 토대가 됩니다.

경청하고 의견을 나누며 서로를 존중하는 태도를 기를 수 있습니다. 자리를 정하는 과정에서 서로에게 필요한 점이 무엇인지를 찾아보며 배려할 수 있으며, 다름을 존중하는 마음을 가질 수 있습니다. 이러한 배려와 존중은 협력의 밑거름이 됩니다.
더불어 함께 교실을 꾸미고 교구를 나르며 생각을 나누고 힘을 합쳐 나르는 등 협력하는 경험을 함으로써 지구촌 협력 강화 실현에 다가갈 수 있습니다.

교사 및 아이의 성장이야기

교육기관에서 아이들을 만나는 모든 상황을 교사는 고민합니다. 어디까지 교사가 결정하고, 아이들에게 어디까지 선택권을 줘야 할까요? 아이들은 생각보다 정말 유능하고 지혜롭습니다. 교구장 사진을 활용해 교실 배치에 관한 이야기를 나누면서 '냉장고 교구장은 매트가 있는 곳에 두면 냉장고 문이 잘 안 열려서 다른 곳에 두어야 한다' 라고 논리적으로 설득하면, 자신의 주장을 거두고 어떤 곳으로 옮길지 함께 고민하기도 합니다. 신발장 자리를 정하며 신발장 높낮이에 따라 달라질 시선과 동선을 고려하여 친구를 배려해 주기도 하고, 자기가 원하던 자리를 양보하기도 합니다. 이런 일련의 과정을 거치며, 아이들은 우리가 생각하는 것보다 더 상대를 배려하고 친사회적인 행동을 합니다. 또 자기 생각과 다른 아이들의 생각을 함께 듣고 나누면서 더불어 살아가는 지혜를 기르고, 양보의 기쁨을 느끼며 한층 더 성장합니다.

현장 적용 tip!

Q. 물려받을 수 있는 놀잇감에는 어떤 것들이 있을까요?
A. 색연필, 사인펜, 블록 등 물려받을 수 있는 놀잇감들은 무궁무진합니다. 만약 아이들이 좋아하는 한 가지 색만 빠진 색연필이나 사인펜을 물려받으면, 단색 색연필 또는 사인펜을 구입해 채워줄 수도 있습니다.

Q. 아이들이 새것만 좋아할 때는 어떻게 하면 좋을까요?
A. 이 무렵 아이들은 흔히 새로운 놀잇감, 처음 보는 물건에 더 큰 관심과 흥미를 보입니다. 하지만 그 흥미는 그 물건의 특성에 따라 또는 주위의 상호작용에 따라 유지되는 시간이 다르게 나타납니다. 아이들이 새것만 좋아한다면 물려받은 물건, 오래

된 물건의 가치에 대해 함께 생각해 보는 시간을 가져보면 어떨까요? 또는 교사가 아이들 곁에서 물려받은 물건을 더 아끼고 소중히 다루는 모범을 보여준다면 아이들도 그 가치를 느끼고 소중히 여길 것입니다.

Q. 학부모님께서 자녀의 자리가 없다며 걱정하면 어떻게 하죠?

A. 기관 생활이 처음인 아이의 학부모님은 우리 아기가 낯선 환경에서 자기 자리가 없으면 혼란을 느끼거나 소속감을 느끼지 못할까 봐 많은 걱정이 앞설 것입니다. 이러한 염려를 줄일 수 있도록 입학 전에 최대한 구체적으로 안내를 합니다. 입학 전 사전 안내가 나가면 학부모님의 걱정을 줄일 수 있습니다.

또 장난감 정리 공간 정하기, 식사 준비 등 가정에서도 함께 결정하거나 유아가 할 수 있는 것들에 대해 안내하고 그 경험을 공유하면 더 큰 책임감과 자신감을 기를 수 있습니다.

Q. 동료 선생님은 안전과 위험을 걱정하며, 완벽하게 준비된 공간에서 시작해야 한다고 생각하세요. 이럴 때는 어떻게 하면 좋을까요?

A. 안전과 위험, 자유와 방임 등 그 허용범위에 대한 기준은 교사마다 다를 수 있습니다. 이러한 허용 기준에 대해 함께 이야기 나누는 건 어떨까요? 교구장이나 사물함, 신발장 등의 자리 중 어디까지 정하고 시작하면 좋을지? 안전을 위해 어디까지 허용할지 함께 생각을 나누세요. 이러한 시간은 교사 간 서로에 대한 이해의 폭을 넓힐 수 있습니다.

만약 의견의 차이를 좁히기 어렵다면 공용공간이 아닌 우리 반 교실 작은 곳에서부터 시작하는 것도 좋습니다. 학기 초 놀잇감 전체가 아닌 일부를 정하는 것처럼 교실 전체를 바꾸기보다는 교실의 한쪽을 아이들에게 맡겨보는 것도 좋습니다. 아이들의 작품을 전시할 수 있는 공간 또는 아이들이 놀잇감을 배치하는 교구장 등 교실 일부분을 유아들이 관리하고 꾸밀 수 있는 공간으로 내어주는 것도 도움이 됩니다.

Q. 연령이 어린 경우, 자신의 이름을 모르는데 자신의 자리를 어떻게 알아서 정리하죠?

A. 아이들은 자기 이름 글자를 아직 모르는 경우가 많습니다. 그때 이름 옆에 사진을 붙여주거나 자신을 나타낼 수 있는 캐릭터 등을 함께 정해 게시하면 도움이 됩니다. 학기 초 아이들과 자기 캐릭터를 함께 정하는 시간을 가진 후 이름이 필요한 곳에 함께 게시하면 자리를 찾는 데 도움이 될 뿐만 아니라 캐릭터와 이름 글자를 짝 지어보며 이름 글자를 재미있게 익힐 수 있습니다.

2. 아이들과 함께 만들어가요. 우리 반 교실!

1) 함께 만들어가는 정리 시간

— 놀이의 시작 —

잠시 눈을 감고 우리 반에서 정리하는 모습을 떠올려 볼까요? 정리하는 동안 나오는 노래와 타이머, 발 빠르게 움직이며 내가 사용하지 않은 놀잇감까지 정리하는 아이, 정리 시간만 되면 화장실에 가겠다는 아이, 빈둥거리며 정리는 하지 않고 교실 이곳저곳을 배회하는 아이…. 어느 교실에 가도 비슷한 풍경이 펼쳐집니다.

이제는 우리 반 '아이들'이 아닌 정리되고 있는 '놀잇감'을 초점에 두고 생각해 보세요. 교실에 있는 놀잇감을 어떤 기준으로 구분하여 보관하고 있는지, 어떤 방법으로 정리하고 있는지, 정리 시간에도 정리하지 않고 두는 놀잇감이 있는지 알아봅니다.

이번 장에서는 교사와 아이들이 정리 시간에 느낀 불편함을 시작으로 조금씩 바뀌어가는 정리 시간을 소개합니다. 선생님의 교실에서도 아이들이 정리정돈에 대해 새로운 아이디어나 불편함을 이야기한다면, 학급 회의를 통해 새로운 방법을 찾아보는 기회를 가져보세요.

놀이 흐름 한눈에 보기
---

1. 정리정돈 회의	• 더 좋은 정리 방법을 찾아서
2. 전시 이름표	• 자원을 절약하는 다양한 전시 이름표

놀이 풀어가기
---

1. 정리정돈 회의

　새 학기를 맞이하여 한 교실에서는 교구 바구니에 이름표를 붙이지 않고 아이들과 생활해 봅니다. 이 교실의 정리시간은 어떻게 되었을까요? 모든 놀잇감이 뒤섞이고 엉망진창이 되었을 수도 있겠지만, 다행히 이름표가 없어도 종류별로 잘 정리가 되었답니다. 이처럼 놀잇감을 놓을 수 있는 바구니가 있고, 아이들이 어디에 정리했는지 스스로 기억할 수만 있다면 오히려 바구니에 이름표가 있을 때보다 쉽게 정리할 수도 있지요.

　하지만 이름표가 없는 바구니를 사용한 정리 방법은 시간이 지나면서 불편함이 생겼습니다. 교사는 이를 계기로 정리정돈 회의를 열어 아이들과 이야기를 나눕니다. 불편함이 생기면 회의를 열고, 회의에서 나온 내용을 교실에 적용하고, 또 새로운 방법에도 불편한 점이 생기면 다시 회의를 여는 과정을 반복한 것이지요. 여러 번에 걸친 정리정돈 회의 이야기를 간략히 소개하겠습니다.

더 좋은 정리 방법을 찾아서

1 정리정돈을 어떻게 해야 놀잇감들을 쉽게 찾을 수 있을까?

* 이야기의 시작(불편함의 발생)
  - 유아: 교구 바구니에 이름표를 붙이지 않고 생활하다보니 놀잇감을 찾기 어려워짐
  - 교사: 놀잇감을 교체할 때 같은 놀잇감이 여러 곳에 흩어져 있어 어려움이 생김
* 아이들의 이야기
  "정리를 쉽고 빠르게 하려면 색깔로 정리하면 돼요. 왜냐면 바로 눈에 보이니까요."
  "지금처럼 해도 괜찮아요. 우리가 좀 더 노력할게요."

★ **함께 찾아낸 방법**
- 역할영역과 쌓기영역에 있는 놀잇감들을 바구니마다 다른 색(빨강, 노랑, 초록, 파랑, 보라&분홍, 검정, 흰색)으로 분류하여 정리하기

2 색깔별 정리를 더 잘할 수 있는 방법을 찾아보자.

* 이야기의 시작(불편함의 발생)
  - 색깔별로 정리할 수 없는 여러 가지 색이 섞인 놀잇감이 생겨남
  - 특정 색의 놀잇감이 너무 많아 바구니가 넘치는 일이 발생함
* 아이들의 이야기
  "원래대로 정리해요." / "자기가 생각할 때 색이 더 많은 쪽으로 넣어요."
  "만약에 색이 반반이면 어떻게 해?" / "정리하는 사람 마음대로 색을 정해요."

★ **함께 찾아낸 방법**
- 바구니에 들어가지 않는 큰 놀잇감은 원래 자리에 두기
- 색깔이 여러 가지가 섞인 놀잇감이라면 더 많은 색이 있는 바구니에 넣기
- 바구니에 놀잇감이 너무 많아 넘치면 새로운 바구니를 이용하기

3 ① 색깔별 정리의 어려움을 해결할 수 있는 방법을 찾아보자.

　② 작은 놀잇감을 정리하는 방법을 찾아보자.

* **이야기의 시작(불편함의 발생)**
  - 놀잇감에 여러 색이 비슷하게 들어있는 경우 아이들마다 정리 바구니가 달라짐
  - 피규어 같은 작은 놀잇감은 잘 보이지 않아서 찾는 시간이 많이 소요됨
  - 아이링고나 도미노 등을 사용할 때 모든 색깔 바구니에 놀잇감이 흩어져 있어 필요한 놀잇감을 찾기 어려움

* **아이들의 이야기**
  ① "놀잇감을 어디에 넣었는지 정리정돈 지도를 만들면 바로 찾을 수 있을 것 같아요."
  "색깔 경찰이 있으면 장난감이 어딨는지 알려줄 수 있어요. 우리는 놀이해야 하니까 선생님이 색깔 경찰을 해주세요."
  ② 원래대로 색깔별 정리: 작아도 잘 찾을 수 있어요. 그래도 정리가 편하잖아요.
  다른 바구니 사용: 작아서 잘 안 보이니까 피규어 바구니를 만들어요.

★ **함께 찾아낸 방법**
- 교사가 놀잇감을 찾아주는 색깔 경찰 역할을 하기로 함
- 아이링고나 도미노 같은 블록, 피규어는 색깔 정리를 하지 않고 따로 모으기

4 색깔별 정리를 계속 해야 할까?

* **이야기의 시작(불편함의 발생)**
  - 유아: 모든 놀잇감을 색깔에 맞춰 정리하다가 블록류는 같은 블록들끼리 따로 모아 정리하니 기존의 같은 종류들끼리 정리하는 방법이 더 낫다고 하는 아이들이 생기기 시작함
  - 교사: 교사가 색깔 경찰 역할을 맡아 하였으나 계속 놀잇감을 찾아야 하며 다른 아이들의 놀이 지원이 어려워 아이들에게 불편함을 호소함

* 아이들의 이야기

"이제 색깔로 정리하는 것 그만하자. 자꾸 장난감 찾으러 왔다 갔다 하잖아. 놀이 시간이 부족해져."

"찾은 데 시간 걸려도 색깔로 정리하면 정리가 빨리 되니까 계속해도 괜찮아."

"같은 것끼리 정리하면 바구니 하나만 들고 가도 되고 바로 정리할 수 있어"

★ 함께 찾아낸 방법

- 색깔별 정리를 그만하고 기존의 종류별로 정리하는 방법으로 돌아가기
- 꼭 같은 놀잇감이 아니더라도 비슷한 놀잇감이라면 묶어서 같이 정리하기
- 놀잇감이 정리된 교구 바구니에 이름표를 직접 만들어 부착하기

　아이들은 문제가 생길 때마다 정리정돈 회의를 통해 대안을 마련했습니다. 하지만 필요한 놀잇감을 바로 찾기 어렵고, 작은 놀잇감이 여러 개 필요한 경우 꺼내는 데 시간이 오래 걸리는 등 다양한 문제가 발생합니다. 더불어 회의를 거치며 블록들은 색깔별로 정리하지 말자는 의견이 나와 종류별로 정리하게 되었고, 점차 모든 놀잇감을 색깔별로 정리하는 것보다 종류별로 정리하는 것이 더 낫다는 이야기들이 나왔습니다. 결국 학급 회의를 통하여 다시 기존의 방법으로 정리하기로 했습니다.

　아이들이 생각한 방법을 적용했을 때 더 편리하고 좋은 방향으로 바뀔 수도 있지만 그렇지 않을 수도 있습니다. 오히려 더 불편해질 수도 있지요. 하지만 이 과정에서 아이들이 배우고 성장하는 부분이 있기에 결과가 아닌 과정과 노력에 초점을 두고 격려합니다. 교실에서 발생한 문제를 해결하기 위해 친구와 의견을 모아보고, 함께 생각한 방법을 교실에서 적용하고 평가하는 과정을 계속 경험할 수 있도록 도와주세요.

색깔별로 놀잇감 나누기

색깔별로 정리한 블록

색깔별로 정리한 놀잇감

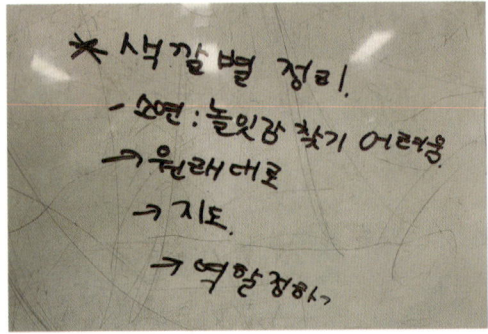
세 번째 회의 기록

다시 종류별로 나누기

종류별로 정리한 놀잇감과 이름표

2. 전시 이름표

교육기관에서 놀이할 때나 정리 시간에 "선생님, 이거 정리 안 하면 안 돼요?", "놔뒀다가 이따 또 하고 싶어요"라는 아이들의 이야기를 한 번쯤은 들어보았을 것입니다. 이에 교사는 놀잇감이나 만들기 작품을 전시할 공간을 마련해 주고, 아이들은 누구의 것인지 표시하는 전시 이름표를 만들어 놓기도 하지요. 종이로 전시 이름표를 만들어 쓰다가 전시가 끝나면 버리고 얼마 안 되어 다시 만드는 아이들을 보면서 자원을 아끼며 전시하는 방법을 알아봅니다.

자원을 절약하는 다양한 전시 이름표

* **방법1** 유치원에서 나오는 이면지나 조각 종이를 이용하여 전시 이름표로 사용하기
* **방법2** 두꺼운 종이나 상자처럼 잘 망가지지 않는 재료로 전시 이름표를 만들어 재사용하기
* **방법3** 원형 자석에 이름을 적고, 그림 전시하기
* **방법4** 아크릴 꽂이에 이름 써서 전시하고, 아크릴 꽂이는 매해 재활용하기
* **방법5** 가정통신문을 보낸 후 이름이 적힌 편지봉투가 유치원으로 회신된 경우, 그 봉투를 전시이름표로 활용하기
* **방법6** 유아마다 전시 자리 정하기(따로 전시 이름표를 만들지 않아도 되며, 이름을 적어 표시하더라도 한 번만 적으면 되니 자원을 낭비하지 않게 됨)

새 종이를 계속 쓰는 전시 이름표

방법1) 이면지, 조각종이 사용

방법2) 두꺼운 종이, 상자 사용

방법3) 원형 자석 사용

방법4) 아크릴 꽂이 사용

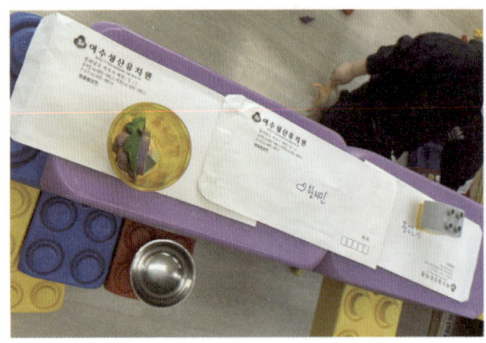
방법5) 가정에서 회신된 이름이 적힌 봉투 사용

방법6) 유아별로 전시 자리 정하기

SDGs 연결 고리

교실에서 볼 수 있는 다양한 것들에 관심을 가지고 생활하며, 불편한 것이나 좋은 생각이 떠오를 때 공유하고 더 나은 방향을 위해 노력하는 것은 모두를 위한 양질의 교육으로 나아가는 것입니다. 단순히 지식을 배우는 것만이 교육의 전부가 아닙니다. 다양한 경험을 하고 스스로 문제를 해결하기 위해 노력한 시간이 진정한 교육이 되어 어른이 되었을 때 큰 힘이 되어줄 것입니다.

일상에서 우리는 많은 쓰레기를 만들어내고 있습니다. 쓰레기를 완전히 없앨 수는 없어도 자원을 아껴 쓰는 행동이 늘어난다면 지구를 조금이라도 지켜줄 수 있겠지요. 특히, 아이들과 생활하는 교사가 일상생활에서 먼저 작은 것이라도 아껴 쓰는 모습을 보여주고 아이들도 하나씩 실천한다면, 아이들은 커서도 지구를 아끼는 습관을 가지게 될 것입니다. 한 사람의 완벽한 실천보다 여러 사람의 불완전한 실천이 더 큰 효과가 있다고 하니 가능한 것부터 아이들과 함께 실천해 보세요.

교육기관에서의 기본적인 약속(규칙)은 대부분 교사가 정해주고 있습니다. 하지만 아이들이 더 좋은 방법을 생각하거나 기존의 방법에서 불편함이 생긴다면 새로운 방법을 고민할 수 있습니다. 이 과정에서 아이들이 자신의 생각을 이야기하고, 친구와 상의하여 결정하는 경험을 지속적으로 하면서 집단지성의 힘을 깨닫고, 계속해서 다른 사람들과 협력하는 어린이로 자라날 것입니다.

교사 및 아이의 성장이야기

　교육기관에서 놀잇감을 정리할 때 영역별로, 그리고 영역 안에서는 종류별로 정리하는 것이 당연하다고 생각했는데, 아이들을 통해 다른 방법도 있음을 배웠답니다. 물론 색깔별 정리도 불편한 점이 생겨 원래의 방법으로 돌아갔지만요. 이를 계기로 아이들은 자신의 생각을 적극적으로 이야기하게 되었고, 교실에서 바꾸고 싶은 부분이 있으면 학급회의를 열기도 하였습니다. 자신의 의견에 따라 정리 방법이 바뀐 경험이 있었기에 주체적인 아이로 성장하게 되었지요.

　또한, 자원을 아끼는 전시 이름표를 어떻게 만들지 고민하며 교실을 둘러보다 다른 부분에서도 낭비를 줄일 수 있겠다는 생각이 들었습니다. 교사가 먼저 쓰다남은 조각 종이를 사용하거나 짧아진 연필에 연필깍지를 꽂아 아이들에게 제공하는 등 아이들도 할 수 있는 것들은 소개하여 같이 해보았습니다. 처음엔 어색해하다가도 어느새 익숙해져 자연스럽게 자원을 아끼는 행동을 하는 아이들을 바라볼 때의 뿌듯함은 이루 말할 수 없답니다.

현장 적용 tip!

Q. 정리정돈을 위한 회의를 어떻게 이끌지 어려워요.

A. '회의'라는 말 때문에 거창하고 막막하게 느껴질 수도 있지만, 그 시간은 내 생각을 말하고, 친구의 이야기를 듣는 시간입니다. 선생님도 이미 교실에서 하고 계실 거예요. 편안하게 아이들의 이야기를 들으며, 자연스럽게 선생님의 의견을 덧붙이고 아이들이 생각을 모을 수 있도록 도와주세요. 그래도 어렵다면 앞에서 나온 것처럼 교실에서 아이들과 함께 불편한 것을 이야기하며 함께 나눌 주제를 정해 자유롭게 생각을 말하며 결론을 내리는 과정을 계속 연습하는 것도 좋습니다.

2) 함께 정하는 우리 반 놀잇감

— 놀이의 시작 —

선생님의 교실에는 어떤 놀잇감이 있나요? 어떤 기준으로 교실에 비치할 놀잇감을 선정하시나요? 새 학기 때 꼭 필요한 놀잇감들을 영역 및 종류별로 고르게 비치하고, 계절이나 놀이 주제가 바뀔 때, 아이들이 흥미를 갖는 소재가 생길 때 교체합니다. 이번에는 관점을 바꿔 아이들이 원하는 놀잇감을 함께 의논하여 교실에 두는 것은 어떨까요? 아이들이 원하는 놀잇감을 스스로 정하면, 놀잇감이 오기까지 기대하게 되고, 놀이 방법을 더 구체적으로 알고 소중하게 다루게 됩니다. 그럼 어떤 방법으로 아이들이 놀잇감을 정했는지 살펴볼까요?

— 놀이 흐름 한눈에 보기 —

1. 우리 교실에 온 새로운 놀잇감	• 교실에 새롭게 두고 싶은 놀잇감 정하기
2. 하찮은 놀잇감들의 졸업식	• 교실에서 사용하지 않는 놀잇감 찾기 • 하찮은 놀잇감들의 졸업식 열기

―― **놀이 풀어가기** ――

1. 우리 교실에 온 새로운 놀잇감

　새 학기인 3월을 어느 정도 지내다 보면 낯설었던 교실에도 익숙해지고 아이들의 놀이도 확장되어 갑니다. 아이들은 '레고에 바퀴가 부족하네. 조금 더 있으면 좋을 텐데…', '공룡이 있으면 더 재밌게 놀 수 있을 텐데…'라며 아쉬움을 표현합니다. 이럴 때, 아이들이 가지고 놀고 싶은 놀잇감을 주제로 토의합니다. 한 명씩 우리 교실에 있으면 좋을 만한 놀잇감을 이야기한 뒤, 어떤 놀잇감을 교실에 새롭게 둘지 의논합니다.

우리 교실에 새롭게 두고 싶은 놀잇감 정하기(1)

* **자료** 교재교구 카탈로그, 활동지

* **방법**

① 교재교구 카탈로그를 보면서 교육기관에 필요하다고 생각하는 놀잇감을 찾아본다.

② 교재교구 카탈로그에 있는 놀잇감 사진을 잘라 활동지에 붙인다.

③ 자신이 고른 놀잇감을 보며 놀이 방법과 위험한 요소는 없는지, 교육기관에 비슷한 놀잇감은 없는지 생각한다.

④ 자신이 고른 놀잇감에 대해 이야기 나누며, 어떤 놀잇감을 구입할지 정한다.

　"이 놀잇감이 왜 필요하다고 생각하니?" / "이 놀잇감은 어떻게 놀이할 수 있을까?"

　"이 놀잇감에 위험한 부분은 없니?"

　"이 놀잇감과 비슷한 놀잇감이 유치원에 있지는 않니?"

우리 교실에 새롭게 두고 싶은 놀잇감 정하기(2)

> ★ TIP
> 1의 방법이 어려울 경우 교사가 놀잇감 목록을 제공한 후 토의할 수 있습니다.

* **자료** 교사가 정리한 놀잇감 목록

* **방법**

① 사전에 교사가 교실에 필요한 데 없는 놀잇감, 아이들 특성에 따라 잘 갖고 놀 것 같은 놀잇감, 아이들이 생활하며 필요하다고 느꼈던 놀잇감 등의 목록을 정리해 둔다.
② 위에서 작성한 목록을 토대로 교실에 새롭게 둘 수 있는 다양한 놀잇감을 소개한다.
③ 교사가 소개하는 놀잇감을 살펴보며 어떤 놀잇감이 교실에 있으면 좋을지 이야기 나눈다.
  "이 놀잇감이 왜 필요하다고 생각하니?" / "이 놀잇감은 어떻게 놀이할 수 있을까?"
  "이 놀잇감에 위험한 부분은 없니?"
  "이 놀잇감과 비슷한 놀잇감이 유치원에 있지는 않니?"
④ 모두의 의견을 반영하여 교실에 새롭게 비치할 놀잇감을 정한다.

스스로 생각한 놀잇감 소개

놀잇감 목록에서 골라 소개

유치원에 필요한
놀잇감 활동지 다운받기

2. 하찮은 놀잇감들의 졸업식

교실에는 아이들이 자주 꺼내어 노는 놀잇감도 있고, 자주 사용하지 않는 놀잇감들도 있습니다. 놀잇감을 사용하지 않는 이유는 다양합니다. 재미없어 보여서, 어떻게 하는 것인지 방법을 몰라서, 구석에 있어서 잘 보이지 않아서…. 아이들과 함께 한 번도 꺼내 보지 않았던 혹은 잘 쓰지 않게 된 놀잇감을 살펴보며 알아보고, 이 놀잇감에게 새로운 길을 열어주는 시간을 가져볼까요?

우리 교실에서 사용하지 않는 놀잇감 찾아보기

* **자료** 교실에서 찾은 사용하지 않는 놀잇감

* **방법**

① 모둠별(또는 짝)로 교실을 살펴보며, 사용하지 않는 놀잇감들을 찾아본다.

② 어떤 놀잇감을 발견하였는지 친구들에게 소개한다.

③ 소개한 놀잇감들의 사용 방법을 알아본다.

④ 우리 교실에서 사용하지 않는 놀잇감은 앞으로 어떻게 하면 좋을지 생각해 본다.

교실에서 사용하지 않는 놀잇감 찾아 소개

우리 교실의 사용하지 않는 놀잇감 이야기

실로 그림을 그리는 실꿰기 놀잇감	이름 활동 후 두었던 종이로 된 낱자들

▶ 어떤 놀잇감일까? 수조작 영역에서 가져왔어요. 안에 실이 들어 있어요. ▶ 어떻게 가지고 노는 걸까? 실을 구멍에 꽂는 것 같아요. 실로 모양을 만들 수 있나 봐요. ▶ 앞으로 어떻게 하면 좋을까? 한번 해보고 싶어요. 교실에 계속 있었으면 좋겠어요.	▶ 어떤 놀잇감일까? 예전에 이름 놀이 할 때 쓰던 이름 글자들을 가져왔어요. ▶ 어떻게 가지고 노는 걸까? 나와 친구들 이름을 만들 수도 있고, 마음대로 글자를 만들 수도 있어요. ▶ 앞으로 어떻게 하면 좋을까? 우리는 안 쓸 건데. 동생들은 어려울 것 같고…. 옆 반 친구들에게 주면 좋겠어요!

에드토이 자석블럭	글자 펀치

▶ 어떤 놀잇감일까? 한 번도 안 쓴 놀잇감이라 가져왔어요. 자석으로 붙이는 건가 봐요. ▶ 어떻게 가지고 노는 걸까?(교사의 설명) 이 블록은 자석이 있어서 블록끼리 붙여서 모양을 만들 수도 있고, 자석벽돌블록과 함께 사용 할수도 있단다. ▶ 앞으로 어떻게 하면 좋을까? 이건 우리한테도 쉽고 열매반(방과후반) 교실에도 있으니까 동생들에게 주는 것은 어때요?	▶ 어떤 놀잇감일까? (교사의 설명) 이건 누르면 글자 모양이 나오는 펀치야. ▶ 어떻게 가지고 노는 걸까? (교사의 설명) 종이를 글자 펀치로 뚫으면 어떤 글자가 나오는지 같이 볼까? ▶ 앞으로 어떻게 하면 좋을까? 글자가 나오는 것도 신기하고, 해보면 재미있을 것 같아서 쓰고 싶어요.

하찮은 놀잇감들의 졸업식 열기

* **자료** 도서 『하찮은 물건들의 졸업식』,
  교실에서 찾은 사용하지 않는 놀잇감, 졸업장, 연필
* **방법**

① 『하찮은 물건들의 졸업식』을 읽고 이야기를 나눈다.

"사용하지 않는 물건들을 버리지 못하는 영우를 위하여 엄마는 뭘 하셨니?"

"영우가 졸업시킨 / 졸업시키지 못한 물건에는 무엇이 있었니?"

"하찮다는 것이 무슨 뜻인지 아니?"

"영우의 물건들이 정말로 하찮은 것일까?"

② 교실에서 찾은 사용하지 않는 놀잇감들을 앞으로 사용할 것과 앞으로도 사용하지 않을 것으로 나눈다.

③ 놀잇감들의 졸업장을 만든다. 졸업하는 놀잇감의 졸업장에는 '졸업 축하해요' 문구를, 졸업을 하지 못하는 놀잇감의 졸업장에는 '졸업 못해요' 문구를 남긴다.

④ 하찮은 놀잇감들의 졸업식을 열어 놀잇감들에게 졸업장을 수여한다.

⑤ 졸업을 하지 못한 놀잇감들은 원래 자리에 놓아주고, 졸업하는 놀잇감들은 아이들과 정한 새로운 곳으로 보내준다.

소중하고 재미있는 물건들의 졸업식

아이들이 작성한 졸업장

놀잇감 졸업장 다운받기

졸업장을 수여하는 모습

졸업식을 마치고 기념 촬영

SDGs 연결 고리

	내 수준에 맞는, 나에게 필요한 교육을 받는 것은 굉장히 중요하지요. 우리 반 모두에게 필요한 놀잇감을 정하고, 그 놀잇감으로 놀이하고 배우는 것은 학급 아이들 모두가 양질의 교육을 받을 수 있도록 돕는 것입니다.
	우리 반에서 사용하지 않을 놀잇감을 버리는 것이 아니라 필요한 다른 반에 나눠줍니다. 다른 반에 주지 않더라도 기부하는 등 다양한 방법으로 우리에게 필요하지 않은 물건을 필요한 사람들에게 줄 수 있지요. 서로 필요한 물건을 주고받는 것은 지속가능한 생산과 소비를 실천하는 방법의 하나랍니다.

교사 및 아이의 성장이야기

'우리 반 놀잇감은 우리가 정해요' 활동을 통해 아이들은 이미 다 만들어진 환경 속에서만 지내는 것이 아니라 내가 생활하는 환경을 주체적으로 만들어가는 경험을 하게 됩니다. 내가 놀고 싶은 놀잇감을 스스로 정하는 가운데, 나에 대해 잘 알게 되면서 주도성을 길러나가게 되지요. 또한, 교실에 있는 다양한 놀잇감에 관심을 가져 더욱 풍성한 놀이를 할 수 있고, 어떤 놀잇감이 어디에 있는지도 인지하게 되어 정리정돈도 잘할 수 있게 됩니다.

현장 적용 tip!

Q. 교실에 새롭게 두고 싶은 놀잇감 정할 때 주의할 점이 있나요?

A. 단순히 교실에 어떤 놀잇감이 필요한지, 왜 필요한지만 이야기를 나눈 후 놀잇감을 구입한다면 아이들은 원하는 장난감을 모두 살 수 있다고 생각하게 될 수도 있습니다. 아이들과 이야기 나눌 때 위험한 요소는 없는지, 유치원에 있는 것을 활용하여 비슷한 놀이를 할 수 있지는 않은지 등 고민하는 시간을 가집니다. 이러한 시간을 통해 내가 갖고 싶은 것을 모두 구입할 수 있다는 생각에서 벗어나도록 도울 수 있습니다.

Q. 아이들과 정한 교실에 둘 새로운 놀잇감이 왔어요. 어떻게 소개하면 좋을까요?

A. 아이들의 의견으로 정한 새로운 놀잇감이 배송되면, 아이들과 함께 열어보세요. 또, 아이들이 새로운 놀잇감을 직접 살펴보면서 사용 방법과 안전하게 가지고 노는 방법에 대해 이야기를 나누며 어디에 둘 지도 같이 정해보세요. 이는 아이들이 놀잇감에 흥미를 가진 상태로 놀이 방법을 더욱 잘 기억하며 놀이할 수 있고, 어떻게 정리해야 하는지도 스스로 알 수 있도록 도울 것입니다.

Q. 아이들이 정한 놀잇감 졸업식 이름이 왜 '소중하고 재미있는 물건들의 졸업식'인가요?

A. 1회 놀잇감 졸업식은 그림책 제목을 그대로 따라 '하찮은 놀잇감들의 졸업식'이라는 이름으로 졸업식을 하였습니다. 하지만 『하찮은 물건들의 졸업식』에서 영우가 졸업시킨 물건들은 정말로 '하찮은 물건'이었을까요? 값어치가 크지 않고 훌륭한 물건이 아니기 때문에 하찮게 보일 수 있어도 영우에게만큼은 소중한 물건이었을 것입니다. 그림책 제목을 그대로 가져와 졸업식을 열 수도 있지만, 기회가 된다면 '하찮은'의 의미에 대해 생각해보고, 우리 반만의 놀잇감 졸업식 이름을 아이들과 함께 지어보는 시간을 가져보세요.

Q. 졸업시킬 놀잇감을 정할 때 아이들의 의견이 다르면 어떡하나요?

A. 놀잇감을 졸업시킬지 교실에 둘지 정할 때 아이들 모두의 의견이 일치하기는 쉬운 일이 아닙니다. 의견이 갈릴 때는 각각 그렇게 생각한 이유를 이야기하고, 다시 생각할 시간을 주세요. 그래도 의견이 갈린다면 아이들과 협의하여 우선 교실에 두기를 추천합니다. 내가 원하지 않는 놀잇감이 교실에 있을 때는 안 갖고 놀면 그만이지만, 내가 원하는 놀잇감이 교실에 없으면 아예 사용할 수가 없기 때문이지요. 교실에 일주일 정도 더 두고 놀이해 본 후, 다시 이야기를 나누며 정해보세요.

Q. 놀잇감 졸업식을 더욱 재미있게 하고 싶어요.

A. 졸업할 놀잇감과 졸업하지 못하는 놀잇감을 결정하고, 상장을 만들어 수여하는 것으로 끝내지 말고 실제 졸업식장처럼 꾸며보는 것은 어떨까요? 꾸미지 않을 때보다 실감 나는 졸업식을 할 수 있을 것입니다. 교사가 꾸며줄 수도 있지만 아이들과 함께 어떻게 꾸밀지 정해볼 수도 있습니다. 새롭게 꾸밀 재료를 무조건 구입하기보다 유치원에 있는 재료들을 활용해 졸업식장을 꾸며보고, 더욱 재미있는 졸업식을 해보세요.

3) 함께 만들어가는 우리 반 약속

===== 놀이의 시작 =====

교사들에게 1년을 어떻게 보내느냐는 새 학기 시작인 3월에 결정된다는 이야기가 있습니다. 3월은 아이들의 적응과 기본생활습관을 형성하는데 가장 중요한 시기입니다. 그 과정에서 빠질 수 없는 것이 바로 우리 반 규칙입니다.

교실은 아이들이 제일 먼저 경험하는 작은 사회입니다. 작은 사회에서 아이들은 규칙에 대한 많은 경험을 하므로 아이들에게 규칙의 중요성을 강조하고, 규칙을 지키는 사람으로 키우기 위해서는 이 시기부터 구체적인 교육이 시작되어야 합니다. 규칙이 단지 아이를 통제하는 수단이 아니라 교육적 경험이 되기 위해서는 아이들이 규칙의 의미와 필요한 이유를 이해하고 자율적으로 규칙을 지킬 수 있도록 해야 합니다.

===== 놀이 흐름 한눈에 보기 =====

1. 할 수 있는 것과 할 수 없는 것?	• 친구들이 나에게 하면 기분이 좋은 것과 속상한 것은? • 우리 반 규칙 만들기

2. 변화하는 우리 반 규칙	• 규칙에 없던 갈등이 생겨 새로운 규칙이 필요해요!

―― 놀이 풀어가기 ――

1. 할 수 있는 것과 할 수 없는 것

아이들에게 "우리 반에는 어떤 규칙이 필요할까?"라고 물으면 많은 아이들에게서 "걸어다녀요", "친구를 때리지 않아요", "조용히 해요"와 같이 항상 선생님들께 들었던 이야기나 아이들의 경험으로부터 나온 대답을 들어본 적이 있을 것입니다. 이러한 대답은 아이들이 교실에서 안전하게 생활하기 위해서 꼭 지켜야 할 내용임은 분명하지만 '아이들이 정말 필요해서 그 이야기를 했을까?' 라는 의문이 생기기도 합니다. 이러한 의문을 해결하기 위해 아이들과 함께 규칙을 정하는 방법을 알아보고 실천해 봅니다.

친구들이 나에게 하면 기분이 좋은 것과 속상한 것은?

* **자료** 아이들의 생각을 기록할 수 있는 도구(PC, 칠판 등)

* **방법**
① 교실에서 할 수 있는 것과 할 수 없는 것에 대해서 이야기 나눈다.
② 친구들이 나에게 하면 기분이 좋은 것과 속상한 것에 대해 이야기 나눈다.
  "나랑 같이 놀자고 이야기하면 기분이 좋아요." / "저는 소리지르는 게 싫어요."
③ 아이들의 이야기를 적으며 분류한다.
④ 교실에서 모든 친구가 행복하게 지내기 위해서는 어떻게 해야 할지 이야기 나눈다.
  "친구들이 나에게 하면 기분 좋은 행동을 내가 먼저 하면 어떨까?

친구들이 나에게 하면 기분이 좋은 것과 속상한 것은?

우리 반 규칙 만들기

* **자료** 아이들의 생각을 기록할 수 있는 도구(종이, 필기도구 등), 아이들의 기록을 공유할 수 있는 칠판이나 PC

* **방법**

① 규칙의 필요성에 대해서 이야기 나눈다.

"도로에 신호등이 없다면 어떨까?"

"신호등은 자동차와 우리들이 안전하게 다닐 수 있도록 만든 규칙이야."

② 행복하게 지내기 위한 방법들을 종이에 적는다.

"친구들은 어떤 행동을 할 때 행복하다고 했었는지 기억하니?"

"그렇다면 우리 반 모두가 안전하게 행복하게 지내려면 어떻게 해야 할까?"

③ 아이들이 모두가 행복하게 지낼 수 있는 내용을 적은 종이를 학급 모든 아이가 볼 수 있도록 게시한 후 함께 이야기 나눈다.

"친구들이 적은 걸 보면서 우리 반에 꼭 필요한 내용이 무엇인지 생각해 볼까?"

④ 함께 이야기한 내용을 토대로 우리 반 규칙을 만들어본다.

"친구들이 적은 내용을 모두 규칙으로 하기에는 너무 많아서 기억하기도 어려울 것 같은데, 어떻게 하면 좋을까?"

"비슷한 내용끼리 짝꿍을 만들어볼까?"

⑤ 언제든지 규칙이 변경되고 추가될 수 있음을 안내한다.

"오늘 생각하지 못한 규칙이 있다면 언제든지 더 이야기해도 좋아."

"친구들이랑 규칙을 지킬 때, 있어서 어려움이나 불편함이 있다면 다시 이야기해볼 수 있어."

아이들의 그림과 목소리로 만든 규칙판

필요에 따라 변화하는 규칙판

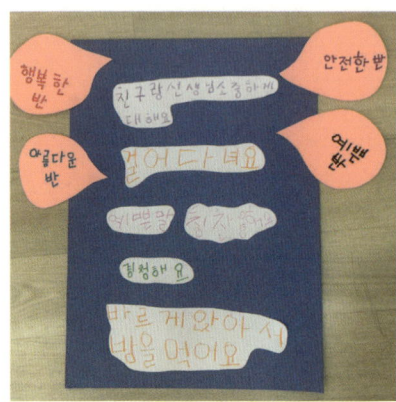
아이들과 이야기를 나누며 정하는 규칙판

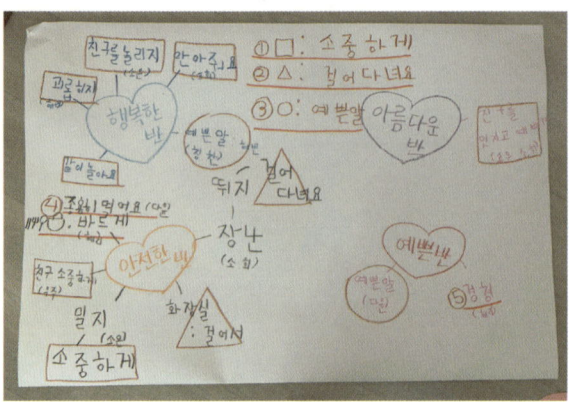
종이에 쓰는 규칙판

2. 변화하는 우리 반 규칙

규칙을 정했다면 꾸준히 되돌아보고 실천하는 과정도 중요합니다. 아이들이 언제든지 규칙을 볼 수 있도록 잘 보이는 곳에 붙여두기도 하고, 아이들이 놀이하는 과정 속에서 언제든지 볼 수 있도록 슬라이드 쇼 기능을 활용하여 TV 화면에 띄워둡니다.

그러던 와중에 놀이 시간에 갑자기 장난감이 우르르 무너지는 소리가 들리더니 몇몇 아이들의 비명 같은 외침이 들립니다. 아이들과 놀이를 멈추고 함께 이야기를 나눠봅니다.

규칙에 없던 갈등이 생겨 새로운 규칙이 필요해요

* **자료** 아이들의 생각을 기록할 수 있는 도구(PC, 칠판 등), 문제상황이 찍힌 사진

* **방법**

① 문제상황이 찍힌 사진을 보며 이야기 나눈다.
 "빅 블록을 너무 높게 쌓아서 무너졌어요."
 "나는 긴 블록에 부딪혀서 아프기도 했어요."

② 문제 상황과 관련된 필요한 규칙을 생각한다.
 "선생님은 안전하게 지내야 하는 교실에서 위험한 상황이 생기니 걱정이 돼. 안전하게 놀 수 있는 방법이 없을까?"

③ 새로운 규칙을 만든다.
 "위로 6개만 쌓아요."
 "높게 쌓으려면 튼튼한지 계속 확인해요."

―――――――――― **SDGs 연결 고리** ――――――――――

	교실에서는 가정에서 경험할 수 없는 다양한 일들이 일어납니다. 그래서 지켜야 할 규칙도 분명합니다. 우리에게 필요한 규칙을 생각하고 지키는 과정은 교육기관에서 다치지 않고 생활하며, 교실 구성원이 불편해하거나 속상한 일이 점차 줄어들게 됩니다. 교실 구성원 모두가 건강하고 행복한 삶을 보장받을 수 있습니다.
	아이들이 가장 많은 시간을 보내는 곳은 '교육기관'입니다. 약속과 규칙을 잘 지켜 오랜 시간을 함께 보내는 친구들과 좋은 관계를 유지하면 앞으로 경험하게 될 더 다양하고 큰 사회에서 만나게 되는 사람들과도 서로 잘 지낼 수 있습니다.

교사 및 아이의 성장이야기

교사들은 규칙의 중요성을 모두 알고 있고 아이들이 규칙을 지키며 생활하기를 바라고 있지만 사실 규칙을 기억하고 지속적으로 실천하는 것은 어렵습니다. 그리고 규칙은 편의상 교사의 주도하에 운영되는 경우가 대부분이며, 규칙의 개수가 많기도 하고, 무엇보다도 아이들이 규칙의 필요성을 느끼지 못하여 잘 지켜지지 않기도 합니다. '규칙의 지속성'을 위해서 어떻게 수업에서 풀어나가야 할지 고민했습니다. 이 활동은 아이들이 일상생활에서 불편함을 느끼고, '그 불편을 해결하기 위해 규칙이 있어야 한다는 것을 이해하고 받아들인다면 어떨까?' 라는 고민에서 시작되었습니다. 우리가 이미 이야기 나눈 내용과 관련된 불편한 상황이 발생하니 아이들은 '우리 저번에 이렇게 하기로 했잖아!' 라며 예전 경험을 회상하고 언어나 표정으로 표현하는 모습을 볼 수 있었습니다. 아이들이 생각한 소중한 의견들을 모아서 만든 규칙은 아이들에게는 굉장한 의미가 있었습니다. 이러한 의미는 아이들이 규칙을 존중하고 실천하는 원동력이 되기도 합니다.

현장 적용 tip!

Q. 모든 아이들의 규칙이 똑같아야 하나요?

A. 아이들 개별적으로 자신이 할 수 있는 혹은 지킬 수 있는 규칙을 하나씩 정할 수도 있습니다. 아이들 스스로 우리 반에서 생활하면서 '이 규칙만은 지켜야겠다' 는 생각을 정해도 좋고, '이 규칙만은 지켜야겠다' 하며 가정과 연계하여 정할 수도 있고, 규칙도 물론 언제든지 아이들이 원한다면 바꿀 수도 있습니다.

Q. 규칙 지키기를 지속할 수 있는 방법은 없을까요?

A. 아이들이 규칙을 잊지 않게 하려면 규칙을 지속적으로 상기할 수 있는 환경을 마련해줄 수 있어야 합니다. 규칙과 관련된 교사의 상호작용은 물론이고, 교실 속에서 생긴 갈등 상황을 담은 사진이 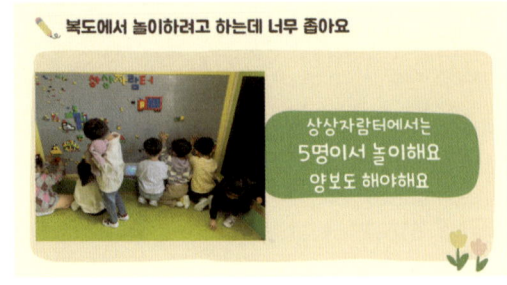 있는 규칙판, 아이들이 그린 그림을 활용하여 '우리 반 규칙' 영상도 만들 수 있습니다. 아이들의 의견을 글자, 그림, 사진, 동영상 등 다양한 형태의 규칙판을 만들어 아이들이 지속적으로 규칙을 상기할 수 있도록 도와주세요. 그리고 주기적으로 규칙을 잘 지키고 있는지 돌아보는 시간을 갖는 것도 중요합니다. 규칙을 잘 지키고 있는지 잘 지켜지지 않는다면 그 이유가 무엇인지 돌아보고 구체적으로 제시하거나 수정하는 등의 방법을 사용할 수 있습니다.

4) 화장실에서 실천하는 작은 습관

놀이의 시작

　아이들이 우르르 쏟아져 나온 화장실은 사용 전과 사용 후 모습이 다를 때가 많습니다. 순식간에 휴지통에 쌓이는 종이타월, 남아있는 비누 거품 흔적, 미처 내리지 못한 변기를 보면 한숨이 절로 나오기도 합니다. 또 어떤 날은 경쟁이라도 하듯 빨리 씻고 후다닥 나가느라 수도꼭지에 비누 거품이 그대로 남아있기도 하고, 개수대나 화장실 바닥에 물이 흥건하기도 합니다. 화장실에서는 위생교육, 배변 교육, 기본생활 습관 등 아이들에게 알려줘야 하는 것들이 많고 지속적으로 이루어져야 하는 만큼 때때로 어떻게 접근해야 할지 고민이 되어 어렵게 느껴질 때가 있습니다. 매일 사용하는 화장실. 어떻게 하면 아이들이 화장실을 깨끗하고 올바르게 사용할 수 있을까요?

놀이 흐름 한눈에 보기

---

1. 우리들의 화장실 이야기	• 우리 반 화장실은 지금 • 화장실에서 우리의 이야기

≫

2. 종이타월 이야기	• 종이타월을 버릴 때는 • 종이타월 줄이기 도전!

≫

3. 슬기로운 화장실 이용	• 화장실에서 필요한 약속 • 화장실 사용설명서, 우리가 알려줄게!

―― 놀이 풀어가기 ――

1. 우리들의 화장실 이야기

아이들이 매일 사용하는 화장실! 화장실은 아이들의 일상생활에서 매우 중요한 역할을 합니다. 아이들은 과연 어떤 화장실을 사용하고 싶을까요? 우리 반 화장실은 아이들이 직접 정리하지 않아도 우리를 위해 청소해 주시는 분들 덕분에 깨끗한 화장실로 유지됩니다. 평소에는 아이들이 무심코 지나치기 쉽지만 스스로 자신들의 흔적을 돌아보는 시간을 가지고 화장실에 관한 생각을 함께 나눠봅니다.

우리 반 화장실은 지금

* **자료** 우리 반 화장실 부분 사진(바닥에 떨어져 있는 휴지, 정리되어 있지 않은 실내화 등 부분 확대하여 찍은 사진)

* **방법**
① 화장실 부분 사진을 보며 어떤 사진인지 함께 이야기 나눈다.
  "사진에서 무엇이 보이니?"/"어디에서 사용하는 물건인 것 같니?"
② 사진에서 본 물건이 원래 어디에 정리되어야 하는지 알아본다.
③ 우리가 화장실을 사용한 후 어떻게 해야 하는지 말해본다.
  "휴지가 왜 바닥에 떨어져 있었을까?"
  "실내화가 이렇게 있으면 다음 친구는 어떻게 사용해야 할까?"

화장실에서 우리의 이야기

* **자료** 그림책 『어떤 화장실이 좋아?』, 활동지

* **방법**

① 화장실에서 재미있었던 경험을 나눠 본다.

② 그림책을 보며 함께 이야기 나눈다.

"로또 화장실 중에 어떤 화장실이 진짜일까?"

"달리기를 잘하는 재윤이에게 어울리는 화장실은 어떤 화장실일까? 어떤 화장실을 만들어 주면 좋겠니?"

③ 그림책을 읽은 뒤 생각을 나눈다.

"어떤 화장실이 가장 기억에 남니?"

"너희들이 화장실을 만든다면 우리 교실 안에는 어떤 화장실을 만들고 싶니?"

④ 우리 반 화장실에서 불편했던 경험을 나눈다.

⑤ 우리 반 친구들에게 필요한 화장실을 생각해 본다.

⑥ 우리가 만들고 싶은 화장실은 어떤 화장실인지 이야기 나눈다.

"꽃향기가 나는 화장실이었으면 좋겠어요."

"추울 때는 따뜻하고, 더울 때는 차가운 화장실이면 좋겠어요."

친구들과 함께 이야기 나누기

내가 만들고 싶은 화장실 그리기

2. 종이타월 이야기

화장실에서 종이타월은 한 번 사용하고 버려집니다. 그렇기 때문에 종이타월을 계속 사용해야 하는지, 다른 방법은 없을지 고민이 됩니다. 교육기관의 상황에 따라 종이타월을 사용할 수밖에 없다면, 아이들이 스스로 종이타월을 절약하는 태도가 필요하겠지요. 우리가 매일 사용하는 종이타월을 왜 절약해야 하는지, 어떻게 하면 잘 사용할 수 있는지 아이들과 함께 알아볼까요?

종이타월을 버릴 때는

* **자료** 종이타월, 바구니

* **방법**

① 종이타월이 가득 담긴 쓰레기통을 보며 이야기를 나눈다.

"왜 종이타월이 쓰레기통 밖에 버려져 있었을까?"

"화장실에서 종이타월을 어떻게 버리는게 좋을까?"

② 종이타월을 뭉쳐서 모은 것과 뭉치지 않은 종이타월의 부피를 비교한다.

③ 화장실에서 우리가 종이타월을 사용한 후, 어떻게 쓰레기통에 넣어야 잘 들어갈 수 있는지 이야기 나눈다.

"쓰레기통에 종이타월이 꽉 차 있으면 어떻게 하면 좋을까?"

종이타월 줄이기 도전!

* **자료** 사용한 종이타월, 투명한 플라스틱 상자, 화분

* **방법**

① 화장실 사용 후 쓰레기통에 버려진 종이타월 양을 살펴본다.

"우리가 사용한 종이타월이 얼마나 되는지 플라스틱 상자에 한 번 모아보자."

② 우리가 왜 종이타월을 사용하는지 이야기 나눈다.

"종이타월은 왜 필요할까?" / "손에 있는 물을 닦지 않으면 어떻게 될까?"

③ 종이타월을 왜 아껴 써야 하는지 생각해 본다.

"우리가 하루에 사용한 종이타월이 얼마만큼 모였니?"

"우리가 손을 씻고 나서 종이타월을 몇 장 사용해야 할까?" / "왜 그럴까?"

④ 종이타월 대신 손을 말릴 수 있는 방법에 대해 이야기 나눈다.

"어떻게 하면 종이타월을 아껴 쓸 수 있을까?"

"손에 있는 물을 잘 털어줘요."

"우리 손에 있는 물을 화분에 털어주면 어떨까?"

⑤ 화분에 물을 줄 때 조심해야 할 것들을 이야기 나눈다.

"비누가 깨끗하게 씻어지지 않았는데 물을 털게 되면 어떻게 될까?"

⑥ 손에 있는 물기를 털어준 후 종이타월을 사용한다.

종이타월 부피 비교하기

손에 묻은 물 화분에 털어주기

3. 슬기로운 화장실 이용

　종이타월 사용에 대해 아이들과 함께 알아보면서 우리 반 화장실 모습을 지속해서 공유합니다. 가끔 화장실 실내화가 없어서 맨발로 화장실을 이용하다가 양말이 젖는 경우도 있고, 변기를 사용하고 물을 내리지 않아 깜짝 놀란 아이들도 있지요. 화장실에서 사용하는 실내화가 정리되어 있지 않으면, 아이들이 필요할 때 실내화를 찾기 어렵거나 짝이 맞지 않아 불편했던 경험도 있습니다. "실내화를 어떻게 정리하면 좋을까?" 화장실에서 우리에게 필요한 약속에 대해 아이들의 의견을 구하며 방법을 찾아봅니다.

화장실에서 필요한 약속

* **자료** 화장실 사진, 쓰기도구

* **방법**

① 아이들과 화장실에서 불편했던 경험이 있었는지 알아본다.
　"화장실을 사용하면서 불편했던 점이 있니?"

② 화장실을 사용할 때 어떤 약속이 필요한지 이야기 나눈다.
　"우리가 화장실에서 지켜야 할 약속이 무엇이 있을까?"
　"변기를 사용한 후에 꼭 물을 내려요."
　"휴지를 필요한 만큼만 사용해요."
　"신발을 제자리에 정리해요."

화장실 사용설명서, 우리가 알려줄게!

* **자료** 화장실 약속 내용, 스마트폰, 카메라 등 촬영이 가능한 기기, 필기도구
* **방법**

① 우리가 정한 화장실 약속을 함께 알아본다.

"우리가 정한 약속이 어떤 것들이 있었지?"

"화장실에서 물은 어떻게 사용하면 좋을까?"

"우리가 손에 있는 물을 털어서 모아준 물은 어떻게 사용할 수 있을까?"

② 우리가 정한 약속을 다른 반 친구들도 지킬 수 있는 방법을 알아본다.

"어떻게 하면 다른 반 친구들이 화장실에서 지켜야 하는 약속을 알 수 있을까?"

③ 자신이 소개하고 싶은 약속을 골라 친구들에게 알려주는 내용을 직접 실천해본다.

④ 내가 직접 실천해본 내용을 사진으로 남긴다.

⑤ 사진 옆 말풍선에 지켜야 하는 약속 내용을 작성한다.

⑥ 친구들이 화장실을 사용하며 볼 수 있는 곳에 게시한다.

"우리가 만든 약속을 어디에 붙이면 좋을까?"

⑦ 화장실을 같이 사용하는 친구들에게 우리가 정한 약속을 알려준다.

"화장실에서 약속을 지키지 않으면 어떻게 할까?"

"불편하다고 이야기 해줘요." / "○○반에 가서 한 번 더 알려줘요!"

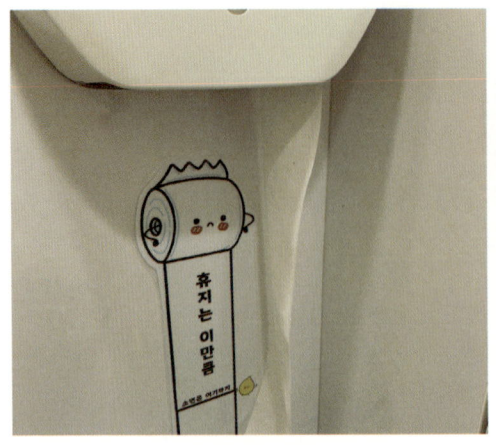
휴지는 이만큼 사용하기

손에 있는 물기 털어주기

종이타월은 작은 공으로 뭉쳐서 버리기

실내화는 제자리에 정리하기

─ SDGs 연결 고리 ─

화장실은 개인이 사용하는 공간이 아닌 다른 사람들과 함께 사용하는 공간입니다. 또한 내 몸을 깨끗이 하고, 꼭 필요한 배변 활동을 하는 없어서는 안 되는 중요한 공간이기도 합니다. 깨끗한 화장실 환경을 유지하고, 올바른 사용 습관을 갖는 것은 개인의 건강뿐 아니라 공동체의 건강을 지키는 기본입니다. 내 몸을 청결하게 관리하고 위생적인 배변 활동을 실천하는 것은 모든 사람의 건강하고 행복한 삶을 보장하기 위한 중요한 밑거름이 됩니다.

화장실에서 손을 씻을 때, 변기를 사용할 때, 양치할 때 물이 없다면 건강한 우리의 삶도 보장받을 수 없습니다. 양치질을 하거나 손을 씻는 등 물을 사용하는 동안 물을 틀어놓으면 소중하고 깨끗한 물을 낭비하게 됩니다. 물은 꼭 필요할 때만 사용하도록 습관을 들이는 것은 깨끗한 물을 지키고, 모든 사람이 함께 물을 사용할 수 있도록 하는 중요한 실천입니다. 아이들이 물의 소중함을 배우고, 작은 것에서부터 실천하는 습관은 지속가능한 물관리를 위한 첫걸음이 됩니다.

화장실에서 사용하는 종이타월의 양을 조금씩이라도 줄이는 행동이 환경을 오염시키는 쓰레기를 줄이는 데 동참하는 것입니다. 이러한 행동은 자원의 낭비를 줄이며, 우리가 속한 공동체와 지구 환경을 보호하는 데 기여합니다. 일상생활에서 작은 것부터 실천하는 것은 지속 가능한 소비와 생산을 가능하게 하는 중요한 출발점입니다.

교사 및 아이의 성장이야기

화장실에서 필요한 약속을 정한 후, 아이들이 하나씩 지키려고 노력하는 모습을 볼 때 교육의 효과를 느낍니다. 저도 종이타월 사용에 대해 고민하며, 다른 곳에서도 종이타월을 최소한으로 사용하고 뭉쳐서 버리는 습관이 생겼습니다. 때로는 좀처럼 변하지 않는 아이들의 모습에 답답함이 느껴지기도 합니다. 하지만 화장실은 우리가 매일 사용하는 공간이기 때문에 주기적으로 아이들과 화장실의 상태를 살펴보며 이야기 나누고, 아이들이 스스로 약속을 지킬 수 있도록 이끌었습니다. 아이들의 긍정적인 습관을 위해 교사가 함께 노력하는 자세가 우리들이 정한 규칙을 스스로 실천할 수 있는 힘을 길러줍니다.

현장 적용 tip!

Q. 화장실에서 식물을 두면 햇빛을 보기 어려울 것 같은데 어떤 식물을 기르는 게 좋은가요?
A. 처음에는 교실에 있는 화분을 활용합니다. 그래서 화장실에만 두다 보면 햇빛을 보기 어려워 주말에는 꺼내놓고 가는 방법을 사용했답니다. 그러다 보니 화분을 계속 옮겨야 하는 번거로움이 생겨 습기가 있는 곳에서 잘 자라며, 햇빛을 많이 보지 않아도 되는 식물을 선택하였습니다. 유리병에 물을 담아 키울 수 있는 개운죽, 스파트필름 등과 같은 수경재배 식물을 제공하였지요.

Q. 종이타월 대신 사용할 수 있는 것이 무엇이 있을까요?
A. 종이타월은 한 번 쓰고 버려지기 때문에 친환경적인 방법을 고민하기도 합니다. 지속적으로 사용할 수 있는 방법으로 〈가정과 교육기관이 만나는 행복이음〉에 소개되는 소창수건을 추천합니다.

5) 마음을 연결하는 특별한 데이트

놀이의 시작

　3월, 하하호호 웃으며 들어오는 아이들 너머로 작년 담임 선생님을 찾아가 오랜 시간을 보내고 터덜터덜 교실로 돌아오던 민준이. '어디 한번 나를 재밌게 해 봐요'라고 말하는 듯한 태도로 불안해하면서도 매섭게 교사를 쳐다봅니다. 아이들과의 돈독한 관계 맺음은 한 해를 긍정적인 방향으로 이끄는 중요한 부분이기에 개인적 시간을 만들어서라도 좋은 관계를 맺으려고 교사가 다가갑니다. 강당에서 공놀이하기, 교육기관 주변 공원 산책하기 등 민준이와의 데이트가, 아이들과 마음을 연결하는 특별한 데이트의 시작이 됩니다. 새로운 만남을 두려워하는 아이들이 선생님과의 데이트를 통해 관계 맺음의 행복을 경험한다면 훗날 다른사람을 만날 때 두려움보다는 반가움으로 다가갈 수 있게 될 것입니다.

놀이 흐름 한눈에 보기
---

1. 두근두근 데이트 시작	• 두근두근 데이트를 준비해요 • 두근두근 데이트를 시작해요

≫

2. 올망졸망 데이트 더하기	• 여럿이서 데이트를 해요

≫

3. 도란도란 점심 데이트	• 맛있게 식사하며 데이트를 해요

―― 놀이 풀어가기 ――

1. 두근두근 데이트 시작

나를 만나는 아이들의 모든 것을 알고 싶지만, 개별 만남이 쉽지 않습니다. 모두의 개성과 성향을 파악하고 더 나아가 긍정적 관계 맺음까지 연결되는 '두근두근 데이트'를 소개합니다.

두근두근 데이트를 준비해요

* 자료 없음

* 방법

① 아이들과 데이트에 대해 알아본다.

"데이트가 무엇이라고 생각하니? / 데이트를 하는 이유는 무엇일까?"

② 선생님과의 데이트 방법을 설명한다.

"선생님과 한 명의 친구와 특별한 시간을 보낼 거야. 교실이나 교실 밖에서 하고 싶은 놀이로 데이트를 하는 거지. 선생님과 찐한 데이트를 할 준비가 되었니?"

③ 데이트를 위해 함께 지켜야 할 약속을 정한다.

"만약, 데이트를 교실에서 한다면 다함께 지켜줘야 할 것은 무엇이 있을까?"

"내가 데이트를 하고 있는데 친구들이 데이트 활동을 방해한다면 기분이 어떨까?"

"함께 정한 데이트 약속을 지켜주면, 우리 반 모두가 만족하는 데이트를 할 수 있어."

두근 두근 데이트를 시작해요

* **자료** 달력, 선택한 데이트를 위한 자료
* **방법**

① 아이들에게 선생님과의 특별한 데이트 시간이 있음을 알린다.

"선생님과 단 둘만의 시간을 보낼 수 있는 특별한 데이트가 기다리고 있어."

"선생님이 준비한 새로운 놀이(선생님과 하고 싶은 놀이)를 하도록 할거야."

② 오늘의 특별한 데이트 상대를 뽑는다.

(달력에 아이들 이름 스티커를 붙여서 안내합니다.)

③ 데이트 활동을 소개(선택)한다.

아이가 선택 할 경우: 원 내에서 할 수 있는 활동을 선택한다.

교사가 준비 할 경우: 새롭지만, 아이들이 흥미를 갖고 쉽게 할 수 있는 활동을 소개한다.

④ 약속 장소에서 데이트를 하며 사전에 준비한 질문지로 인터뷰를 한다.

"어떤 친구랑 놀 때 기분이 가장 좋아? 교실에서 가장 재미있는 시간은 언제야?"

⑤ 데이트 사진을 찍고 가정과 학급 아이들에게 공유한다.

가정 공유 예시: 오늘은 ○○이와 우리 반 도블 게임을 하며 데이트했습니다. 친구들의 이름을 거의 다 기억해 주고 친구들과 놀이하는 시간이 가장 재미있다는 ○○이. 유치원 생활을 즐겁게 하고 있는 ○○이를 꼬옥 안아주세요!

달력표시 　　　　　　　　　　　　교실 속 데이트

2. 올망졸망 데이트 더하기

단 한 명과의 찐한 데이트를 한 후 교실을 다시 돌아보면 친구들과 쉽게 어울리는 아이들이 있지만 그렇지 않은 아이들도 있다는 것을 발견하는 순간이 있습니다. 교실 속 모든 아이들이 다양한 친구들과 어울렸으면 하는 마음으로 시작된 "1:다수" 데이트를 소개합니다.

여럿이서 데이트를 해요

* **자료** 데이트를 위한 놀이도구, 친구 우정 스틱, 핸드폰

* **방법**

① 선생님과 단 둘이 한 데이트 경험을 떠올린다.
  "선생님과 데이트를 했을 때 어떤 마음이었어?"
  "친구들이 데이트 약속을 잘 지켜주었을 때 기분이 어땠어?"
  "서로의 데이트를 존중해줘서 모두 행복한 데이트를 했어. 모두 고마워."

② 여럿에서 하는 데이트를 소개한다.
  "이번에는 선생님과 두세 명의 친구와 데이트를 하려고 해. 데이트 방법을 알아보자."

③ 데이트할 아이들과 활동을 선택하고 데이트를 즐긴다.
  (교사나 아이가 데이트 대상을 모두 선정하거나 한 명씩 나누어 선정할 수 있습니다.)
  *모든 아이가 한 달에 한 번은 데이트 할 수 있도록 고르게 선정합니다.

④ 친구 인터뷰를 한다.

('친구 우정 스틱'을 사용하여 친구 마음을 들어봅니다.)

"나에게 궁금한 게 있으면 물어봐. / 너도 나한테 궁금한거 물어봐."

3세: 교사가 선정 (예: 좋아하는 색, 음식, 행동, 말 / 지금 듣고 싶은 말 등)

4~5세: 아이들이 선정 (사전활동으로 인터뷰를 반복하면 좋습니다.)

⑤ 인터뷰 후에 친구에게 긍정의 말을 선물로 주며 데이트를 마친다.

"나는 너에게 '고마워'를 선물하고 싶어 / 왜? / ~하니까. 고마웠어 / 고마워."

(긍정의 말 카드를 함께 만든 후, 뽑기로 선물을 줘도 좋습니다.)

⑥ 데이트 사진을 가정에 전송한다.

⑦ 데이트 후 데이트 내용을 반 친구들에게 소개한다.

* 연계 활동

① 친구 인터뷰 내용을 모아 친구 골든벨 놀이를 진행할 수 있다.

② 화목데이를 진행할 수 있다. (2부. 화목한 날 참고)

바깥 놀이 데이트

친구 사랑 스틱

마인드업 카드 (긍정의 말)

3. 도란도란 점심 데이트

'데이트를 하고 싶은데 엄두가 안 나요', '아이와 데이트 하는 것은 정말 좋은데 혹시 다른 아이들의 다양한 상황을 놓칠까봐 염려되요' 등등 다양한 이유로 데이트 활동 시작이 어려울 때가 있습니다. 아이들의 특성상 다양한 돌발상황이 발생하기도 하므로 교사는 한시도 눈을 뗄수가 없지요. 교실의 여러 상황을 고려하면서 아이와 데이트 할 수 있는 '점심 데이트'를 소개합니다.

맛있게 식사하며 데이트를 해요

* **자료** 식사 데이트 미션

* **방법**
① 점심시간 데이트 대상을 선정한다.
　(다양한 인원도 가능하지만 심도 있는 만남을 위해 한 명을 추천합니다.)
② 둘만의 점심시간 미션을 정한다.
　(예: 선생님과 거울처럼 행동하기, 먼저 먹고 음식 맛 표현하기, 도전 음식 정하고 먹기 등)
③ 식사 예절을 지키며 점심 데이트를 즐긴다.
④ 식사 후에 점심 데이트 미션을 공유하며 이야기를 나눈다.

* **연계 활동** 1일 1음식 도전하기 또는 잔반 줄이기 특공대 활동

― **SDGs 연결 고리** ―

	내가 잘하는 것, 도전해 보는 기회, 성공을 맛보는 경험들이 쌓이며 아이들은 자신에 대해 긍정적으로 생각하게 됩니다. 긍정적인 자기인식은 건강하고 행복한 삶을 보장하는 기초가 됩니다. 또한, 교사-아이-가정의 건강한 관계는 교사의 삶도 행복하게 만듭니다.
	'내일은 누구랑 데이트를 할까? 또 데이트 하고 싶어요! 데이트 정말 재미있어요!' 교실에서 울려퍼지는 이 이야기들은 원 생활에 만족해하고 즐거움을 충분히 느끼는 목소리입니다. 모두를 위한 양질의 교육이 바로 이와 같은 모습입니다.
	교실 속 다양한 아이들의 개별 특성을 이해하고 존중해주는 태도를 보여줌으로써 아이들은 나와 다른 생각, 느낌, 행동을 포용하는 방법을 습득합니다. 이것은 다양한 의견을 받아들이고 협력하며 모든 종류의 불평등을 해소합니다.
	교사-아이-가정의 연속적이고 지속적인 관계를 형성하면서 사람에 대한 감사, 배려, 관심 등이 한 아이, 우리 가족에게만 국한되지 않고 모든 아이, 모든 가족으로 확대되어 주변 사람들과 좋은 관계를 맺게 합니다. 이는 더불어 살아가는 지속가능한 도시와 주거지를 만듭니다.
	1:다수 데이트 활동은 아이들이 친한 친구뿐 아니라 다양한 친구와 만나게 되고 그 속에서 함께하는 즐거움을 느끼게 합니다. 좋아하는 친구하고만 관계를 맺는 게 아니라 다양한 친구들과 관계 맺고 싶은 마음을 싹트게 해 평화·정의·포용적인 교실을 만듭니다.
	데이트 활동을 가정에 공유함으로써 아이의 관심, 흥미 등을 파악할 수 있고 가정에서도 데이트 활동을 실천하게 되면서 가정의 화목함이 친구-교사에게까지 퍼져 나를 둘러싼 주변 사람들과 좋은 관계를 유지하는 힘을 갖게 됩니다. 이러한 힘은 지구촌 협력 강화를 이끌어 줍니다.

교사 및 아이의 성장이야기

데이트 활동을 시작하기 전에는 개별 아이들과의 만남이 필요하다고는 느꼈지만, 실천이 어려웠습니다. 따로 만남을 갖더라도 연속성이 없거나 전체 아이들을 고루 만나지 못하는 문제점도 발생하였습니다. 그런 까닭에 교사와 아이들 모두 서로에 대한 정서적 결핍이 생겼고 긍정적 문제 해결방향을 찾는데 오랜 시간이 걸렸습니다. 이런 상황을 해결하기 위해 데이트 활동을 시작하였고, 1:1 만남, 1:다수 만남은 물론 가정과의 연계가 연속적이고 지속적으로 이루어졌습니다. 그 안에서 교사는 개별 아이에 대한 이해를 높여 필요한 지원을 하게 되었습니다. 아이들은 교사 및 친구들과 신뢰적 관계를 만들어갔으며 자신을 긍정적인 시선으로 바라보게 되었습니다. 나아가 가정에서는 심리적으로 안정된 아이를 보게 되고 또, 열정적인 교사의 모습을 통해 가정 연계 활동에 적극적으로 참여하며 기관과 교사에 대한 전폭적인 지지를 주었답니다.

현장 적용 tip!

Q. 데이트 중 안전사고가 우려됩니다.

A. 아이들의 안전은 언제나 최우선이어야 합니다. 그렇기에 단계적으로 데이트를 진행하고 약속에 대해 충분히 이야기를 나눠야 합니다. 또한, 교사는 데이트 중이기는 하지만 고개를 들었을 때 교실 전체가 시야에 들어올 수 있는 장소에 앉아 중간중간 교실 상황을 살필 필요가 있습니다.

Q. 데이트를 1년 동안 유지 할 수 있을까요?

A. 네, 가능합니다. 시작은 1:1 데이트로 진행하고 익숙해지면 1:다수 데이트가 가능해지므로 일주일 데이트 주간을 잡으면 소요 시간이 줄어듭니다. 아이들도 데이트

활동에 익숙해지면서, 1년 유지가 가능해집니다.

Q. 새로 온 아이가 있는 경우에는 어떻게 데이트를 진행하나요?

A. 새로 온 친구가 들어온 달에는 모든 데이트 시간에 그 아이가 참여할 수 있도록 하면 좋습니다. 다양한 친구들과 교류할 수 있는 기회를 제공하게 되어 좀 더 빠르게 학급에 적응하고 긍정적인 교우관계를 형성하게 합니다.

6) 화목한 날, 함께 하는 어울림 놀이

놀이의 시작

자유 놀이 시간, 남자아이들이 한 공간에 모여 블록과 자동차 놀이를 하고 있습니다. 그런데 한 여자아이가 블록 놀이를 하려고 다가가자, 한 남자아이가 "여자들은 로봇 못 만들어!"라며 여자아이를 막습니다. 그 말을 들은 여자아이의 표정이 일그러지네요. 성에 대한 고정관념이 나타나는 순간입니다. 또 다른 날에는 "우리는 삼! 총! 사! 파이팅!" 하는 우렁찬 소리가 교실을 가득 채웠고, 잠시 뒤 한 아이가 울상을 지으며 "선생님…. 저는 삼총사 못 한 대요…"라며 교사에게 다가옵니다. 놀이를 하다보면 아이들의 성격이나 놀이의 특성에 따라 무리가 자연스럽게 만들어집니다. 마음 맞는 친구들끼리 편하고 즐겁게 노는 것도 좋지만, 다양한 친구들과 어울리는 '화목한 날'을 제안해봅니다.

놀이 흐름 한눈에 보기

1. 진짜 진짜 멋진 친구	• 친구란 무엇일까? • 친구 연결 지도(만다라)를 만들어요.

⇩

2. 우리는 모두 친구	• 우리들의 행복한 놀이 • 오늘은 어떤 친구와 함께 할까?

⇩

3. 우리가 만드는 화목한 날!	• 함께 하는 어울림 놀이 • 화목한 날로 화목해진 우리 반

―― 놀이 풀어가기 ――

1. 진짜 진짜 멋진 친구

아이들에게 친구는 매우 특별한 의미를 지닙니다. 매일 만나 함께 놀이하고, 행복한 마음과 속상한 마음을 나누는 소중한 존재이지요. "나는 ○○이랑 노는 게 제일 좋아!" 또는 "너는 나랑 친구 아니잖아!" 같은 아이들의 말은 우리 반 아이들의 친구관계를 이해하는 데 큰 도움이 됩니다. 아이들은 친구와의 관계를 통해 다양한 감정을 느낍니다. 이러한 마음을 아이들의 이야기로 들어볼까요? 또 친구들과의 추억을 나누면서 그동안 함께 놀이 해보지 못했던 친구는 누구인지 이야기 나눠봅니다.

친구란 무엇일까?

* 자료 그림책 『진짜 진짜 멋진 친구』

* 방법

① 『진짜 진짜 멋진 친구』 그림책을 읽는다.

② 책을 읽고, '친구'에 대해 이야기 나눈다.

"친구란 무엇일까?"

"나에게 진짜 진짜 멋진 친구는 어떤 친구라고 생각하니?"

친구 연결 지도(만다라)를 만들어요.

* 자료 개별 활동지, 얼굴 스티커

* 방법

① 개별 활동지의 중심 원에 내 얼굴 스티커를 붙인다.
  (일정 기간을 두고 교사와 유아가 1:1로 상호작용하며 활동할 수 있도록 한다.)

② 중간 원에 나와 친한 친구의 얼굴 스티커를 붙이며, 그 친구와의 추억을 떠올려 본다.
  "나와 가장 친한 친구는 누구일까?" / "왜 그 친구와 가장 친하다고 생각하니?"
  "그 친구와 함께 한 놀이는 무엇이 있니?" / "그 친구와 같이 있을 때, 기분이 어땠어?"

③ 가장 큰 원에 나와 친한 친구와 친하다고 생각하는 다른 친구의 얼굴 스티커를 붙이고, 왜 그렇게 생각했는지 함께 이야기를 나눠 본다.
  "나와 가장 친한 친구는 누구랑 같이 노는 걸 좋아할까?" / "그 친구와 다른 친구들이 어떤 놀이를 했니?" / "내가 친한 친구가 다른 친구랑 놀 때 어떤 기분이 드니?"

④ 친구 연결 지도(만다라)를 살펴보고, 나랑 멀리 떨어져 있는 친구를 살펴본다.
  "그동안 놀이해 보지 못했던 친구들과 함께 해 보면 어떨까?"

친구 연결 지도(만다라) 활동 사진

2. 우리는 모두 친구

　아이들의 기관 생활 중 교사, 학부모가 가장 관심을 보이는 것은 바로 아이들의 '친구 관계'입니다. 어른뿐 아니라 아이들도 매일 만나는 친구들과 즐겁고 행복한 시간을 보내고 싶은 마음이 크지요. 아이들과 함께 우리 반 친구에 대해 알아본 뒤, 친구와 함께 한 시간을 떠올려 보고, 그동안 함께 놀이하지 못했던 친구들과 놀이하는 경험을 가져봅니다. 아이들은 폭넓은 관계 속에서 다양한 정서를 경험하며, 사회성을 기를 수 있습니다.

우리들의 행복한 놀이

* **자료** 아이들의 놀이 사진

* **방법**

① 친구들과 함께 놀이 했던 사진을 살펴보며 이야기 나눈다.
　"이 사진 속에 누가 보이니? 어떤 놀이를 하는 사진이니?"
　"이 놀이를 할 때 기분은 어땠니? 이 놀이를 또 해보고 싶니?"

② 친구들과 함께 해보고 싶은 놀이에 대한 생각을 모은다.
　"네가 해봤던(알고 있는) 놀이 중에 친구들과 함께 해보고 싶은 놀이가 있니?"
　"그 놀이를 하기 위해서는 무엇이 필요하니?"

오늘은 어떤 친구와 함께 할까?

* **자료** 뽑기 자료, 이름표

* **방법**

① '화목한 날'에 대한 이야기를 나눈다.

"'화목하다'라는 말을 들어본 적이 있니? 어떤 뜻일까? (서로 뜻이 맞고 정답다)"

"우리 반 친구들과 화목하게(사이좋게) 지내려면 어떻게 하면 좋을까?"

"화요일과 목요일을 함께 놀이하는 '화목한 날'로 만들어보는 게 어떨까?"

② 함께 놀이할 친구들을 어떤 방법으로 뽑으면 좋을지 함께 이야기 나눈다.

- 디지털: 구글 확장프로그램(돌려돌려 돌림판), Class 123(행운의 뽑기), 아이스크림 툴킷(랜덤 뽑기) 등
- 아날로그: 뽑기 통(이름 막대, 이름 쪽지, 색깔 공(폼폼이) 등), 사다리 타기 등

③ 학급 인원수를 고려하여 3~4개의 모둠으로 나누어 놀이 친구를 뽑는다.

④ 오늘 함께 할 친구들과 어떤 놀이를 하면 좋을지 친구들과 이야기 나눈다.

"오늘 함께 놀이할 친구들과 반갑게 인사 나누자."

"함께 놀이할 우리 모둠의 이름을 만들어보자."

"놀이할 때 서로 지켜주었으면 하는 약속을 이야기해 보자."

"친구들과 놀이하고 싶은 놀잇감이나 필요한 재료가 있니?"

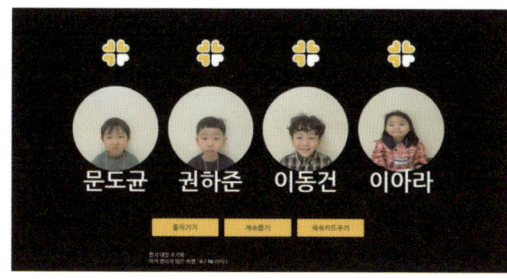

디지털 뽑기

아날로그 뽑기

3. 우리가 만드는 화목한 날

우리 반 친구들 모두가 화목하게 지내길 바라는 마음에서 매주 화요일과 목요일을 '화목한 날'로 정합니다. 이날은 나와 친한 친구뿐 아니라 새로운 친구와 함께 다양한 놀이를 해볼 수 있지요. 조금은 낯설고 서먹한 친구들과 놀이에 흠뻑 빠져들기 위해서는 교사의 적극적인 지원이 필요합니다. 누구나 함께 즐길 수 있는 보드게임, 아이들이 원하는 대로 마음껏 놀이를 펼칠 수 있는 비구조적인 놀잇감들, 그리고 아이들의 시선을 이끄는 새로운 놀잇감을 준비해 모두 함께 즐길 수 있는 시간을 만들어 봅니다.

함께 하는 어울림 놀이 '관계 형성하기'

* 자료 스마트폰

* 방법

① 새롭게 구성된 친구들과의 관계를 형성하기 위해 다양한 미션 놀이를 한다.
  "우리 모둠에서 손 크기가 가장 큰 친구를 찾아보자."
  "우리 모둠에는 남자친구 몇 명, 여자친구 몇 명이 있니?"
② 모둠 친구들과 함께 놀이하는 사진을 촬영한다.
  "그 친구가 하는 몸동작을 따라서 '그대로 멈춰라!' 하고 포즈를 취해보자."
③ 촬영한 사진은 교실에 게시하여 새로운 친구와 함께 놀이하는 나의 모습을 살펴본다.

함께 하는 어울림 놀이 '종이컵으로 놀아요'

* **자료** 종이컵

* **방법**

① 모둠별로 종이컵을 활용하여 우리가 모두 들어갈 수 있는 공간을 구성한다.
  (이때 높이, 넓이, 길이를 다양하게 생각하여 구성할 수 있도록 지원한다.)
② 종이컵 공간을 완성하고, 모둠 친구들과 기념사진을 찍는다.
③ 놀이 후, 종이컵을 무너뜨리며 스트레스와 부정적인 감정을 해소할 수 있다.
④ 놀이가 끝난 뒤, 놀이에 대한 생각과 느낌을 나눈다.

함께 하는 어울림 놀이 '신문지로 놀아요'

* **자료** 신문지

* **방법**

① 모둠별로 신문지를 5장씩 나누어준다.
② 출발선부터 목적지까지 신문지로 다리를 만들어 건너갈 수 있도록 안내한다.
  "신문지 다리를 만들어서 출발선부터 목적지까지 건너가 보자."
  "친구가 끝까지 잘 건너갈 수 있도록 신문지 다리를 계속 이어줄 거야."
③ 모둠 친구들이 신문지 위에 올라선 후, 새로운 다리를 만들기 위해 맨 뒤에 있는 아이가 가장 뒤에 있는 신문지를 앞 친구에게 전달한다.
④ 맨 앞에 있는 아이는 친구에게 전달받은 신문지를 앞으로 연결하여 이동한다.
⑤ 같은 방법으로 반복하여 목적지까지 모두 안전하게 이동한다.
⑥ 놀이가 끝난 뒤, 놀이에 대한 생각과 느낌을 나눈다.

함께 하는 어울림 놀이 '하드막대로 놀아요'

* 자료 검정색 도화지, 하드막대

* 방법

① 아이들에게 검정색 도화지와 충분한 개수의 하드막대를 제공한다.

② 개별 활동 – 도화지에 하드막대로 다양한 모양을 구성하여 자신의 생각을 표현한다.

③ 짝 활동 – 옆 친구와 짝이 되어 도화지를 붙이고, 더 많은 하드막대로 모양을 구성한 뒤 이야기를 만들어본다.

④ 4명, 8명, 16명으로 인원을 늘려 학급 구성원 모두가 하나의 이야기를 구성한다.

⑤ 놀이가 끝난 뒤, 놀이에 대한 생각과 느낌을 나누어본다.

화목한 날로 화목해진 우리 반

* 자료 토킹스틱

* 방법

① 원 대형으로 앉아 서로를 바라본다.

② 토킹스틱을 들고 한 명씩 '화목한 날' 놀이 활동에 대해 소감을 이야기한다.

　"그동안 함께 놀이하지 못했던 친구들과 놀이해보았는데, 어떤 기분이 들었니?"

　"즐겁고 행복했던 순간을 이야기 해줄 수 있니?"

　"속상하거나 아쉬웠던 일이 있다면 이야기 해보자."

③ 앞으로 함께 할 '화목한 날' 놀이에 대해 이야기를 나눈다.

누구 손이 제일 클까?

나처럼 해봐라 이렇게!

우리는 어떻게 만들어볼까?

우리가 만들었어요!

친구와 함께 구성해요.

하드 막대로 만드는 우리 이야기

── SDGs 연결 고리 ──

유아기는 성역할 개념이 발달하며, 같은 성의 놀이 친구를 선호하는 경향이 나타납니다. 남자아이들은 블록, 자동차, 로봇 등의 놀이를 좋아하고, 여자아이들은 인형, 공주, 소꿉놀이를 좋아하는 것처럼요. 지속가능한 사회를 이루는 데 꼭 필요한 '양성평등'은 놀이 자료의 제한 없이 학급 구성원이 모두 함께 어우러져 놀이할 수 있는 다양한 협동 놀이와 공동체 놀이의 경험 속에서 실현할 수 있습니다.

아이들이 협동 놀이와 공동체 놀이를 경험하면서 서로 다른 의견을 수용하는 방법, 모두의 정의를 보장하는 방법, 더 나아가 우리 반 친구들 모두가 평화롭게 지낼 수 있는 방법에 대해 함께 이야기 나누어볼 수 있습니다.

놀이의 재미를 느끼고, 놀이를 지속하기 위해서는 협동이 중요합니다. 유아기부터 경험하는 협동의 과정은 아이들이 성장하면서 겪게 되는 다양한 순간에 발휘될 수 있습니다. 여러 사람과 협동해서 문제를 해결하는 과정을 통해 지속가능한 사회로 한 걸음 더 나아갈 수 있습니다.

교사 및 아이의 성장이야기

한 아이가 입술을 삐죽대며 불만을 이야기합니다. "선생님, ○○가 오늘 나랑 놀기로 했으면서 다른 친구랑 논대요." 이 아이는 친한 친구가 늘 자신과만 놀이하기를 바라며, 그 친구가 다른 친구와 노는 모습을 보면 질투를 느끼곤 합니다. 그래서 친구 연결 지도(만다라) 활동을 통해 지금까지 함께 놀이해 보지 못한 친구들을 시각적으로 살펴보았더니, 아이들 역시 같은 반 친구지만 놀이 경험이 적었던 친구들이 보이기 시작했습니다. '화목한 날'을 통해 평소 함께하지 못했던 친구들과 놀이하면서, 아이들은 새로운 친구에게 더 관심을 보이고, 그 친구의 이야기를 경청하기도 했습니다. 이제는 오늘 어떤 친구와 놀이하게 될지 기대하는 마음도 품게 되었답니다.

현장 적용 tip!

Q. 꼭 모두가 화목하게 지내야 하나요? 아이들 간 갈등 상황이 있어 서로 놀이하는 것을 불편해해요. 이런 경우엔 어떻게 해야 할까요?

A. 갈등으로 사이가 좋지 않은 아이들이 있다면, 갈등의 원인을 해결하는 것이 우선입니다. 평소 아이들의 놀이 모습을 관찰하여 서로 어떤 점을 불편해하는지 파악하고, 각자가 원하는 방향에 대해 이야기를 들어봅니다. 그리고 학급 구성원인 다른 친구들에게 '만약 네가 이런 상황이라면 어떻게 할 것 같아?'라고 물어보며 또래 중재를 요청할 수 있습니다. 아이들 간의 갈등 상황은 두 아이만의 문제로 국한되지 않으니까요. 이러한 과정을 통해 갈등은 모두에게 일어날 수 있는 일이고, 갈등이 있어도 함께 문제를 해결하고 놀이할 수 있다는 것을 배웁니다.

7) 함께 나누는 역할, 우리 반 지킴이

놀이의 시작

　교육기관에서는 매일 아침에 날짜, 날씨를 이야기하며 하루를 시작하는 경우가 많습니다. 또한, 아이들이 알 수 있도록 교실에 날짜, 날씨, 미세먼지를 표시해 둡니다. 교사는 아침에 날짜와 날씨, 미세먼지를 그날에 맞게 바꾸지만 가끔 잊기도 합니다. 어느 날 한 아이가 표시된 미세먼지 표시를 보더니 "선생님 오늘 미세먼지 나쁨인데 왜 보통으로 되어 있어요?"라고 묻습니다. "선생님이 오늘은 깜빡 잊고 바꾸지 못했어"라고 답하자, "미세먼지 나쁜데 친구들이 보통이라고 적힌 것 보고 밖에서 놀면 어떡해요. 꼭 바꿔야 해요"라고 이야기합니다. 이를 계기로 날짜판의 날짜와 날씨, 미세먼지를 아이들이 직접 바꿔보기로 합니다. 또, 교실에서 아이들이 하나씩 역할을 맡아 실천해 보면서 점차 반 아이들 모두가 '우리 반 지킴이'가 되는 것입니다.

놀이 흐름 한눈에 보기
---

1. 우리 반에 필요한 지킴이	• 우리 반에서 더 신경 쓰고 가꾸어야 하는 것에는 무엇이 있을까? • 나는 어떤 지킴이 역할을 맡을까?

⌄

2. 지킴이가 되어 실천해요!	• 필요할 때마다 지킴이 역할 실천하기 • 지킴이 역할은 언제 해야 할까?

─── 놀이 풀어가기 ───

1. 우리 반에 필요한 지킴이

　우리 반을 생활하기 좋은 곳으로 만들기 위하여 우리가 할 수 있는 것들을 생각합니다. 아이들이 스스로 생각하기 어렵다면 교사가 어느 정도 제시한 후 함께 살펴보며 정해도 되고, 예시를 몇 개 주어 아이들이 생각하는 데 도움을 줄 수 있습니다. 한 아이가 날짜판에 미세먼지를 꼭 바꿔야 한다고 했던 이야기를 시작으로 날씨, 미세먼지를 바꿔주는 '날씨 지킴이', 날짜를 바꿔주는 '날짜 지킴이'도 하자고 이야기하네요. 교사가 "우리가 모일 때 선생님이 화장실 문을 닫고 오는데 어느새 다시 열려 있었어. 다시 닫으러 가기가 힘든데, 모일 때 문을 닫아주는 문 지킴이도 하는 것은 어떨까?"라고 제안하자, 아이들은 함께 우리 교실에 어떤 지킴이가 있으면 좋을지 생각해 보고 각자 어떤 지킴이 역할을 할지 정해봅니다.

　역할을 정한 후 지킴이 판을 교실에 게시하거나 지킴이 카드를 이용하여 각자 책상에 부착해 두면 아이들은 자신의 역할을 잘 기억할 수 있고 서로 어떤 역할을 맡았는지 확인하며 도움을 주고받을 수 있습니다.

우리 반에서 더 신경 쓰고 가꾸어야 하는 것에는 무엇이 있을까?

* **자료** 아이들의 생각을 기록할 수 있는 도구(PC, 칠판 등)
* **방법**
① 교실에서 필요한 역할이 생길 때 아이들에게 '우리 반 지킴이'에 대해 소개한다.

② 교사가 필요하다고 느낀 지킴이 역할을 아이들에게 이유와 함께 알려준다.
③ 다 같이 우리 교실에서 할 수 있는 지킴이를 생각해 보고, 아이들의 생각을 기록한다.

* 지킴이 역할 예시

① 날씨 지킴이: 교육기관에 오면 현재 상황에 맞게 날씨(미세먼지)를 바꿔주기

② 날짜 지킴이: 교육기관에 오면 오늘의 날짜로 바꿔주기

③ 책상 지킴이: 정리 시간에 책상 위를 깨끗하게 닦아주기

④ 질서 지킴이: 줄 설 때 친구들이 질서 있게 서도록 도와주기

⑤ 정리 지킴이: 정리 시간에 제자리에 정리되지 않은 놀잇감을 찾아 바르게 정리하기

⑥ 안전 도우미: 놀이 시간에 친구들이 안전하게 놀이하도록 도와주기

⑦ 양치 지킴이: 정리되지 않은 칫솔, 치약이 있는지 살펴보고 알려주기

⑧ 지구 지킴이: 쓰레기를 버릴 때 일반쓰레기, 종이를 맞게 버리도록 도와주기

⑨ 바닥 지킴이: 정리 시간에 바닥에 떨어진 쓰레기 주워주기

⑩ 꼬마 선생님: 선생님이 도움이 필요할 때 선생님의 역할을 함께 해주기

⑪ 문 지킴이: 모여 앉을 때 교실, 화장실 문 닫아주기

⑫ 책 지킴이: 책을 책장에 잘 꽂아주고 찢어진 것이 있으면 고쳐주기

⑬ 바르게 앉기 지킴이: 모여 앉을 때 바르게 앉을 수 있도록 도와주기

나는 어떤 지킴이 역할을 맡을까?

* **자료** 지킴이 설명서, 지킴이 판, 지킴이 카드 (필요한 것 사용)

* **방법**

① '우리 반에서 더 신경 쓰고 가꾸어야 하는 것에는 무엇이 있을까?' 에서 생각한 여러

지킴이 중 실천할 지킴이를 정한다.

② ①에서 정한 지킴이 중에서 누가 어떤 지킴이를 할지 정한다.

③ 지킴이 설명서와 지킴이 판, 지킴이 카드를 이용하여 각 지킴이가 해야 할 일과 자신이 맡은 지킴이가 무엇인지 잊지 않도록 한다.

지킴이 설명서   지킴이 판

지킴이 카드

2. 지킴이가 되어 실천해요!

이제 필요할 때마다 우리 반 지킴이가 되어 아이들 스스로가 우리 반을 생활하기 편리한 곳으로 만들어 봅니다. 지킴이 역할은 교실 상황에 따라 다양한 방법으로 진행할 수 있습니다. 예를 들면, 교사가 필요할 때 아이들에게 개별적으로 알려주거나 정리 시간처럼 많은 아이들이 지킴이 역할을 할 수 있을 때 전체적으로 안내해 줄 수 있습니다. 또, 하루일과가 마무리될 때 5분 정도 지킴이를 할 수 있는 시간을 줄 수도 있지요.

시간이 지나면 하지 않아도 티가 나지 않는 역할들은 흐지부지되고 '날짜 지킴이' 처럼 눈에 띄는 역할만 하게 되는 경우가 있습니다. 아이들이 자신이 맡은 역할에 대해 책임감을 가지고 꾸준히 실천하려면 스스로가 언제 어떻게 그 역할을 해야 하는지 인식할 필요가 있지요. 아이들이 자신의 역할을 언제 해야 하는지 생각해 보고 같이 이야기 나누면서 책임감을 가지고 지킴이 역할을 이어나가도록 도와봅시다.

> **필요할 때마다 지킴이 역할 실천하기**
>
> * 자료 없음
>
> * 방법
>
> ① 내가 맡은 지킴이 역할을 실천한다.
>
> ② 실천하다가 다른 지킴이 역할에 대해 알고 싶다면 지킴이 설명서를, 친구들이 맡은 지킴이가 궁금하다면 지킴이 판 또는 지킴이 카드를 살펴본다.

| 날짜 지킴이 | 문 지킴이 | 양치 지킴이 |

내 지킴이 역할은 언제 해야 할까?

* **자료** 아이들의 생각을 기록할 수 있는 도구(PC, 칠판 등)

* **방법**

① 특정 지킴이만 하게 되는 등 지킴이 역할에 대해 다시 이야기 나눌 필요가 있을 때 함께 정한 지킴이 역할을 언제 할 수 있는지 생각해 본다.

② 같은 시간에 할 수 있는 지킴이끼리 묶어보며, 나는 언제 지킴이를 해야 할지 생각한다.

③ 이야기 나눈 바와 같이 상황을 가정하여 지킴이 역할을 연습해본다.

④ 정해진 시간에 실제로 지킴이 역할을 실천한다.

⑤ 내가 맡은 지킴이 역할을 잘 실천했는지 평가한다.

* **지킴이 시간 예시**

① 오자마자: 날씨 지킴이, 날짜 지킴이

② 정리 시간에: 책상 지킴이, 정리 지킴이, 바닥 지킴이, 문 지킴이, 책 지킴이

③ 점심시간에: 양치 지킴이

④ 필요할 때: 안전 도우미, 지구 지킴이, 꼬마 선생님, 바르게 앉기 지킴이

SDGs 연결 고리

8 내가 생활하는 교실에서 어떤 역할을 할 수 있는지 스스로 찾아보는 것은 훗날 내가 살아가는 사회에서 어떤 역할을 하고 어떤 직업을 가질 수 있는지 찾아보는 데 도움이 됩니다.

10 다른 사람에게 도움을 주는 일은 남들보다 뛰어나야만 할 수 있는 것이 아닙니다. 키가 작든 크든, 한글을 잘 읽든 못 읽든 누구나 학급에 도움이 되는 일을 할 수 있습니다. 모두가 똑같이 무엇이든 할 수 있다는 생각은 훗날 모든 사람은 평등해야 한다는 생각으로 나아갈 수 있습니다.

11 같은 공간일지라도 어떻게 바라보는지에 따라 다르게 변화할 수 있습니다. 교실에 어떤 지킴이가 필요할지 생각하는 것은 교실을 자세히 들여다보며 더욱 편리하게 지내는 방법을 생각하는 것과 같습니다. 이처럼 교실을 생활하기 좋은 공간으로 만들어 나갈 줄 아는 아이들은 자신이 사는 지역사회도 살기 좋고 지속가능한 공간으로 만드는 눈을 갖게 됩니다.

17 아이들은 교실에서 맡은 역할이 생기면서 학급 구성원으로서 소속감, 책임감을 가질 수 있습니다. 또한, 자신의 역할을 통해 선생님, 다른 친구들에게 도움을 주면서 뿌듯함과 성취감을 느낄 수 있지요. 이런 경험은 공동체 사회에서 다른 사람과 서로 돕고 협력하여 살아가는데 밑바탕이 됩니다.

교사 및 아이의 성장이야기

　우리 반 지킴이를 통해 교실에서 해야 할 일들을 교사 혼자 할 때와 아이들과 나눠서 할 때 확연한 차이가 있음을 느낄 수 있습니다. 아이들은 활동을 통해 교실은 함께 가꾸어가는 곳이라는 인식을 가지며, 책임감은 물론 학급에 대한 애정과 소속감을 기르게 되었지요. 지킴이 역할을 실천하고 친구가 놓친 부분은 알려주면서 자신의 주변 환경을 세심하게 바라보는 힘도 길러졌습니다. 교사 역시 지킴이 역할을 수행하는 모습을 보여주며, 책임감 있게 자신의 일을 하는 것으로 아이들에게 모범이 되었습니다.

현장 적용 tip!

Q. 지킴이 역할은 한 사람당 한 개씩 꼭 맡아야 하나요?

A. '우리 반 지킴이' 활동을 하는 데 있어서 정해져 있는 것은 아무것도 없습니다. 교실 상황에 맞게 필요한 역할과 참여 인원을 정해 모든 아이가 참여할 수 있도록 해 보세요. 여러 명이 하나의 역할을 맡거나 한 명이 여러 역할을 맡아도 되고, 조를 나누어 운영해도 된답니다. 지킴이 역할을 바꾸는 주기도 하루, 일주일, 두 달 등 교실 상황과 아이들의 특성 등을 고려하여 정하면 됩니다.

Q. 지킴이 역할을 몇몇 아이들만 실천하고 잘 안되는 것 같을 때는 어떻게 해야 하나요?

A. 지킴이 역할 바꾸는 시간을 활용해 지금까지 자신이 한 지킴이에 대한 소감과 생각을 나눠 보세요. 이때 내가 맡은 지킴이 역할을 언제 해야 하는지 다시 떠올려 보는 등 지킴이 역할을 잘 실천하도록 도울 수 있으며, 필요에 따라 지킴이 역할을 추가하거나 삭제할 수도 있습니다. 학급에 맞게 수정하는 과정을 통하여 모두가 지킴이 역할을 적극적으로 실천하는 쪽으로 나아가게 될 것입니다. 또한, 지킴이 역할

을 열심히 하는 아이들에게 격려와 칭찬하는 시간을 가져보세요. 교사가 직접 해줄 수도 있고, 아이들이 친구에게 도움을 받아 고마웠던 순간들을 이야기해 볼 수도 있습니다. 이는 긍정적인 피드백을 통해 지킴이 역할을 스스로 하려는 마음을 가질 수 있도록 돕습니다.

8) 투표는 나를 표현하는 힘

― 놀이의 시작 ―

　교실에서 한 가지 주제에 대해 의견이 갈릴 때 자신의 주장을 하는 아이, 친구 의견에 반박하는 아이, 친구의 말을 듣고만 있는 아이, 주제에 관심 없는 아이 등 다양한 모습이 공존합니다. 이렇듯 하나의 의견을 결정하기가 어려울 때, 아이들은 "투표하자"라는 말을 합니다. 결국 학급은 나 혼자 지내는 공간이 아니라 친구들과 함께 생활하는 곳이기 때문이지요. 토의에 참참여하든, 하지 않았든 간에 투표를 통해 모두가 자신의 의견을 표현합니다. 즉, 함께하는 공동체 안에서 모두의 의견을 쉽고 간편하게 표현하는 방법이 투표입니다. 교육기관 내에서 아이들과 다양한 방식으로 의견을 표현하는 시간을 가져봅니다.

― 놀이 흐름 한눈에 보기 ―

| 1. 그림책으로 알아보는 선거와 투표 | • 숲속 마을 역할극
• 선거로 숲속 마을의 대장을 뽑아요 |

▽

| 2. 우리 반에 필요한 선거 | • 학급대표들과 함께 학급 만들어가기
• 학급대표들의 공약 실천 일기 |

▽

| 3. 캐릭터로 우리를 알리자 | • 초등학교 교표 살펴보기
• 우리의 생각으로 만든 캐릭터
• 모두 함께 투표권을 행사해요 |

― 놀이 풀어가기 ―

1. 그림책으로 알아보는 선거와 투표

우리는 투표와 선거를 어느 상황에서 해야 할까요? 아이들과 그림책인 가상공간 속에서 일어나는 상황을 파악하고, 만약 등장인물들이 각각 다른 선택을 해 결말이 바뀐다면 어떻게 되었을지 재미있는 상상을 해봅니다. 아이들은 "여왕벌 / 귀뚜라미 / 메뚜기 / 장수풍뎅이가 대장이 되어야 해"라며 서로 자신의 의견을 주장하기에 급급하네요. 그래서 역할극을 통해 각각의 곤충들이 대장이 되었을 때의 숲속 마을을 구체적으로 상상해 봅니다. 충분히 상황을 이해한 후, 숲속 마을의 문제를 해결하는 대장을 뽑기 위해 '선거'라는 방식을 활용하여 자신의 투표권을 행사합니다.

숲속 마을 역할극

* **자료** 그림책 『곤충들의 대장 뽑기』,
등장인물을 표시할 머리띠나 스티커

* **방법**

① 집이나 학급에서 '대장'을 했던 경험을 이야기한다.
② 그림책을 감상한 뒤 곤충들의 말에 따른 공약을 정리한다.
③ 책 속의 등장인물의 특징을 고려하여 역할극을 실시한다.
"만약에 여왕벌 / 귀뚜라미 / 메뚜기 / 장수풍뎅이가 대장이 된다면?"

선거로 숲속 마을의 대장을 투표해요

* **자료** 투표용지, 도장, 투표함, 개표 도구

* **방법**

① 역할극을 바탕으로 우리가 마을에 산다면 어떤 곤충(후보)을 뽑고 싶은지 생각한다.

"너희들이 숲속 곤충 마을에 사는 곤충이라면 어떤 후보가 대장이 되었으면 좋겠니?"

② 후보 이름이 적힌 투표용지를 받고, 자신이 지지하는 후보 칸에 도장을 찍는다.

③ 투표함에 자신의 투표용지를 다른 사람이 보이지 않게 접어서 넣는다.

④ 개표 임무를 수행할 아이들을 정한다.

⑤ 투표용지가 담긴 투표함을 개봉한다.

⑥ 투표용지를 하나씩 펼치고 친구들에게 보여주며 표를 받은 후보 이름을 외친다.

⑦ 후보 이름이 나오면 칠판에 동그라미 등 득표 표시를 한다.

⑧ 가장 많은 표를 받은 후보가 당선된다.

한 표를 행사해요

긴장되는 개표상황

우리가 고른 숲속 대장

2. 우리 반에 필요한 선거

　가상 세계 속에서 투표와 선거를 경험하였다면, 실제 우리 일상생활에서 할 수 있는 투표와 선거를 진행해 봅시다. 학급 구성원은 아이들과 선생님입니다. 학급은 선생님 혼자서 이끌어가는 것이 아니라, 많은 아이의 의견을 충분히 수용하여 함께 협력하는 방향으로 나아가야 합니다. 하지만 전체 학급 구성원의 의견을 합치기는 쉽지 않지요. 그래서 우리 반을 이끌어가고 우리 반을 위해 봉사할 수 있는 반장과 부반장을 선출하기로 합니다. 선거 절차를 통해 후보자가 공약을 지킬 수 있는지, 대표로 적당한지 판단하여 투표한 후, 개표를 통해 우리 반의 대표를 뽑습니다. 선거 이후에는 당선자들이 공약을 이행했는지 평가하여 다음 선거 때도 이를 반영하여 투표합니다. 이러한 과정을 통해 많은 아이들이 학급에 소속감을 느끼고 모두가 지속가능한 행복을 누릴 수 있습니다.

학급대표들과 함께 학급 만들어가기

* **자료** 반장·부반장 선거 포스터, 투표용지
* **방법**
① 우리 반이 행복하기 위해서 우리가 할 수 있는 일을 이야기한다.
　"우리 반이 잘 지내는 데 필요한 역할은 무엇일까?"
　"우리가 스스로 할 수 있는 일을 생각해보자."
② 반장과 부반장이 되고 싶은 아이는 반장, 부반장 후보로 등록한다.
　후보 등록 시, 앞의 회의 결과를 바탕으로 자신이 실천할 수 있는 공약을 적는다.

공약예시:
- 분리배출을 잘하는 우리 반을 만들겠습니다.
- 싸움이 없는 우리 반을 만들겠습니다.
- '마음안정방'을 만들어 친구들이 쉬는 공간을 만들겠습니다.
- 고운 말을 하는 우리 반을 만들겠습니다.

③ 후보 등록 후, 후보자들은 자신이 반장과 부반장이 되어야 하는 이유와 우리 반을 위한 공약을 연설한다.
④ 반장과 부반장으로 임명하는 기간과 무효표의 기준을 협의하고, 본 투표를 진행한다.
⑤ 공정함을 위해 후보자로 참여하지 않는 아이들이 개표자의 임무를 수행한다.
⑥ 가장 많은 득표수를 가진 후보자가 당선된다.

우리 반이 필요한 역할에 대한 토의 기록지(예시)			
	A	B	C
학급 내 문제점	친구 간에 의견이 맞지 않아 말싸움이 일어남	쓰레기를 분리배출하지 않아 누군가 항상 정리를 해야 함	화가 나거나 슬플 때 다른 친구가 나를 보는 것이 불편함
회의 주제	평화로운 학급을 만들기 위해서 어떻게 할까?	우리가 버리는 쓰레기를 분리 배출하기 위해서 어떻게 할까?	교실에 휴식할 수 있는 공간이 필요한가?
회의 결과	친구들의 의견을 들어주고 조언하는 사람이 있으면 좋겠음	분리배출이 잘 되는지 확인하는 사람이 있으면 좋겠음	아늑하고 조용한 방을 만드는 것이 필요함

⑦ 당선자는 감사 인사를 전달하고, 반장과 부반장으로 임명된 기간 동안 자신의 공약을 수행한다.

⑧ 반장과 부반장 수행 기간이 종료되고, 반장과 부반장으로 인해 우리 학급이 나아진 점이 있는지 이야기 나눈다.

학급대표들의 공약 실천 일기

* 첫 번째 공약 실천 일기

1대 반장 공약: 분리배출을 잘하는 우리 반을 만들겠습니다.

공약 수행

그 후 이야기

* 반장의 이야기
"친구들이 분리배출을 잘했는지 확인해요. 우리 반에서 캔은 안 쓰니까 대신 다른 종류로 나눴으면 좋겠어요. 우리 유치원은 비닐을 따로 버려야 해서 캔 대신 비닐로 바꿔요."

* 1대 반장: "종이만 버리는 곳인데, 휴지를 버리는 사람이 있었어. 공약을 지키느라 좀 힘들었어."
* 유권자: "정확하게 어디에 어떤 걸 버려야 하는지 써놓으면 좋겠어!"

* 두 번째 공약 실천 일기

제1대 부반장 공약: 싸움 없는 우리 반을 만들겠습니다.

* 부반장의 이야기
"자유 놀이 시간에 놀잇감을 목소리를 높이며 싸우는 친구들이 있었어요. 제가 먼저 다가가서 친구 한 명씩 이야기를 들어보고, 시간을 정해서 쓰는 것이 어떤지 물어봤어요."

* 1대 부반장: "저 덕분에 우리 반이 평화로워진 것 같아 뿌듯해요. 부반장을 하지 않아도 친구들을 지켜줄 거예요."
* 유권자: "부반장이 내 마음을 들어줘서 친구랑 더 이상 싸우지 않고 이야기할 수 있었어요. 부반장 고마웠어!"

* 세 번째 공약 실천 일기

2대 반장 공약: 마음안정방이 있는 우리 반을 만들겠습니다.

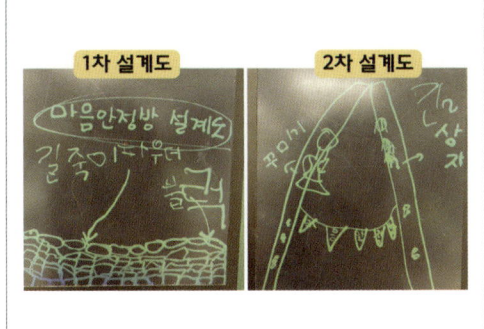

공약 수행   그 후 이야기

* 반장의 이야기
  - 1차 설계: "자석 블록으로 바닥을 만들어서 방 느낌이 나게 하고, 위에 느낌이 좋은 이불을 깔아요."
  - 2차 설계: "혼자 조용하게 쉴 수 있도록 텐트처럼 만들어요."

* 유권자1: "책은 마음안정방에서 읽어요. 조용해서 책을 읽기 너무 좋아요"
* 유권자2: "마음안정방에서 놀고 싶은데, 놀이 시간에는 집으로 사용해요. 친구들과 같이 색도 칠하고 예쁘게 꾸미고 싶어요."

3. 캐릭터로 우리 기관을 알리자

한 아이가 유치원을 나타내는 마크가 없는 것을 보고 '선생님! 초등학교에는 동그라미(교표)가 있는데, 왜 우리 유치원은 없어요?" 하고 이야기 합니다. 교사는 아이의 의견을 반영하여 우리 기관의 상징을 만들어 보자고 제안하자, 또 다른 아이가 "우리 유치원은 우리 반뿐만 아니라 다른 반, 선생님들도 많으니까, 이번에는 우리 유치원에 있는 모든 사람들과 함께 정해봐요! 선거를 해요!"라며 추가 제안을 합니다. 아이들의 궁금증과 제안에서 시작한 놀이가 교육기관 구성원 모두의 의견을 들어보는 선거로 확장하였습니다.

초등학교 교표 살펴보기

* 자료 초등학교 교표 관련 정보

* 방법

① 초등학교 교표에 무슨 의미가 담겨있을지 상상한다.
② 초등학교 교표가 나타내는 의미를 소개한다.
③ 기관에서 초등학교 교표를 이용한 놀이를 회상한다.
　"초등학교 마크를 보니 떠오르는 것이 있니?"
④ 우리 유치원의 마크(원표)를 만든다면 어떤 의미를 담고 싶은지 이야기 나눈다.
　"우리 유치원을 나타내는 마크를 만든다면, 어떤 그림을 넣어야 할까?"

우리의 생각으로 만든 캐릭터

* **자료** 이면지, 색칠 도구

* **방법**

① 우리 기관을 생각하면 떠오르는 것을 브레인스토밍한다.

② 각자 캐릭터를 만든 후 친구들에게 설명한다.

"무엇을 생각하면서 캐릭터를 만들었는지 소개해 볼까?"

③ 친구들끼리의 캐릭터 중에 합치고 싶은 것을 이야기 나눈다.

"친구들의 캐릭터 중에서 꼭 필요하다고 생각하는 그림이 있니?"

④ 다양한 의견을 반영하여 최종 캐릭터를 만든다.

⑤ 캐릭터의 이름을 정한다.

⑥ 우리의 캐릭터를 알리는 방법(피켓, 선거유세 송 등)을 생각한다.

⑦ 투표권이 있는 사람(기관에 다니는 어린이들, 선생님, 학부모)에게 선거유세를 한다.

캐릭터를 소개하기

우리가 만든 피켓

선거유세

모두 함께 투표권을 행사해요

아이, 선생님 편

* **자료** 학급별 명부, 투표용지, 기표소, 투표함, 투표확인증, 투표 확인 도장, 카메라

* **방법**

① 공정성을 위해 선거관리위원회를 조직하여 선거가 원활하게 진행되도록 한다.
- 선관위 역할: 본인확인 및 투표용지 제공(한 명당 하나의 투표권을 행사하기 위해 본인확인 후 투표용지를 제공), 투표확인증 배부자, 투표 인증사진 촬영자

② 유권자는 투표용지를 들고, 기표소로 가서 원하는 후보자 이름 옆에 도장을 찍는다.
③ 투표용지를 접어 투표함에 넣는다.
④ 개표를 통해 가장 많은 득표수를 받은 캐릭터가 당선된다.

학부모 편

* **자료** 선거 벽보, 일정표, 투표용지, 기표소, 투표함, 투표확인증, 투표 확인 도장

* **방법**

① 캐릭터 선거 벽보와 일정표를 투표 일주일 전에 게시한다.
② 아이들과 동일한 기표소를 구성하여 학부모가 기간 내에 자유롭게 선거에 참여한다.
③ 개표 결과를 학부모와 공유한다.

아이, 선생님 선거 환경 　　　　　학부모 선거 환경

선거관리위원회의 임무

SDGs 연결 고리

학급은 우리 반 구성원 모두가 사용하는 공간입니다. 학급 안에서의 모두가 1년간 행복한 생활을 하기 위해 구성원들이 의견을 제시하고 조율하는 과정이 필요합니다. 이를 통해 모두를 고려할 수 있는 역량이 향상됩니다.

우리들이 더 행복하고 의미 있는 교육기관이 되고자 교육공동체 모두가 캐릭터 선거에 참여합니다. 이를 통해 하나의 주제에 대하여 아이들, 학부모, 교직원이 함께 행복한 시간을 보낼 수 있습니다.

선거와 같이 사회에서 아이들이 할 수 없는 일들이 있습니다. 하지만 아이들의 놀이는 무엇이든지 가능하게 할 수 있습니다. 아이들의 의견을 충분히 수용하는 태도가 불평등을 해소하는 시작점이 될 수 있습니다.

놀이에 사용되는 자료는 모두 재활용, 재사용합니다. 선거유세 피켓은 간식 상자, 택배 상자 등 두툼한 종이로 만들어 재활용하고, 선거 후 버려지는 기표소를 활용하여 실제성과 내구성이 강한 자료로 재사용합니다. 이렇듯 우리에게 필요한 물건은 같은(혹은 다른) 용도로 오래 사용하는 것이 중요합니다. 물건을 소비하면 이에 따른 책임을 지는 것도 우리의 역할입니다.

유치원의 캐릭터를 제안한 건 아이들이었지만 투표권이 있는 사람들은 교육공동체 모든 사람입니다. 따라서 연령 간 발달 수준은 다르지만, 각 연령의 수준에 적합하게 토의하고 후보자를 등록할 수 있습니다. 자신들의 후보가 뽑힐 수 있도록 아이들끼리 협력하여 다양한 공약을 내세우고, 노래를 개사하며 다 함께 불러보는 즐거움 속에서 다양성과 협력을 경험합니다.

교사 및 아이의 성장이야기

　우리 사회에서 아이들은 의견을 내는 것보다 보호받는 존재로 여겨져 왔습니다. "선거는 어른만 하는 것이야!"라는 시각에서 "왜 어른들만 선거에 참여할 수 있는 걸까?"라는 관점의 전환을 아이들이 경험하도록 하며, "우리도 할 수 있어"의 마음을 키웠습니다. 이번 계기를 통해 아이들이 스스로 결정하고 의견을 내는 사회 속에서 현재와 미래 모두 자신의 목소리를 더 자신 있게 낼 수 있음을 느꼈습니다.

　당선되어 공약을 스스로 실행하기 위해 고민하고, 친구들이 어려움을 겪으면 도와주는 임무를 수행하며 자신을 가치 있는 존재라 생각하였습니다. 당선이 안 된 아이들은 '다음에도 도전할 거야'라는 용기를 갖고 유권자들이 힘들어하는 점이 무엇인지 관찰하며, 이를 해결하기 위한 공약을 제시하면서 한 뼘 한 뼘 성장하고 있습니다.

현장 적용 tip!

Q. 투표하는 방식은 좋으나, 항상 결과는 다수의 의견만 들어주게 되어 아쉬워요.
A. 다수결이 원칙이지만, 반드시 다수의 의견이 더 좋다는 것도 편견일 수 있습니다. 소수의 의견도 받아들일 수 있는 문화를 형성해 보세요. 교사의 고민이 때로는 아이들도 고민하는 부분이기도 합니다. 함께 이야기를 나눈다면 해결되는 부분이 분명 생깁니다.

Q. 선거 후에 버려지는 기표대를 사용할 수 있나요?
A. 기표대는 다음 선거를 위해 보관하는 장소와 비용이 발생하니 폐기 처분한다고 합니다. 결국 기표대도 일회용품입니다. 만약, 기표대를 사용하길 희망한다면 기표대 사용 가능 여부를 지자체에서 반드시 확인해야 합니다. 기표대를 사용할 수 있는지

지자체에 확인하고 사용하시기를 바랍니다.

Q. 학부모가 선거에 참여하는 것이 부담스러워요.

A. 학부모도 교육공동체의 한 일원입니다. 교육기관에 중대한 결정을 내릴 때, 함께 참여한다면 자녀의 기관 생활을 엿볼 수 있으며 자녀와 공통된 대화 주제가 생깁니다. 어렵게 생각하기보다는 충분한 놀이 상황을 안내하면서, 학부모도 선거에 참여할 수 있는 환경을 제공해 주세요.

제3부

지속가능발전 놀이를 위하여

1 다시 들여다봐요. 놀이재료!

1) 종이 자원 순환하여 사용하기

놀이의 시작

스케치북에 줄 하나 긋고 새로운 스케치북으로 교환해달라는 아이, 색종이에 연필 자국이 남았다며 버리는 아이···. 교실에서 종이를 활용한 놀이가 활발히 이루어질수록 낭비는 더욱 심해지며, 충분히 재활용할 수 있음에도 불구하고 일반쓰레기로 버려집니다. 종이는 아이들이 놀이하는 데 꼭 필요한 재료입니다. 어떻게 하면 종이를 더 소중하게 인식하고 올바른 분리배출을 할 수 있을지 고민하며 놀이를 시작하였습니다.

놀이 흐름 한눈에 보기

1. 종이는 재활용 가능해요	• 우리가 사용하는 종이 • 종이는 어떻게 재활용될까?

≫

2. 종이는 돌고 돌아 우리 곁에 와요	• 우리가 만드는 종이 • 재활용된 종이를 찾아라

≫

3. 현명한 종이 사용 방법은 무엇일까?	• 지속가능하고 행복하게 종이를 사용하고 배출하는 문화 형성하기

―― 놀이 풀어가기 ――

1. 종이는 재활용 가능해요

　교실에서 아이들은 종이를 얼마나 사용하고 있나요? 종이 소비 형태를 파악하며 '우리가 버린 종이들은 어디로 가는 걸까?' 라는 물음을 던져봅니다. 아이들은 쓰레기통에 버리는 것이 아이들이 할 수 있는 최대한의 분리배출이기 때문에 이후의 과정은 잘 모릅니다. 버려진 종이 자원들은 대부분 재활용 과정을 거쳐 여러 형태의 종이로 탄생합니다. 종이의 재활용 방법을 알게된다면 종이를 어떻게 사용하고 버리는 것이 현명한지 스스로 판단할 수 있습니다.

우리가 사용하는 종이 활동 방법

* 자료 종이를 사용한 작품

* 방법

① 종이를 사용하여 만든 작품을 친구들에게 소개한다.
② 사용한 종이의 종류는 무엇이며, 이를 사용한 이유를 말해본다.
③ 사용한 종이의 정리 방법에 대해 이야기 나눈다.
　 "우리가 사용하고 남은 종이는 어떻게 정리해야 할까?"
④ 우리가 버린 종이들이 재활용되는 방법을 추측해본다.
　 "종이류에 버린 종이는 어떻게 다시 재활용될까?"

종이는 어떻게 재활용될까?

* **자료** 종이 순환 과정 설명자료, 종이 분리배출 안내판

* **방법**

① 종이가 재활용되는 과정을 알아본다.

| 종이 자원을 수집하여 제지업체로 운반 | 종이 자원을 모아 물에 넣어(해리) 펄프화 | 약품 처리· 잉크 제거를 통해 종이 원료 형성 | 압착 및 용도에 따른 재단 | 새로운 종이 생산 완료 |

"글씨가 적혀있고, 구겨진 종이는 어떻게 깨끗하고 구김이 없는 종이로 만들어질까?"

② 종이 재활용을 위해 우리가 해야 하는 분리배출하는 방법을 찾아본다.

- 택배 상자에 붙어있는 개인정보 스티커와 테이프를 떼어 납작하게 배출하기

"버리는 많은 종이를 쉽게 운반하기 위해 우리가 할 수 있는 일은 무엇일까?"

- 구겨진 종이는 최대한 펴고, 작은 종이조각은 종이들 사이에 끼워서 배출하기
- 스프링 등 종이류가 아닌 것을 분리해서 배출하기

"종이가 물에 잘 찢어질 수 있기 위해서 우리가 어떻게 종이를 버려야 할까?"

③ 사람들이 정확하게 분리배출 하도록 종이 분리배출 안내판을 쓰레기장에 붙인다.

놀이한 후 테이프 제거하기

다 쓴 종합장 분리배출하기

종이 분리배출 안내판

2. 종이는 돌고 돌아 우리 곁에 와요

오래전엔 종이 대신 닥나무 껍질을 활용한 한지에 그림을 그리거나 글을 썼습니다. 현대사회에서도 한지의 제작 과정과 비슷하게 종이를 만들고 있지요. 아이들이 종이가 만들어지는 과정을 알면, 종이를 순환하는 중요한 자원으로 인식할 수 있습니다. 여기서 중요한 점은 아이들이 '종이를 만드는 과정이 힘들다' 는 어려움을 알기보다 '종이를 다시 사용할 수 있음' 을 몸소 느끼는 것입니다.

우리가 만드는 종이(수제종이)

* **자료** 한지 제작 영상, 종이 만들기 재료(나무틀, 종이죽 등)
* **방법**

① 한지를 만드는 과정을 영상으로 시청한다.
   "옛날 사람들은 닥나무를 이용해서 어떻게 한지를 만들었을까?"
   "지금의 종이는 어떻게 빨리 만들게 되었을까?"
② 종이를 만드는 재료를 탐색하며, 종이를 만드는 방법을 소개한다.
   "우리가 사용하고 남은 종이로 어떻게 종이를 만들 수 있을까?"
③ 종이 만들기 재료를 활용하여 직접 종이를 만들어본다.
④ 우리가 만든 종이로 놀이한다.
   "우리들이 만든 종이를 다시 놀이 재료로 사용해보자."

재활용된 종이를 찾아라

* **자료** 직접 만든 종이, 재활용된 종이류(휴지심, 계란판 등),

재활용이 되지 않는 일반쓰레기류(종이컵, 종이빨대, 영수증 등)

* **방법**

① 우리가 직접 만든 종이를 사용한 느낌을 이야기한다.

② 자주 사용하는 물건 중에서 재활용된 종이로 만든 것을 찾는다.

"우리가 만든 종이의 색과 느낌을 기억하며, 여러 물건 중에서 다시 만들어진 종이로 된 물건을 찾아보자."

"우리가 만든 종이와 재활용된 종이를 비교해 볼까?"(색, 느낌 등)

③ 종이로 만들어진 물건 중에서 재활용을 할 수 있는 것과 할 수 없는 것을 구분한다.

"종이로 만들어진 물건은 모두 종이로 재활용할 수 있을까?"

"종이와 다른 재료가 합쳐진 종이는 재활용이 되지 않아서 일반쓰레기로 버려야 해."

④ 종이로 배출할 수 없는 쓰레기를 더 조사하고 정리하여 다른 사람들에게 공유한다.

재활용된 종이 탐색

종이와 쓰레기 구분하기

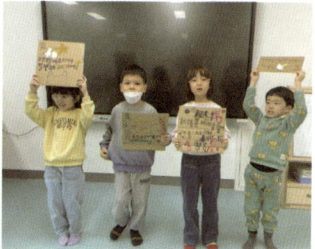
종이 배출 캠페인

3. 현명한 종이 사용 방법은 무엇일까?

종이는 6~8번 정도 재활용 할 수 있어 지속가능한 측면에서 매우 가치 있는 자원입니다. 하지만 재활용이 되지 못하고 버려지는 종이도 많습니다. 이처럼 사용량이 계속 증가한다면, 미래에는 많은 종이를 사용하는 것이 불투명할 수 있습니다. 행복한 현재와 더 나은 미래를 위해 우리들은 종이를 어떤 방법으로 사용하는 것이 좋을까요? 해답은 바로 학급의 주인인 아이들과 함께 회의를 통해 종이 자원 사용 약속을 정하고 실천하며 자연스레 하나의 문화를 형성하는 것입니다.

지속가능하고 행복하게 종이를 사용하고 배출하는 문화 형성하기

1 색종이를 얼만큼 사용해야 하는가?

* **이야기의 시작(불편함의 발생)**

  바구니에 가득 찬 색종이는 이틀도 안 되어 없어집니다. 먼저 많이 사용할수록 나중에 색종이가 필요한 아이들은 색종이가 없어 속상해하거나 더 달라고 요구합니다. 이런 상황이 매번 반복되어 교사는 아이들이 색종이를 사용하는 이유는 무엇인지, 필요하다고 할 때마다 무한으로 제공해야 하는지 등 '색종이 사용'에 대해 이야기를 나눕니다.

* **학급의 이야기**

  "너희들은 언제 색종이를 사용하니? 색종이를 함께 쓰려면 얼마만큼 사용해야 할까?

  "그림 그릴 때요." / "종이접기를 하려고요." / "친구한테 편지 쓸 때요."

"하루에 한 장씩만 쓰면 모두 매일 쓸 수 있어요."

"딱지 접고 싶을 땐 두 장이 필요하잖아요. 더 많이 필요할 때는 어떻게 해요?"

"친구들마다 사용하고 싶은 색종이 개수가 다르니까 다섯 장까지 쓸 수 있도록 해요."

"우리들이 만든 약속을 함께 지켜볼까? 불편함이 생기면 다시 이야기를 나누자."

★ 함께 만든 약속

- 색종이 1~5장 정도 사용할 수 있으나, 내가 필요한 만큼만 쓰기
- 종이접기한 색종이는 다시 펴서 정리하기

2 테이프를 사용한 종이는 재활용이 안 된다고?

* **이야기의 시작(불편함의 발생)**

아이들이 많이 사용하는 미술 재료는 테이프입니다. 가만히 아이들의 놀이를 들여다보면 테이프를 사용하는 이유가 분명히 있습니다. 교사는 아이들과 학급에서 재료를 붙일 수 있는 도구를 살펴보고, 종이의 올바른 분리배출을 위해 더 지원할 재료가 있는지 알아봅니다.

* **학급의 이야기**

"붙이는 도구인 풀은 언제 사용하니?"

"색종이끼리 붙일 때 써요. 근데 풀은 잘 안 붙을 때가 있고 마르려면 시간이 걸려요."

"풀과 비슷한 테이프는 언제 사용하니?"

"빨리 붙일 때요." / "구겨지지 않기 위해 코팅할 때요." / "스티커처럼 만들 때요."

"풀은 마르는 데 시간이 걸리고 잘 안 붙어서 불편하고, 테이프는 어떤 재료든 쉽게 붙일 수 있구나. 테이프가 편리한 만큼, 우리가 테이프가 붙은 종이를 버릴 때는 테이프를 다 떼주어야 해."

"테이프 사용을 줄이기 위해서 미술 재료로 필요한 것이 있을까?"

> ★ 함께 만든 약속
> - 붙이는 재료에 따라 풀(고체풀, 목공풀)과 테이프를 구분하여 사용하기
> - 붙였다 떼었다 반복하고 싶을 때는 재접착풀을 이용하기
> - 종이에 테이프를 사용한 경우, 테이프는 반드시 떼기

3 사용하고 남은 종이류를 다시 사용하는 방법은?

* 이야기의 시작(불편함의 발생)

작은 자투리 종이는 아이들이 잘 사용하지 않습니다. 아이들은 새 종이를 찾으며, 구겨지거나 자른 흔적, 낙서가 있는 종이는 버려집니다. 이런 종이를 다른 방법으로 사용할 수 있을까요?

* 학급의 이야기

"작은 것도 필요한 사람이 쓰도록 모아두자!" → 작은 종이 바구니 활용

"(작은 종이를 내밀며) 선생님, 글씨 좀 써주세요!" → 언어 카드로 이용

"(하트, 별 모양 등을 만들며) 더 예쁘게 붙이자!" → 모양 펀치, 모양 자 활용

> ★ 함께 만든 약속
> - 사용하고 남은 종이는 잘라서 작은 종이 바구니에 넣기
> - 글씨 쓰는 종이로 사용하기
> - 모양 도구를 이용하여 꾸미기 재료로 사용하기

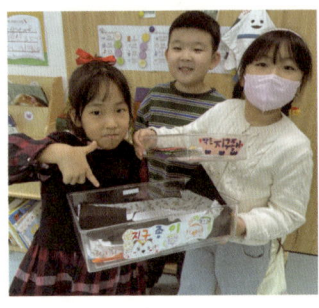
작은 종이 바구니함

언어 카드 활용

모양 펀치 사용

―― **SDGs 연결 고리** ――

3	자원을 필요한 만큼 효율적으로 사용하는 습관은 나를 포함한 우리들의 삶이 행복할 수 있도록 도와줍니다. 누군가에 의해 행복한 삶을 보장받는 것도 중요하지만, 나의 행동으로 건강한 현재와 미래를 실현하는 데 보탬이 될 수 있습니다.
12	조금만 생각하면 우리 주변에 있는 종이는 불필요한 과소비 없이 놀이 재료로 충분히 사용가능합니다. 다양한 재질의 종이를 인식하고, 필요한 곳에 사용하는 습관을 형성하는 것이 그 방법입니다. 종이를 사용하는 습관을 통해 지속가능한 소비를 달성하는 데 도움이 됩니다.
15	종이의 재활용률이 높아지면 새로운 종이를 만들기 위해 이전처럼 나무를 무분별하게 베지 않습니다. 그래도 종이의 근본적인 재료는 나무이므로 함께 공존하는 나무의 필요성을 인식해야 자원의 적당한 사용이 가능합니다. 이는 육상생태계를 보전하는 마음의 밑거름이 됩니다.
17	우리 사회는 함께 살아가는 공간입니다. 혼자서만 종이를 재활용하는 방법을 알고 실천하는 것보다 나의 지식과 행동을 다른 사람에게 알려주고 같이 실천하는 것이 중요합니다. 더 나은 방향으로 변화하고 싶다면, 구성원들 간의 협의를 통해 새로운 문화를 형성해 보세요. 우리들이 먼저 협력할 수 있어야 더 커다란 세계 속에서도 협력할 힘이 생깁니다.

교사 및 아이의 성장이야기

종이 자원을 다른 말로 '무한한 자원'이라 합니다. 분리배출만 잘된다면 종이는 몇 번이고도 다시 사용할 수 있다는 뜻이지요. 사실 종이도 재활용이 되는 종류가 따로 있습니다. 최대한 재활용이 가능한 종이 위주로 제공하며, 종이에 붙은 이물질은 스스로 정리해 분리배출하는 습관을 형성하도록 지원하는 것이 필요합니다. 교사는 아이가 종이 재활용의 의미를 이해하고 실천하는 관계성을 알려주는 것만으로도 큰 역할을 한 것입니다.

우리는 지속가능발전 사회에서 모두 함께 살아가고 있음을 꼭 생각해야 합니다. 아이들은 자신이 필요한 만큼 사용하는 '절제'와 다음 사람이 활용할 수 있는 자원을 남겨놓는 '배려심'을 유아기 때부터 형성한다면 바른 인성을 함양할 수 있습니다.

현장 적용 tip!

Q. 아이들이 종이에 대해 관심을 갖게 하기 위해서 교사가 지원할 부분이 있을까요?
A. 종이는 수거된 대량의 종이와 소량의 나무 섬유를 이용하여 만듭니다. 현대사회에는 종이를 순환하여 사용하므로 나무의 사용량이 상대적으로 줄었습니다. 그래도 종이의 원천은 나무이기 때문에 아이들이 나무와 상호보완적인 관계를 인식하도록 지원하는 것이 매우 필요합니다.

Q. 접착이 있는 이물질은 무조건 분리배출할 때 제거해야 하나요?
A. 우리가 사용하는 종이테이프, 스티커는 모두 일반 쓰레기입니다. 기술이 발전하여 물에 잘 녹는 수해리(리펄프) 테이프를 사용하면 따로 제거를 하지 않아도 됩니다.

Q. 어떤 종이를 사용하는 것이 환경에 도움이 될까요?

A. FSC 인증(지속가능한 산림 관리를 위해 개발한 세계 인증 제도)마크가 있는 종이 제품을 사용하는 것이 환경보전에 도움이 됩니다. 무분별하게 벤 나무가 아니라 순환림 속의 나무이기 때문에 더욱 안심하고 사용할 수 있습니다. 소비자는 환경에 도움이 되는 물건을 구입하는 게 합리적 소비를 위한 길입니다.

2) 버려진 그림책의 재탄생

놀이의 시작

그림책의 한 장면이 찢어진 채 도서실 바닥에 놓여있네요! 한 아이가 "저 이거 무슨 책인지 알아요!" 하면서 책장으로 가서 그림책 한 권을 가져옵니다. 얼마나 자주 보고, 좋아하는 책인지 한 장면만 보고도 어떤 그림책인지 단번에 알아봅니다. 아이들은 재미있는 책은 몇 번이고 보고 또 보며 손에서 쉽게 놓지 않지요. 아이들의 사랑을 듬뿍 받은 책들은 어느새 손때가 가득하고, 표지는 물론 속지까지 낡아 너덜너덜해진 경우가 많습니다. 교육기관에서는 이렇게 많이 낡아진 책들을 보수하거나 폐기해야 하는 시기가 찾아옵니다. 아이들이 함께한 흔적이 담긴 이 책들을 그냥 버리기에는 아쉬운 마음이 듭니다. 낡고 해진 그림책들을 되살릴 수 있는 방법을 아이들과 함께 고민해봅니다.

놀이 흐름 한눈에 보기
---

1. 우리는 그림책 의사 선생님	• 그림책 건강 신호등 • 버려지는 그림책의 마음 생각하기

⌄

2. 사용하지 않는 그림책에 숨 불어넣기	• 그림책에 상상 더하기 • 다시 태어난 그림책

⌄

3. 그림책을 바꿔 읽자	• 그림책 순환 나눔터 • 그림책 물려주기

놀이 풀어가기
---

1. 우리는 그림책 의사 선생님

우리는 몸과 마음이 아플 때 병원을 찾아갑니다. 그림책도 몸과 마음이 아플 때 갈 수 있는 병원이 있다면 어떨까요? 찢어지고 망가진 그림책을 보며 아이들은 어떤 생각을 하는지 귀를 기울여 보세요. 그 그림책을 어떻게 도와주고 싶은지, 그림책의 마음은 어떨지 함께 생각하면서 아이들이 그림책을 애정과 존중의 태도를 기를 수 있도록 지원해 주세요. 그림책에 숨을 불어넣으면, 아이들은 그림책을 더 소중히 여기게 됩니다. 그림책이 다시 태어날 수 있도록 도와주는 과정은 아이들이 서로를 돌보고, 세상을 존중하는 마음을 키우는 데 좋은 영향을 줍니다.

그림책 건강 신호등

* **자료** 낡은(망가진) 그림책들, 원형 스티커(빨강, 노랑, 초록)

* **방법**

① 우리가 생각하는 낡은(망가진) 그림책은 무엇일지 이야기 나눈다.

 "낡은(망가진) 그림책은 어떤 그림책일까? 왜 그렇게 생각했니?"

② 교실(도서실)에서 낡은 그림책을 찾아본다.

 "낡았다고(망가졌다고) 생각한 그림책을 모두 찾아보자."

③ 아이들이 찾아온 낡은 그림책을 관찰하며 토의한다.

 (속지가 찢어진 책, 표지와 속지가 분리된 책, 속지 일부가 없어진 책 등으로 분류하며, 그림책의 구조에

대해 살펴볼 수 있다.)

"이 그림책은 어쩌다 찢어진 걸까?"

"표지에서 속지가 떨어졌는데, 표지랑 속지가 연결된 부분을 살펴볼까?"

"그림책 속에 장면이 사라졌어. 어떤 내용이 있었을까?"

④ 그림책 상태에 따라 신호등 스티커를 붙인다.
- 빨강: 버려야 할 책(너무 많이 훼손되어 더 이상 사용하기 어려운 책)
- 노랑: 보수해서 볼 책(일부 손상되었지만 보수해서 계속 볼 수 있는 책)
- 초록: 계속 봐도 괜찮은 책(손상되지 않거나 가벼운 손상만 있는 책)

⑤ '그림책 건강 신호등'에 따라 분류된 그림책을 활용(보수)할 방법을 이야기 나눈다.

"빨강색/노랑색 그림책을 어떻게 도와주고 싶니?"

"책은 읽지 않거나 찢어지면 그림책으로서 쓸모를 다 한 것일까?"

"사람들이 다시 책에 관심을 두도록 하려면 어떻게 해야 할까?"

"겉표지와 속표지가 분리되었는데, 이 그림책을 더 사용할 수 있을까?"

낡은 그림책 관찰하기

그림책 건강 신호등

버려지는 그림책의 마음 생각하기

∗ 자료 버리는 그림책, 표정스티커, 색종이, 꾸미기 도구(사인펜, 색연필, 가위, 풀)

∗ 방법

① 그림책이 만들어진 이유와 우리가 그림책을 보는 이유를 생각한다.

② 그림책을 버린 경험과 이유를 이야기한다.

"이사를 가면서 책이 무거워서 버렸어요." / "책이 시시해져서 버렸어요."

③ 내가 만약 버려지는 그림책이라면 어떤 기분일지 표현한다.
- 긍정의 감정 : "나를 많이 사랑해 줘서 고마워." / "만나서 행복했어."
- 슬픔의 감정 : "나를 많이 찢어서 아파." / "나를 보지 않아서 속상해."

④ 버려진 그림책을 살펴보며 겉표지에 책의 마음을 표현한다.
- 어린 연령: 겉표지 등장인물 얼굴에 스티커를 붙여 그림책 등장인물의 마음 고려하기
- 큰 연령: 책의 표정을 만들어 겉표지에 붙이며 그림책 자체의 마음에 초점 두기

⑤ 자신이 그림책이 되어 등장인물이나 그림책의 표정을 보고 따라 표현한다.

⑥ 그림책이 다시 태어난다면, 어떻게 태어나고 싶을지 상상 이야기를 꾸며본다.

겉표지를 이용한 등장인물의 속마음

버려진 그림책의 표정 상상하기

2. 사용하지 않는 그림책에 숨 불어넣기

그림책은 종이로 만들어졌기 때문에 재활용이 된다고 생각할 수 있습니다. 그러나 그림책은 사람들의 편리함을 위해 종이에 코팅하여 다른 재질로 바뀌므로 재활용이 어렵습니다. 이러한 그림책을 종이 자원으로 인식한다면, 사용하지 않는 책을 쓰레기로 버리는 것이 아니라 다른 쓸모가 있는지 생각해보며, 실천으로 이끌어냅니다. 지금 당장 우리 주변에서 잠자고 있는 책들을 깨워보는 건 어떨까요?

그림책에 상상 더하기

* **자료** 여백이 많은 그림책, 꾸미기 도구(사인펜, 색연필, 가위, 풀)

* **방법**

① 사용하지 않는 그림책을 읽고 줄거리를 파악한다.

② 그림책에 들어가면 재밌을 내용을 상상한다.
  "새로운 인물을 등장시켜요." / "등장인물의 말을 바꿔볼래요."

③ 다양한 방법으로 그림책에 상상한 내용을 표현한다.

④ 그림책 제목을 수정하며 그림책 작가 이름 밑에 각색한 사람의 이름을 적는다.

⑤ 다른 사람들에게 각색한 그림책을 소개한다.

다시 태어난 그림책

* **자료** 사용하지 않는 그림책, 꾸미기 도구(사인펜, 색연필, 가위, 풀)

* **방법**

① 다양한 패러디 그림책을 감상한다.

　　(팥죽할멈과 호랑이&팥죽호랑이와 일곱녀석, 아기돼지 삼형제&늑대가 들려주는 아기돼지 삼형제, 토끼와 거북이&슈퍼토끼&슈퍼거북 등)

② 사용하지 않는 그림책에서 필요한 인물, 소품이나 글자를 찾아 오린다.

③ 자신만의 방식으로 그림과 글을 배치하여 새로운 줄거리의 그림책을 만든다.

그림책에 상상 더하기

그림을 재배치하여 구성　　　　　그림을 활용한 동화 각색

3. 그림책을 바꿔 읽자

지금까지 아이들에게 소중한 그림책을 오래도록 활용하고 종이 자원의 시각에서 바라보며 사용하지 않는 그림책으로 놀이하는 방법을 알아보았습니다. 하지만 재활용이 어려운 그림책을 가장 효율적으로 재활용하는 방법은 '교환'입니다. 자원순환 하듯이 내가 읽었던 책을 필요한 사람에게 나누고, 다른 사람이 보았던 책을 가져오는 것이지요. 이외에 교육기관이나 공공기관에서 하나의 도서를 여러 명이 돌아가며 빌려보는 것도 자원순환의 한 방법입니다. 사람들이 책을 소중하게 다루어 미래 세대까지 자원순환이 잘 이루어질 수 있도록 책을 대하는 방법을 함께 고민하고 이를 실천하는 것이 필요합니다.

그림책 순환 나눔터

* **자료** 나눔터에 기부하는 책, 나눔 쪽지

* **방법**
① 가정에서 더 이상 읽지 않는 그림책을 가져온다.
② 기부한 아이가 그림책을 어떤 사람이 읽으면 좋을지 생각하며 나눔 쪽지에 적는다.
③ 그림책을 선택한 아이는 기부한 아이에게 감사한 마음을 나눔 쪽지에 적는다.
④ 나눔 쪽지는 그림책을 기부한 아이에게 전달한다.
⑤ 행사 후에는 '그림책 순환 나눔터'의 공간을 만들어 책을 상시 교환하도록 한다.

그림책 물려주기: 그림책을 함께 오래 보는 방법

∗ 자료 약속 판, 쓰기 도구

∗ 방법

① 교육기관에서 그림책을 오래 볼 수 있는 방법을 토의한다.

 "(망가진 그림책을 제시하며) 책을 읽었을 때 불편한 점이 있니?"

 "책이 잘 찢어지는 이유는 무엇일까?"

 "겉표지와 속표지는 왜 자주 떨어질까?"

 "책을 어떻게 하면 오래 볼 수 있을까?"

② 토의한 결과를 바탕으로 그림책을 소중히 여기는 방법을 정해 약속 판에 적는다.

③ 그림책을 함께 오래 보는 약속 판을 학급 책꽂이와 도서관에 게시한다.

그림책 순환 나눔터 조성

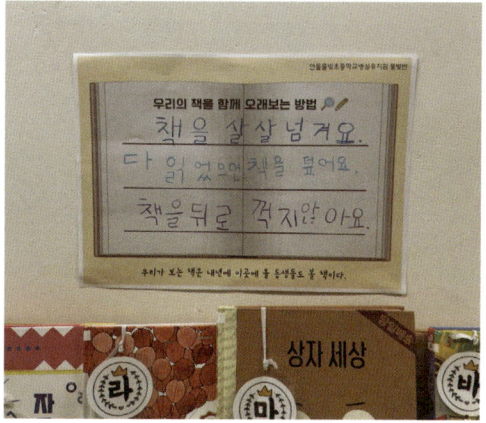

그림책 약속 판

제3부. 지속가능발전 놀이를 위하여

SDGs 연결 고리

아이들은 그림책을 읽으며 작가의 의도를 상상합니다. 반대로 버려지는 그림책을 다양한 방법으로 활용하면, 아이들은 새롭게 그림책에 접근하여 상상력을 키울 수 있습니다. 사물을 새로운 시각으로 바라보는 힘을 기르며 교육에 대한 질이 높아집니다.

집에서 잠자고 있는 그림책은 몇 권 정도 인가요? 자신이 소장한 그림책 중에서도 더 필요한 사람에게 나누는 것은 소비자가 할 수 있는 지속가능한 소비입니다. 그림책을 나누는 과정에서 의미 있는 나눔이 되기 위해 다른 사람에게 그림책을 보내는 마음과 그림책의 새 주인이 된 마음을 서로에게 글을 남기는 것 또한 책임감 있는 소비의 한 부분입니다.

그림책은 독자의 눈을 즐겁게 하고자 다양한 색채를 사용하고, 보관의 편의를 위해 코팅을 하기 때문에 재활용이 어렵습니다. 사용하지 않는 그림책을 또 다른 용도로 활용한다면 이것이 바로 "그림책 재활용"입니다. 이를 통해 또 다른 종이를 사용하지 않으면서 종이를 사용할 수 있을 만큼 활용한다면, 육상생태계 보전을 위해 충분히 노력한 것입니다.

어떤 물건이든지 사용할 수 있을 만큼 오래 사용하는 것이 우리 사회에서 매우 필요합니다. 그렇다면, 공동으로 이용하는 그림책을 오랜 시간 동안 함께 보기 위해서는 서로 간의 지켜야 할 약속이 필요합니다. 정한 약속을 함께 실천하는 것이 지구촌 협력 강화를 위한 우리들의 첫걸음입니다.

교사 및 아이의 성장이야기

　새로 나온 그림책이 홍수처럼 쏟아지는 요즘 같은 때 점점 오래된 책들은 도서관과 학급 문고에 쌓이게 되어 결국 아이들의 손길이 닿지 않게 됩니다. 교사는 작가들의 글과 그림에 개성이 담긴 종이들의 모음인 그림책을 어떻게 다시 사용할 수 있을지 고민이 많았습니다. 여러 상황을 거쳐 아이들의 눈 밖에 있는 그림책을 바라보는 시각을 전환하고 그림책의 쓸모를 다시 생각하며, 새롭게 그림책을 활용할 수 있는 방법을 찾게 되었지요. 이를 통해 아이들이 그림책에 더 가까이 접하는 계기가 되었습니다.

　자신이 보았던 그림책에 담긴 사연을 적고 이에 관심 있는 아이가 그림책의 새로운 주인이 되며, 나눔을 통해서도 서로 소통할 수 있음을 배웠습니다. 일방적인 나눔이 아닌 나누는 사람의 마음을 인식하고 필요한 사람이 책을 선택하는 방법은 나눔에 대한 긍정적인 시각과 그림책에 대한 애착심을 높입니다.

현장 적용 tip!

Q. 교육기관도 그림책을 폐기하는 절차가 있나요?
A. 지역교육청의 「학교도서관 자료 관리 매뉴얼」에 폐기 절차가 안내되어 있습니다.
(폐기자료 선정-목록 작성-운영위원회 심의-폐기 기안-도서대장 정리-폐기도서 처리 순)

Q. 교육기관에 폐기 도서가 없어요. 사용하지 않는 그림책을 얻는 방법이 있을까요?
A. 가정과의 연계를 통해 집에서 읽지 않는 그림책을 제공받을 수 있습니다. 또한 지역도서관에서 간혹 폐기 도서를 나누기도 합니다. 인근 도서관에 문의를 해보시기를 바랍니다.

Q. 버리는 그림책을 학급에서 자유롭게 사용할 수 있도록 하고 싶은데, 아이가 모든 그림책을 오릴 수 있다고 생각할 수 있어 걱정입니다.

A. 대집단으로 오릴 수 있는 그림책은 모두가 읽지 않는 것으로 선정한 후 소개하는 것이 중요합니다. 놀이 재료로 사용하는 책은 책꽂이와 다른 공간에 따로 배치하여 아이들이 헷갈리지 않게 해야 합니다. 또한, 우리가 읽고 있는 책과 폐기 도서가 섞이지 않도록 폐기 도서를 나타내는 스티커를 붙이는 방법이 있습니다.

3) 자연으로 돌아가는 점토놀이

--- 놀이의 시작 ---

아이들이 가장 관심 있어 하고 좋아하는 놀이 중 하나가 점토 놀이입니다. 한번 놀이를 시작하면 한참을 놀이하고 이것저것을 만들어내며 성취감을 느끼기도 합니다. 또 점토 놀이는 대·소근육 발달과 창의력발달은 물론 정서 및 사회성 발달에도 도움을 주는 매우 유익한 놀이로 알려져 있습니다. 그런 만큼 종류도 많고 다양하지요. 밀가루점토, 경량점토, 유토 등 다양한 종류만큼 특성도 다릅니다. 아이들이 좋아하고 유익한 놀잇감인 점토를 가지고 좀 더 다양하게, 좀 더 지속가능한 방향으로 놀이해보면 어떨까요?

--- 놀이 흐름 한눈에 보기 ---

1. 굳은 점토로도 놀이해요	• 굳은 찰흙으로 그리는 그림 • 굳은 점토로 만드는 작품

⇩

2. 직접 만드는 점토	• 점토는 어떻게 만들까? • 주무르고 늘리고 밀가루 점토 • 자연을 위한 커피 찌꺼기 점토

⇩

3. 자연에 돌려주는 점토	• 먹이를 나누는 점토 동물 • 커피 찌꺼기 씨드밤

제3부. 지속가능발전 놀이를 위하여

―― 놀이 풀어가기 ――

1. 굳은 점토로도 놀이해요

어떤 기관이든 또 어떤 학급이든 교실 한편에 늘 비치된 놀이 재료 중 한 가지가 바로 점토입니다. 점토 찍기부터 시작한 아이들은 색을 섞어보거나 동글납작하게 빚어보기도 하며 점토로 다양한 놀이를 합니다. 그렇게 한참 놀이하다 보면 어느새 굳은 점토들이 이곳저곳에서 보입니다. 이렇게 남겨진 굳은 점토를 버리는 것이 아니라 다시 놀이하는 방법을 생각해 보고, 그 방법으로 놀이해 봅니다.

굳은 찰흙으로 그리는 그림

* **자료** 점토(찰흙), 물, 붓, 색연필, 물감 등

* **방법**
① 굳어서 딱딱해진 점토를 살펴본다.
  "점토를 만지면, 어떤 느낌이 드니?"
② 점토에 물을 부어가며 점토의 변화를 살핀다.
  "딱딱했던 점토에 물을 부었을 때 점토는 어떻게 변했니?"
③ 묽어진 점토로 손도장을 찍거나, 그림을 그린 후 평평한 곳에 두어 말린다.
④ 잘 마른 흙 그림이나 손도장을 확장하여 표현한다.
⑤ 놀이가 끝나고 자신의 결과물을 친구들에게 소개한 후 전시한다.

굳은 점토로 만드는 작품

* **자료** 굳은 점토, 가위, 색칠 도구(사인펜, 마카 등), 비즈공예 줄

* **방법**

① 굳어서 딱딱해진 점토를 살펴본다.

 "처음에 놀이했던 점토랑 지금의 점토랑 어떻게 다르니?"

 "이 점토를 만져보니 어떠니? 굳은 찰흙과는 어떤 점이 다르니?"

② 굳은 점토를 이용해 어떤 놀이를 할 수 있을지 살핀다.

 "굳은 점토로 무슨 놀이를 할 수 있을까?"

③ 아이들이 제시한 방법으로 놀이해 본다.

굳은 점토 탐색 놀이

굳은 점토 모자이크

굳은 점토로 만든 팔찌

굳은 점토 탐색

점토 물로 그림그리기

점토 손도장 찍기

점토로 그린 그림

2. 직접 만드는 점토

　아이들은 점토 놀이를 하며, 점토 자체에 관심을 보이기 시작합니다. 어떤 점토는 가볍고, 또 어떤 점토는 무겁습니다. 어떤 점토는 색이 하얗고, 어떤 점토는 까맣기도 합니다. '왜 점토마다 다를까? 또 점토는 시간이 지날수록 딱딱해지는데 왜 굳는 걸까? 굳지 않는 점토는 없을까?' 점토에 관해 여러 가지 궁금증이 생깁니다. 그러면서 아이들은 직접 점토를 만들어서 놀이하자고 제안합니다. 또, 우리가 만드는 점토는 재료가 좀 더 잘 분해되어 자연으로 돌아갈 수 있고 환경을 보호하는 데 도움이 되는 재료로 만들었으면 좋겠다고 이야기합니다. 그 과정에서 교사의 제시로 커피 찌꺼기에 관심을 갖게 됩니다. 커피 찌꺼기가 많이 배출되면서 다양한 처리 방법을 연구하고 있음을 알게 되고, 커피 찌꺼기와 그 처리에 아이들의 관심이 닿으면서 커피 찌꺼기를 활용해 점토를 만들어 놀이해 보기로 합니다.

점토는 어떻게 만들까?

* **자료** 점토 제작 관련 동영상이나 이야기 나누기용 자료, 궁금이 상자, 점토

* **방법**

① 아이들이 즐겨 사용하는 점토를 궁금이 상자로 제시한다.

② 아이가 나와 만져보고 그 느낌을 이야기한다.

③ 점토를 소개하고 만들어지는 과정을 추측한다.

　"점토는 무엇으로 만들까?" / "혹시 너희들 점토를 만들어 본 적이 있니?"

④ 점토가 만들어지는 과정을 알아본다.

주무르고 늘리고 밀가루 점토

* **자료** 그림책 『주무르고 늘리고』, 밀가루, 소금, 식용유, 넓은 그릇, 물

* **방법**

① 『주무르고 늘리고』를 읽고 이야기 나눈다.

② 넓은 그릇에 밀가루를 제시하여 충분히 탐색해 본다.

③ 밀가루로 놀이할 수 있는 여러 가지 방법을 생각해 본다.

④ 밀가루에 물을 떨어뜨려 변화를 살펴본다.

⑤ 밀가루의 변화를 살펴보고 밀가루 점토 만드는 방법을 안내한다.

⑥ 만든 밀가루 점토로 놀이한다.

자연을 위하는 커피 찌꺼기 점토

* **자료** 커피 찌꺼기(커피박), 물, 투명 컵이나 페트병, 따뜻한 물, 소금, 넓은 그릇

* **방법**

① 커피 찌꺼기를 제시한다.

　"이 가루는 무엇일까?"

　"어? 엄마가 마시는 커피 냄새가 나요." / "여기다 물 넣으면 다시 커피가 되나?"

② 커피 찌꺼기로 무엇을 할 수 있을지 이야기 나눈다.

　"그런데 그럼 커피를 만들고 난 찌꺼기들은 어디로 갈까?"

　"다시 커피가 되는 거 아닐까요? 아니면 커피 과자요?"

　"이 커피 찌꺼기로 우리가 사용하는 점토도 만들 수 있어."

③ 커피 찌꺼기 점토를 만드는 방법을 소개한다.

　• 따뜻한 물에 소금 한 숟가락을 타 소금물을 만든다.

- 말린 커피 가루와 밀가루를 한 컵씩 1:1로 섞는다.
- 미리 준비해 둔 소금물을 넣어가며 반죽한다.
- 적당한 물성이 되면 점토놀이를 시작한다.

④ 커피 찌꺼기 점토로 놀이한다.

"우리가 만든 커피 찌꺼기 점토로 무얼 만들 수 있을까?"

⑤ 커피 찌꺼기 점토로 놀이한 소감을 이야기 나눈다.

"향긋한 커피 향이 나요", "색이 까매요"

⑥ 커피 찌꺼기 점토의 개선할 점과 대체할 수 있는 점토에 관해 이야기 나눈다.

"커피 찌꺼기 점토를 어떻게 하면 더 사용하기 좋을까?"

"커피 찌꺼기 대신 점토를 만들 수 있는 것은 어떤 것이 있을까?"

★ TIP

커피 찌꺼기 점토는 잘 건조 시키지 않으면 곰팡이가 생기기 쉽습니다. 방향을 계속 바꾸어서 자연풍에 꼼꼼히 말려주는 것이 중요합니다. 자주 뒤집기를 해서 여러 방향으로 잘 말려주어야 곰팡이가 피질 않습니다. 오븐을 이용해 살짝 굽거나 온장고를 이용해 건조 시키면 곰팡이가 생기는 것을 방지할 수 있습니다.

밀가루 탐색

밀가루 점토 놀이

커피 찌꺼기 살펴보기

3. 자연에 돌려주는 점토놀이

한참 동안 재미있게 놀이한 점토와 커피 찌꺼기를 활용해 주변 환경에 도움이 되는 일을 할 수는 없을까요? 아이들과 함께 궁리합니다. 궁리 끝에 추운 겨울에 먹을 수 있는 동물들의 먹이를 만들어 공원에 놓아주기로 정합니다. 또 이것과 함께 요즘 환경문제로 대두되는 커피 찌꺼기를 활용해 자연을 이롭게 하는 방법을 떠올립니다.

먹이를 나누는 점토 동물

* **자료** 찰흙, 검은콩, 병아리콩 등의 곡류, 호두 등 견과류
* **방법**

① 찰흙으로 동물 모양 등 원하는 모양으로 작품을 만든다.
② 점토 작품에 곡류를 붙여 눈, 코 등을 꾸며 완성한 후 만든 작품을 소개하고 감상한다.
③ 동물들이 점토작품 속의 곡물을 먹을 수 있도록 공원에 전시하고 돌아온다.

동물의 먹이가 든 찰흙 작품   공원에 놓아두고 온 점토공룡   공원에 놓아두고 온 점토작품

커피 찌꺼기 씨드밤

* **자료** 커피 찌꺼기, 씨앗, 황토(흙), 물

* **방법**

① 커피 찌꺼기 점토와 커피 찌꺼기로 만들 수 있는 것들에 대해 이야기 나눈다.

　"우리가 놀이한 커피 찌꺼기 점토로 무얼 만들 수 있을까?"

　"화분도 만들 수 있고, 열쇠고리도 만들 수 있고, 아니면 식물이 잘 자라게 하는 비료도 만들 수 있어."

　"커피 찌꺼기는 그냥 버리면 쓰레기가 되지만, 다시 잘 활용하면 점토 말고도 자연을 사랑하는 여러 가지를 만들 수 있대."

② 자료를 제시한다.

　"오늘은 여기 있는 커피 찌꺼기, 씨앗, 흙으로 우리가 지구를 사랑하는 물건을 만들어볼 거야. 무엇을 만들 수 있을까?"

③ 씨드밤에 대해 소개한다.

　"씨드밤은 씨앗과 점토, 영양분 등을 흙과 함께 뭉친 덩어리를 말하는데, '씨앗폭탄'이라고도 해."

④ 씨드밤 만드는 방법을 소개한다.
- 씨앗, 황토(흙), 커피 찌꺼기를 그릇에 넣고 섞는다.
- 조금씩 물을 붓는다.
- 잘 섞은 반죽을 공 모양으로 빚는다.
- 볕이 잘 드는 곳에 두어 3시간 정도 말린다.

⑤ 잘 마른 씨드밤을 토양이 풍부한 곳에 던져주거나 심는다.

씨드밤 만들기

씨드밤 담기

씨드밤 심기

SDGs 연결 고리

	점토를 이루는 물질에 관심을 가지고 탐색하는 것은 나를 둘러싼 자연과 주변 사물에 호기심을 갖는 활동까지 확대됩니다. 이러한 과정은 모두를 위한 양질의 교육의 토대가 됩니다.
	지속가능한 생산과 소비에서 가장 중요한 것 중 하나가 자원을 소중히 여기고 아끼는 것입니다. 굳은 점토를 사용해서 다시 놀이하고, 커피 찌꺼기로 점토를 만들어 놀이하는 등 물건을 재사용함으로써 쓰레기를 줄일 수 있습니다. 이러한 활동은 아이들이 지속가능한 생산과 소비 목표를 위한 작지만 큰 행동입니다.
	아이들이 만든 점토 동물을 공원에 놓아 겨울철 동물들의 먹이를 제공하고, 씨드밤을 만들어 주변을 가꾸는 등 육상생태계를 보전하기 위한 행동을 실천할 수 있습니다.
	서로의 작품을 소중히 여기기, 친구들과 힘을 합쳐 점토 만들기, 점토 동물을 만들어 공원에 놓고 오기 등 더불어 살기 좋은 주변을 만들기 위해 아이들의 생각을 모아 함께 실천해봅니다. 이러한 경험은 지구촌 협력 강화 실현에 한 걸음 더 다가갈 수 있습니다.

교사 및 아이의 성장이야기

교육기관에서 점토는 아이들이 좋아하고 가장 쉽게 구할 수 있어 즐겨 사용하는 놀잇감 중 하나입니다. 하지만 점토는 쉽게 굳는 특성 때문에 놀이하다 보면 어느새 굳어 딱딱해지고, 굳은 점토에 아이들은 별다른 흥미를 보이지 보이지 않을 때가 많습니다. 아이들과 굳은 점토를 활용해 놀이하면서 점토의 재료와 속성에 대해 알게 되었으며, 더 나아가 제로웨이스트, 리사이클링에 대해서도 관심을 가지게 되었습니다. 또 아이들과 함께 점토 재료들을 살펴보며 점토는 다양한 물질로 만들 수 있을 수 있음을 알게 되었고, 점토를 만드는 회사들도 점점 덜 해로운 원료로 만들기 위해 노력하고 있음을 알게 되었습니다. 이 과정에서 좀 덜 해로운 점토, 친환경 물질들에 대해서도 관심을 가지게 되었지요. 아이들과 함께 색이 화려하고 잘 만들어지는 점토보다 우리가 직접 만들어서 사용하는 점토, 쉽게 분해되는 친환경적인 점토를 사용하겠다는 생각을 통해 지속가능한 생산과 소비의 기초의식을 갖게 되었답니다.

현장 적용 tip!

Q. 커피 찌꺼기는 어디에서 얻을 수 있나요?
A. 커피 찌꺼기는 주변 커피점에 방문하면 쉽게 얻을 수 있으며 점토를 만들고 난 커피 찌꺼기는 방향제로 사용할 수 있습니다.

Q. 남은 커피 찌꺼기는 어떻게 처리되나요?
A. 커피 추출 과정에서 커피 원두는 약 3퍼센트만 사용되고, 나머지 97퍼센트 정도는 '(커피를 추출하는 과정에서 발생하는 원두 찌꺼기)커피 찌꺼기'로 분류되어 일반쓰레기로 버려집니다. 그런 이유로 요즘 여러 기업과 단체들은 커피 찌꺼기를 재활용하는 방

법을 연구하고 있으며, 이미 몇몇 자치단체에서는 '무상 커피 찌꺼기 재활용 처리 시스템'을 구축하고 있기도 합니다.

이렇게 커피찌꺼기를 사용해 점토를 만들고 그것으로 화분을 만드는 것처럼 필요한 범위에서 폐기물의 발생을 억제하는 것은 자원순환의 일부가 됩니다. 발생한 폐기물을 재활용 또는 재생이용의 순환과정을 거쳐 자연, 생태계가 그 자체로써 긍정적으로 돌아갈 수 있도록 하는 것이 자원순환의 일부이기 때문입니다. 우리나라에서는 자원의 절약과 재활용 촉진에 관한 법률 등에서 재활용과 분리수거를 촉진하는 등 자원을 순환적으로 이용하도록 함으로써 환경 보전과 국민경제의 건전한 발전을 꾀하고 있습니다. 그 일환으로 여러 기업과 기관에서 분리된 폐기물을 다시 자원으로 활용하여 다른 제품의 원료로 이용하고 있습니다. 이와 관련하여 커피 찌꺼기는 친환경키트, 화장품, 건강보조식품, 제과제빵, 퇴비 등으로 다시 재활용되고 있습니다.

Q. 커피 찌꺼기를 활용해 어떤 놀이를 할 수 있을까요?

A. 커피 찌꺼기를 살펴보며 아이들은 물을 부어 다시 커피를 만들 수 있음을 많이 이야기합니다. 이때 투명한 컵이나 병과 물을 함께 제시하면 아이들은 한참 커피 물 만들기에 집중하여 변화 과정을 살피며 놀이합니다. 이는 용해, 농도와 관련된 과학 활동으로 연계할 수 있고, 또 카페 놀이로도 확장할 수 있습니다.

4) 지구사랑 꽃가게놀이

놀이의 시작

봄이면 여기저기에서 피어나는 아름다운 봄꽃! 아이들이 꽃들의 아름다움과 고마움을 느끼며 자신의 생각을 확장할 수 있도록 봄꽃들을 교실로 들여와 꽃가게를 엽니다. 아이들은 꽃가게 놀이를 하면서 "왜 살아있는 꽃을 꺾어서 팔아요?", "그런데 꽃은 어디다 버려요? 다시 심어줘요?", "시든 꽃들은 어디로 가요?" 등 궁금한 점들을 이야기합니다. 그동안 따뜻한 봄의 고마움과 아름다움 그리고 경제개념을 기를 수 있다는 기대감으로만 꽃가게 놀이를 하던 교사는 또 다른 고민을 하게 됩니다. "우리에게 아름다움과 향기를 주는 고마운 꽃처럼 우리도 쓰레기를 줄여서 지구를 돕는 꽃가게놀이를 해볼까?"라는 이야기를 시작으로 평범했던 꽃가게 놀이를 '지구사랑 꽃가게놀이'로 바꿔가 봅니다.

놀이 흐름 한눈에 보기

1. 꽃가게 놀이	• 꽃가게에는 무엇이 필요할까? • 함께 꽃가게를 꾸미고 놀이해요

⇓

2. 시들지 않는 꽃	• 조화는 어떤 꽃일까?

⇓

3. 지구 사랑 꽃가게	• 가게를 재활용품으로 꾸며요 • 지구를 사랑하는 꽃

놀이 풀어가기

꽃가게 놀이

교실 한편에 놓인 꽃들을 보며 아이들은 주변이나 근처 공원에서 본 꽃, 부모님과 꽃가게에 가 본 기억 등 자신이 경험한 꽃과 꽃가게에 관한 이야기를 풀어 놓습니다. "꽃가게에는 꽃이 진짜 많아", " 꽃가게 앞에 우리 유치원에 있는 이 꽃도 있었어"라며 교실 한쪽에 있는 꽃으로 우르르 몰려가 한참 들여다보며 이야기를 나눕니다. 이때 교사가 다가가 "그럼 우리 교실에 있는 것들로 꽃가게 놀이 해볼까?"라고 물어보자 그중 한 아이가 "그럼 계산대도 있어야 해요"라며 놀이에 필요한 것들에 관한 이야기를 펼칩니다.

꽃가게에는 무엇이 필요할까?

* **자료** 꽃가게 사진 또는 동영상

* **방법**

① 꽃을 본 경험에 관해 이야기 나눈다.

　"꽃을 본 적이 있니? 어디에서 보았니?" / "꽃을 보고 어떤 기분이 들었니?"

② 꽃가게 사진 또는 동영상을 보며 꽃가게에 가 본 경험과 본 것들을 이야기한다.

　"꽃가게에서 무엇을 보았니?" / "꽃가게에는 어떤 사람이 있었니? 어떤 냄새가 났니?"

③ 꽃을 보면 드는 생각이나 기분에 관해 이야기 나눈다.

④ 꽃가게에서 얻을 수 있는 것들과 필요한 것들을 이야기한다.

함께 꽃가게를 꾸미고 놀이해요

* **자료** 실물 꽃, 조화, 계산대, 한지 포장지 등

* **방법**

① 꽃가게 놀이에 필요한 것들을 이야기한다.

"꽃가게 놀이하려면 어떤 것들이 필요할까?"

"우리 교실에 없는 것은 어떻게 준비할 수 있을까?"

② 꽃가게 놀이할 장소를 정하고 함께 꾸민다.

"꽃가게 놀이는 어디에서 하면 좋을까?, 꽃은 어디에 둘까?"

③ '꽃가게 놀이'에 필요한 역할을 알아보고 협의한 뒤 놀이 한다.

"꽃가게 놀이에는 어떤 사람들이 필요할까?" / "꽃가게 주인, 꽃 배달, 손님"

④ 꽃을 사고파는 방법에 관해 이야기한다.

"어떻게 꽃을 사고팔지? 꽃은 무엇으로 사고팔 수 있을까?"

⑤ 꽃의 가격을 함께 정한다.

"그럼 꽃의 가격은 어떻게 정할까?" / "가격은 다 똑같아야 할까?"

⑥ 놀이를 마친 후에는 아쉬웠던 점이나 확장 방법, 더 있었으면 좋았을 재료, 또 그것들을 구하는 방법에 관해 이야기 나눈다.

"놀이에 사용한 꽃들은 어떻게 다루어야 할까?" / "어디에 두면 좋을까?"

형님 반을 초대한 꽃가게 놀이

의자에 꽂아 둔 꽃

조화를 사용한 꽃가게 놀이

2. 시들지 않는 꽃

꽃가게 놀이 중 아이들은 실물 꽃과는 조금 다른 조화에 대해 궁금해합니다. 오래도록 볼 수 있는 꽃 조화, 장점만 있을까요? 실물 꽃과 조화의 차이에서 시작해 꽃가게 놀이의 꽃을 조금 더 자연을 위하는 방법을 알아봅시다.

조화는 어떤 꽃일까?(PMI 토론)*

* **자료** 종이 또는 칠판, 쓰기 도구

* **방법**

① 조화를 살펴본 뒤, 조화의 좋은 점(Plus)에 관해 이야기 나눈다.

 "계속 살아있어요." / "시들지 않아요. 튼튼해요."

② 조화의 나쁜 점(Minus)은 무엇인지 이야기해 본다.

 "이 꽃은 향기가 안나요." / "땅 속에서도 썩지 않아요.(분해가 잘 안 돼요.)"

③ 흥미로운 점(Interest)에 관해 이야기 나눈다.

 "잘 시들지 않고 흙으로도 돌아갈 수 있는 꽃도 있을까?"

④ 조화와 생화를 대체할 수 있는 시들지 않고, 분해될 수 있는 꽃에 대해 다양한 생각들을 모은다.

⑤ 조화를 대신할 수 있는 꽃(말린 꽃, 종이꽃 등)을 찾아 바꿔가며 놀이한 후 평가한다.

---

* **PMI 기법**: Edward de Bono가 고안한 수렴적 사고 기법으로 이미 제시된 아이디어를 평가하는 방법으로 좋은 점(P), 나쁜 점(M), 흥미로운 점(I) 측면으로 고려하여 평가한다.

3. 지구 사랑 꽃가게

    종이로 접은 꽃, 말린 꽃 등 시들지 않는 꽃으로 꽃가게 놀이를 하면서 지구를 튼튼하게 만들고 있다고 뿌듯해하는 아이들과 함께 우리가 조금 더 지구를 튼튼하게 해줄 수 있는 방법을 찾아보기로 합니다. 먼저 꽃가게 놀이에 없어도 되는 것과 꼭 필요한 것들을 나눠보고 필요한 것들을 구하는 방법을 생각해봅니다. 손쉽게 사들이는 것보다는 지구를 사랑하는 방법으로 구해볼 수 없을지 생각을 나누고, 우리 주변에 버려지는 물건을 다시 사용해 보기로 합니다. 꽃가게를 둘러본 후 버려지는 물건들로 필요한 것들을 만들면서 점차 꽃가게가 지구사랑 꽃가게로 변신합니다.

꽃가게 놀이

* **자료** 꽃가게 사진, 재활용품(택배 상자, 포장지, 종이타월 등)

* **방법**

① 꽃가게 놀이에서 사용하고 있는 재료들을 둘러보고 이야기 나눈다.
　"우리가 만든 꽃가게를 살펴보자. 이 가게에는 어떤 물건들이 있니?"
　"또 필요한 것은 없니?"
　"필요한 것 중에 지구를 사랑하는 물건으로 바꿀 수 있는 것들이 있을까?"

② 유치원에서 버려지는 물건 중 재활용할 수 있는 것들이 있는지 함께 살펴본다.
　"우리가 교실에서 쓰고 남거나 필요 없어서 버리는 것들은 어떤 것들이 있을까?"
　"버리는 것들을 어떻게 재활용할 수 있을까?"

③ 아이들과 이야기 나눈 물건들로 바꿔가며 꽃가게 놀이해 본다.

"택배 왔던 상자에 꽃을 꽂아두면 좋을 것 같아요"

"우리가 닦고 버리는 종이타월로 꽃을 만들어 볼까? 또 다른 재료들도 찾아보자"

④ 놀이 후 평가한다.

"처음 꽃가게에서 지구사랑 꽃가게로 바뀌면서 달라진 점이 무엇이니?"

"지구사랑 꽃가게를 해보니 어떤 기분이 들었니?"

"우리가 생활하면서 지구를 사랑하는 방법은 무엇일까?"

과일 포장지를 활용한 꽃 포장

버려지는 택배박스를 활용한 꽃 전시대

종이타월로 만든 꽃

과일 포장지로 만든 꽃

SDGs 연결 고리

1	지구사랑 꽃가게 등의 놀이를 통해 자원순환에 대해 알게 되고 한정된 자원과 재화의 부족을 접하게 됩니다. 필요한 재료를 만들기 위해 버려지던 물건들을 재활용하는 경험을 하게 됩니다. 이러한 경험은 한정된 자원을 다시 사용하고 아껴 사용하는 태도의 기초가 되며, 자원을 널리 사용할 수 있게 되어 자원이 부족한 사람들에게 나눔과 기부를 할 수 있습니다.
8	꽃가게 놀이를 하며 꽃 배달, 플로리스트 등 다양한 직업과 일자리에 관해 관심을 가지게 되고, 이러한 경험은 우리 지역사회에 다양한 직업에 대한 관심으로 뻗어갈 수 있습니다. 이는 더 나아가 지속적이고 안정적인 일자리, 또 소규모 창업, 노동자의 권리 등에 대해 생각하는 기회가 될 수 있습니다.
11	가게 놀이를 통해 아이들은 한 지역사회에 다양한 구성원들이 함께 모여 서로 물자 및 도움을 주고받으며 살고 있다는 것을 알게 됩니다. 서로 필요한 도움을 주고받으며 지역사회에서 함께 지내는 것은 안전하고 살기 좋은 주거지를 만드는 데 첫걸음이 됩니다.
12	가게 놀이를 하며 필요와 욕구를 구별하고 욕구보다는 필요에 따라 구매해야 함을 경험할 수 있습니다. 이를 통해 소비에 신중한 시각을 갖게 되는 등 책임 있는 생산과 소비를 경험함으로써 지속가능한 생산과 소비의 기틀을 잡게 됩니다.
15	꽃을 통해 심미감을 발달시키고 즐거움을 느끼며 꽃과 나무 등 식물을 소중히 여기고 가꾸는 마음을 갖게 됩니다. 또 쓰레기, 부패, 재사용 등 물질의 순환에도 관심을 가지게 됨으로써 환경과 자원을 아끼고 소중히 하는 마음과 태도를 기르게 됩니다. 이러한 마음과 태도는 육상생태계 보전의 밑거름이 됩니다.

교사 및 아이의 성장이야기

해마다 봄이 되면 떠올리는 놀이 중 하나가 꽃가게 놀이입니다. 지속가능한 발전 교육이라는 관점에서 꽃가게 놀이를 접하며 꽃가게의 주재료인 꽃에 대해 다시 한번 생각하게 되었고 그 생각은 다른 필요한 물건으로 이어졌습니다. 그 과정을 통해 교사와 아이들은 꽃에서 얻을 수 있는 이로움을 알게 되었고, 또 주위에 있는 꽃들을 소중하게 여기게 되었습니다. 더 나아가 환경의 소중함을 느끼고 사랑하는 마음을 갖게 되었습니다. 또 자원의 순환, 재활용을 경험하며 지구를 사랑하는 방법을 실천해 볼 수 있었습니다. 이 과정을 통해 교사와 아이들은 함께 어울려 살아가는 마을 구성원들, 지구를 사랑하는 방법, 자원의 순환, 일자리 등에 관심을 가지게 되어 더불어 살아감에 대해 다시 한번 생각하는 계기가 되었답니다.

현장 적용 tip!

Q. 다른 가게 놀이에서도 지속가능한 발전 교육이 가능할까요?

A. 아이들이 가장 즐겨하고 좋아하는 놀이 중 하나가 가게 놀이입니다. 이러한 가게 놀이는 재화와 용역, 가치 등 경제개념의 기초를 다질 수 있을 뿐만 아니라 아이들이 지역사회로 관심을 넓힐 수 있고, 경험할 수 있는 의미 있는 놀이 중 하나입니다. 꽃가게뿐만 아니라 음식점 놀이, 문구점 놀이 등 아이들의 관심이 있는 다른 가게 놀이로도 지속가능발전교육(ESD)과 다양하게 연계하여 놀이할 수 있습니다. 가게 놀이에서 물건의 가치를 매기며 경제개념을 기를 수 있고, 인기 있는 놀잇감이 빨리 팔리는 경험을 통해 희소성과 가치 및 한정적인 재화에 대해서도 경험할 수 있습니다. 또 이러한 가게 놀이에서 필요한 놀잇감들을 우리 주변에서 찾아 다시 꾸미고 만들어 재활용하는 경험을 함으로써 자원의 절약과 순환, 재사용 등 좀 더 지

속가능한 발전 교육 방향의 놀이로 풀어갈 수 있습니다. 여러 가게 놀이를 통해 필요와 요구, 기회비용, 자원의 희소성에 대해 생각하고 경험할 수 있는 기회를 제공해 주면 아이들의 생각을 더 크고 깊게 넓혀줄 수 있습니다.

2 함께 실천해요. 자원순환!

1) 재활용품으로 지구 살리기 대작전

───── 놀이의 시작 ─────

   교실에는 '일반 쓰레기, 종이, 플라스틱'을 나누어 버릴 수 있게끔 쓰레기통이 마련되어 있습니다. 아이들은 쓰레기통 앞에서 휴지나 비닐, 조각난 종이 등을 들고 "선생님, 이거 어디에 버려요?"라고 묻곤 합니다. 그러나 어디에 버려야 하는지 알려주어도 다음 날이 되면 다시 물어보기도 하지요. 성인에게는 너무나 당연한 것들이 아이들에게는 낯설고 어렵게 느껴지기도 합니다. 그림책과 게임을 이용하여 재활용품의 종류를 알아보고 분류해 보는 시간을 가져보면 어떨까요? 자연스럽게 재활용품의 종류를 익히고 구별할 줄 알게 되며, 생활 속에서 분리배출하는 습관을 들이는 계기가 될 것입니다.

───── 놀이 흐름 한눈에 보기 ─────

1. 바다 용궁을 살려라	• 그림책 『할머니의 용궁 여행』 • 우리 반 바다 용궁 • 바다 용궁을 살리는 우리

2. 요리조리 재활용품	• 오감으로 살펴보는 재활용품 • 재활용품 속 재활용 마크

―― 놀이 풀어가기 ――

1. 바다 용궁을 살려라!

선명한 색감의 그림과 흥미 있는 이야기로 아이들의 이목을 끌어당기는 『할머니의 용궁 여행』은 해녀인 아윤이네 할머니가 바닷속에서 겪은 일을 아윤이에게 풀어주면서 이야기가 시작됩니다. 해양 오염으로 바다 생물들이 겪고 있는 고통을 구체적으로 이야기하는 책이라 아이들이 환경 오염에 좀 더 관심을 갖게 됩니다.

그림책을 읽은 후 바닷속 쓰레기를 하나씩 없애 바다를 깨끗하게 만들어주며 재활용품의 종류를 익힐 수 있는 게임을 합니다. 지금부터 『할머니의 용궁 여행』과 함께 놀이를 시작해볼까요?

그림책 「할머니의 용궁 여행」

* **자료** 그림책 『할머니의 용궁 여행』

* **방법**

① 『할머니의 용궁 여행』을 읽는다.

② 책을 읽고 내용에 대해 이야기 나눈다.

"용왕 거북이 아픈 이유는 무엇이었니?"

"바다 동물들 몸에 플라스틱, 비닐 등이 왜 껴있었을까?"

"바다 동물들이 아프지 않으려면 우리는 무엇을 할 수 있을까?"

우리 반 바다 용궁

* **자료** 바다 배경 및 바다 생물(방법 참고), 가정에서 가져온 재활용품, 벨크로, 트레싱지

* **방법**

① 바다 배경을 만든다.
- 커다란 크기의 재료(전지, 컬러 시트지, 파란 비닐 등)로 바다와 비슷하게 만들 수 있도록 준비한다.
- 바다 배경에 바다에서 볼 수 있는 것들을 아이들과 함께 자유롭게 꾸민다.

② 바다 생물을 만든다. (아래 1~3번 중 원하는 방법을 선택한다.)
  1) 내가 좋아하는 생물을 출력하여 바다에 붙이기
  2) 내가 좋아하는 생물을 그림으로 그려 바다에 붙이기
     - 일반 종이, 얇은 포장 상자 뒷면, 택배 상자 등에 자유롭게 그리기
  3) 트레싱지를 이용해 책에 나온 등장인물들을 따라 그려 바다에 붙이기

> ★ **TIP**
> 완성된 바다 생물에 유아의 얼굴을 붙인다면 게임에 더욱 몰입할 수 있습니다.

③ 아이들이 가정에서 가져온 재활용품을 완성된 바다에 붙였다 뗄 수 있도록 벨크로를 이용하여 붙인다.

아이들이 만든 '우리 반 바다'

바다 용궁을 살리는 우리

* **자료** 아이들이 만든 바다, 재활용품(탈부착할 수 있도록 바다에 붙인 상태), 재활용품을 종류별로 넣을 수 있는 상자, 재활용품 종류가 적힌 뽑기 종이

* **방법**
① 한 아이가 나와 재활용품의 종류가 적힌 뽑기 통에서 종이를 한 장 뽑는다.
② 뽑기 종이에 적혀있는 종류의 재활용품을 바다에서 찾아 떼어낸다.
③ 떼어낸 재활용품을 알맞은 재활용품 상자에 넣어 분류한다.
④ 다음 차례인 친구와 하이파이브를 하고, 다음 아이가 나와 ①~③의 과정을 반복한다.
⑤ 정해진 시간 안에 모든 아이가 ①~③의 과정을 마쳤다면 성공으로 게임이 끝난다.

자신이 뽑은 재활용품을 바다에서 찾기

바다에서 꺼낸 재활용품을 분류하기

2. 요리조리 재활용품

그림책 『할머니의 용궁 여행』과 '바다 용궁을 살리는 우리' 게임을 통해 재활용품에 대한 관심이 커질 것입니다. 이때, 가정에서 가져와 게임에 사용했던 재활용품을 보고, 만지고, 냄새 맡으며 자세히 살펴보세요. 아이들은 재활용품을 다양한 방법으로 탐색함으로써 각 재활용품의 특성을 이해하고 분류해 나갈 수 있게 됩니다. 또한 재활용품을 살펴보는 과정에서 재활용 마크를 찾아보고 그 의미에 대해서도 알아봅니다. 이번 활동을 통해 아이들은 재활용품에 대한 새로운 사실을 알게 되며 평상시에도 재활용품을 꼼꼼히 살피게 됩니다.

오감으로 살펴보는 재활용품

* **자료** '바다 용궁을 살리는 우리' 게임을 통해 종류별로 분류된 재활용품

* **방법**

① '바다 용궁을 살리는 우리' 게임을 통해 분류된 재활용품을 모둠별로 나누어 갖는다.

② 상자 속 재활용품을 눈으로 보고, 만져보고, 냄새를 맡아보며 오감으로 탐색한다.

③ 다른 모둠과 재활용품 상자를 바꾸어 다른 종류의 재활용품도 같은 방법으로 탐색한다.

④ 눈으로 보며 만져보고, 냄새 맡으며 알게 된 재활용품의 특성을 이야기한다.

"(종이/플라스틱/캔)을 만져보니 어떤 느낌이 나니?"

"(종이/플라스틱/캔)에서 냄새가 나기도 하니? 어떤 냄새가 느껴지니?"

재활용품 속 재활용 마크

* **자료** '바다 용궁을 살리는 우리' 게임을 통해 종류별로 분류된 재활용품

* **방법**

① '바다 용궁을 살려라' 게임을 통해 분류된 재활용품을 모둠별로 나누어 갖는다.

② 상자 속의 재활용품에서 재활용 마크를 찾아 네임펜으로 표시한다.

③ 자리를 옮겨가며 다른 모둠 친구들이 발견한 재활용 마크를 살펴본다.

재활용 마크에 표시하기

재활용 마크를 찾았어요

친구가 찾은 재활용 마크

  아이들은 종이, 플라스틱, 캔, 비닐에 표시된 재활용 마크를 찾아보며 종이에는 재활용 마크가 표시된 것이 많이 없다는 것을 발견하였습니다. 이를 통해 재활용이 가능한 물건에는 재활용 마크가 있지만 모든 재활용품에 있지는 않음을 알 수 있었지요.

  앞서 나온 여러 놀이들을 통해 아이들은 교육기관에서 나온 쓰레기들을 분류하여 버릴 수 있는 것은 물론, 가정과 생활 전반에서 나온 재활용품 분리배출에 관심을 가질 수 있게 됩니다. 이는 앞으로의 삶에서 자원을 소중히 여기고 아껴 쓰며 재활용하는 자원순환 실천의 첫 번째 발걸음이 됩니다.

SDGs 연결 고리

지속가능한 생산과 소비를 위해서 분리배출은 가장 일상적으로 실천할 수 있는 행동입니다. 아이들은 본 놀이를 통해 재활용품의 종류와 특징에 대해 자세히 살펴보고 분류하게 됩니다. 이러한 경험은 가정과 교육기관뿐만 아니라 앞으로의 삶 속에서 분리배출을 실천하는 첫걸음이 됩니다.

기후변화를 일으키는 수많은 원인 중 하나는 쓰레기입니다. 사람들이 쓰레기를 많이 버리면 버릴수록 기후변화에도 더 큰 영향을 미치게 되지요. 분리배출하거나 다양한 재활용품을 교실 또는 가정에서 놀잇감 등으로 한 번 더 사용하는 것은 환경을 보존하고 자원을 지속가능하게 합니다. 이처럼 쓰레기를 줄이고 분리배출하며 최대한 자원을 재활용하는 것은 기후변화에 대응하는 행동이라 할 수 있습니다.

바다에 쌓이는 생활 쓰레기들은 바다 생물들을 고통스럽게 할 뿐만 아니라 결국 인간에게 다시 돌아옵니다. 아이들은 그림책 『할머니의 용궁 여행』을 통해 쉽고 흥미 있게 바다 오염에 대하여 알 수 있지요. 바다 오염에 대한 아이들의 인식은 앞으로 살아가는 터전에서 해양생태계를 보전하는 출발점이 됩니다.

'바다 용궁을 살리는 우리' 게임은 교사의 개입 없이 온전히 유아들의 힘으로 해내도록 구성되었습니다. 게임을 하며 규칙이나 재활용품의 종류를 잊었을 경우 자연스럽게 서로 도움을 주고받습니다. 친구와 도움을 주고받는 경험은 다른 사람과도 잘 지낼 수 있는 토대가 됩니다. 또한, 재활용 마크를 찾아볼 때도 친구와 함께 찾아보고, 친구가 찾은 재활용 마크를 찾아보면서 협력하는 기회를 얻을 수 있습니다.

교사 및 아이의 성장이야기

이번 놀이를 통해 아이들은 재활용품을 오감으로 경험하며 분류하고 재활용 마크를 찾아보면서 분리배출 방법에 대해 알게 되었습니다. 이는 아이들이 재활용에 대한 개념을 형성하고, 분리배출하는 습관을 가질 수 있게 돕습니다. 또한, 그림책을 통해 바다 오염의 심각성과 함께 환경오염에 대해 생각해 보는 기회를 제공합니다. 이렇게 문제에 대한 인식을 가진 아이들은 문제를 해결하고자 노력하고, 다른 문제에도 관심을 가지며 깨끗한 세상에서 살아가기 위한 해결책을 알아보고 실천할 수 있습니다.

현장 적용 tip!

Q. 가정과 연계하면 더 좋을 것 같은데 어떤 방법이 있나요?

A. 가정에 있는 재활용품을 교육기관에 가져오는 것 외에도 자원을 아껴 쓰고 분리배출하는 습관을 길러주기 위한 가정 연계 활동을 할 수 있습니다. 가정에서 재활용 쓰레기가 나올 때마다 분류해 보거나, 분리배출하는 날에 아이도 함께 참여하도록 하는 것입니다. 실천표를 제공하거나 온라인 플랫폼에 물건을 아껴 쓰거나 분리배출하는 모습의 사진 등을 올리도록 한 뒤 교육기관에서 이야기 나눠볼 수 있습니다.

Q. 활동 후 남은 재활용품을 어떻게 활용하면 좋을까요?

A. 본 활동이 끝나면 교실은 여러 재활용품으로 꽉 차게 될 것입니다. 이 재활용품을 분리배출하며 활동을 마무리할 수도 있지만 조금 더 가지고 놀 수도 있습니다. 재활용품의 새로운 쓸모를 찾아주는 것이죠. 놀이 중에 필요한 크기와 모양의 재활용품이 있다면 사용할 수도 있고, 다양한 만들기를 할 수도 있습니다. 바로 다음 장의 '놀이로 다시 태어나는 업사이클링'의 내용을 참고하여 놀이를 이어가 보세요.

2) 놀이로 다시 태어나는 업사이클링

놀이의 시작

"자동차 장난감을 세게 굴리다가 바퀴가 빠졌어요", "아이스크림 장난감이 부서져서 떨어졌어요", "선생님 요구르트 통, 우유 뚜껑 가지고 놀이하고 싶어요"… 아이들이 장난감을 세게 굴리거나 던지는 놀이를 하다 보면 장난감이 부서져 버려지는 일이 자주 생깁니다. 또한, 요구르트 통이나 우유 뚜껑 같은 간식 용기도 쉽게 버려지는 것을 볼 수 있지요. 그러다 보니 교실에는 방치된 플라스틱 장난감과 일회용품이 쌓이고, 자료실에도 아이들 수보다 여유있게 준비된 미술 재료들이 활용되지 못한 채 남아 있곤 합니다. 이렇게 플라스틱들이 쌓여 가는 교실을 보니 환경오염에 대해 고민이 됩니다. 플라스틱 쓰레기 문제를 자연스럽게 아이들과 이야기 나눈 뒤, 재활용하는 놀이 방법을 찾아보는 건 어떨까요? 교실 속 놀이에서도 환경을 생각하는 습관을 키울 수 있습니다.

놀이 흐름 한눈에 보기
---

1. 우리 교실 플라스틱 섬

▽

2. 플라스틱 업사이클링 악기놀이

― 놀이 풀어가기 ―

1. 우리 교실 플라스틱 섬

아이들은 자신이 사용하는 플라스틱 장난감과 일회용 용기가 얼마나 많은지 알 수 있을까요? 교실에 있는 플라스틱 장난감과 용기를 모두 모아 섬을 만든다면 어떤 모습일지 상상해 보세요. 우리가 이런 물건들을 함부로 쓰고 버리면, 결국 동물들이 먹이로 착각해 다치거나 아프게 될 수도 있습니다. 이 문제를 해결하기 위해 『플라스틱 섬』책을 함께 읽고 토론한 뒤, 구체적인 실천방법을 찾아봅니다.

올바른 분리수거 방법

* **자료** 그림책 『플라스틱 섬』, 광목천, 필기도구
* **방법**
① 『플라스틱 섬』을 읽어본다.
② 플라스틱이 모여 섬이 된 그림책 장면을 살펴본다.
③ 우리 반에서 사용하는 플라스틱 놀잇감을 찾아본 다음 광목천 위에 모아 플라스틱 섬으로 만들어본다.
"우리가 만든 플라스틱 섬의 크기가 얼마나 되는 것 같아?"
"우리 유치원에 전체 플라스틱을 모으면 크기가 어느 정도 될까?"
④ 일회용 병을 입에 넣는 새, 그물에 끼어있는 물개 등의 동물이 나오는 그림 장면을 살펴 보며 그 모습을 신체로 표현한다.

⑤ 새, 물개 등의 동물 입장에 대해 이야기를 나누어본다.

"내가 만약 새가 되어 배에 플라스틱 뚜껑이 들어있다면 너무 배가 아플 것 같아요."

⑥ 그림책에서 쓰레기를 주워 담는 장면을 살펴보며 우리가 동물을 보호하기 위해 교실에서 할 수 있는 일을 알아본다.

⑦ 아이들과 이야기를 나누며 환경을 지키기 위한 약속판을 함께 만들어 약속 도장을 찍는다.

약속판의 예: 쓰레기를 분리수거해요 / 장난감을 소중하게 사용해요

⑧ 교실 환경지킴이가 되어 우리 반 플라스틱 섬에 있는 플라스틱 장난감을 제자리에 정리한다.

우리교실에서 모은 플라스틱 섬

플라스틱 먹는 새

환경지킴이 약속판

환경지킴이 약속 도장 찍기

2. 업사이클링 악기놀이

교실에서 사용하는 플라스틱 놀잇감뿐만 아니라, 일상에서 쓰이는 플라스틱 제품과 일회용품들은 하루에도 수없이 버려지고 있습니다. 또 자료실을 둘러보면 아이들 수보다 많이 준비하여 남아있는 여러 재료들이 쉽게 방치되곤 합니다.『미세미세 플라수프』그림책을 통해 아이들은 플라스틱 쓰레기가 환경에 미치는 영향을 배우고, 우리가 얼마나 많은 플라스틱을 소비하고 있는지 돌아볼 수 있습니다. 아이들은 주변에서 쉽게 버려지는 플라스틱병, 뚜껑, 빨대, 남은 미술 재료들이 재활용을 통해 새로운 쓰임새를 가질 수 있음을 경험합니다. 또한 이 재료들로 직접 악기를 만들어 창의적인 소리를 탐색하고, 자신만의 음악을 연주하며 환경을 보호하는 작은 실천의 기쁨을 배웁니다.

* **자료** 그림책『미세미세 플라수프』, 필기도구, 교실 및 자료실에서 사용하지 않는 물건들(색종이 꽂이, 일회용 숟가락, 나무 젓가락, 점토통, 플라스틱 병, 뚜껑 등)

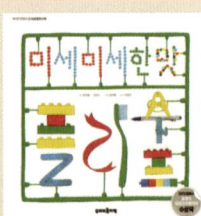

(1) 그림책『미세미세 플라수프』들여다보기

① (그림책을 읽기 전에) 우리 교실과 주변에서 사용하는 다양한 플라스틱 제품들을 찾아본다.

"우리 반에 플라스틱으로 만들어진 물건은 어떤 것들이 있을까?"

"플라스틱 물건은 어떤 점이 편리할까? 또 어떤 점이 문제일까?"

② 그림책 표지를 살펴보며, 제목 속 글자에 보이는 물건에 대해 이야기한다.

"플라스프 글자 속에는 어떤 물건들이 보이니?"

" '미세 미세하다' 는 무슨 뜻일까? 왜 글자들이 점으로 표시되었을까?"

③ 그림책을 감상한 뒤 함께 이야기 나눈다.

"플라스틱으로 만든 물건이 정말 많구나! 어떤 물건들이 있었니?"

"그림책 속 아이는 장난감이 망가지면 어떻게 했니?"

"작은 플라스틱 알갱이들은 어디로 갔을까?"

"물고기 속 알록달록 점들은 무엇일까?"

"물고기의 표정을 보니 어떤 기분일까? 왜 그랬을까?"

(2) 악기가 될 재료 탐색 및 만들기

① 우리 교실과 자료실을 함께 탐색하며 잘 사용하지 않는 물건을 찾아본 후 이야기나 눈다. (예: 일회용 숟가락, 나무젓가락, 점토통, 플라스틱 병, 뚜껑, 쌀, 종이컵, 색종이 꽂이 등)

"색종이 꽂이로 어떤 소리를 만들어볼까?"

"일회용 숟가락으로 색종이 꽂이를 긁으면 드르륵 소리가 나요."

"나무젓가락으로 점토통을 두드리면 둥둥, 통통 소리가 나요."

"자료실에서 소리를 낼 수 있는 재료를 더 찾아볼까?"

"플라스틱 약 병에 쌀을 넣어서 흔들면 찰찰 소리가 나요."

② 여러 가지 재료를 활용하여 자신만의 악기를 자유롭게 만들고 꾸며본다.

* 색종이 꽂이 악기 만들기 예시

색종이 꽂이에 매직을 사용하여 자유롭게 그림을 그린 후 숟가락으로 칸막이를 긁어서 소리를 내기도 하고, 양 옆을 두드리며 소리를 내본다.

* 약병 마라카스 악기 만들기 예시

약병에 콩이나 쌀을 넣은 후 흔들어 본 후 매직이나 네임펜을 사용하여 자유롭게 그림을 그리고 꾸며본다.

* **점토통 북 악기 만들기 예시**

점토통에 시트지나 종이, 필기도구를 사용하여 그림을 그려 꾸민 후 나무젓가락으로 뚜껑이나 양 을 두드리며 소리를 내본다.

(3) 악기 이름 짓기 및 연주하기

① 만든 악기에 소리를 내며 악기 이름을 지어본다.

"이 색종이 꽂이는 '딱딱악기'에요. 숟가락으로 두드리면 딱딱소리가 나니까."

"이 점토통은 '통통북'이에요. 나무젓가락으로 두드리면 통통 북소리가 나니까."

"이 약병은 찰찰이에요. 흔들면 찰찰 소리가 나니까."

② 악기를 어떻게 연주할지 방법을 의논한다.

"우리 모두 악기로 비 오는 소리를 내볼까?"

"소리가 큰 악기부터 작은 악기 순서로 연주해볼까?"

"어떤 음악을 들으며 어떻게 악기를 연주하면 좋을까?"

"딱딱악기랑 통통북은 앉아서 치고 찰찰이는 손에 쥐고 춤추면서 흔들어요."

딱딱악기 만들기

통통북 꾸미기

찰찰악기 흔들기

악기 연주회

--- **SDGs 연결 고리** ---

	장난감을 재활용하고 업사이클링 악기를 만드는 과정은 창의성과 협력심을 고취 시킵니다. SDGs를 실천하는 학습은 아이들이 지속가능성을 이해하고 실천하는 주체로 성장하도록 돕습니다. 그림책 놀이를 통하여 환경문제를 교육적으로 접근하여 아이들의 비판적 사고와 문제 해결 능력을 키웁니다.
	'플라스틱 섬' 만들기 활동을 통해 아이들이 일상에서 사용하는 플라스틱 용품이 얼마큼 쌓이는지를 알게 되고, 자원을 함부로 쓰지 않고 아껴야 한다는 책임감을 심어줍니다. 장난감과 플라스틱을 소중히 다루고 필요한 경우 악기로 새활용 되는 활동을 통해 책임 있는 소비와 폐기물 관리의 중요성을 이해하며, 지속가능한 생활 습관을 배우도록 합니다.
	플라스틱 쓰레기가 바다로 흘러 해양생태계를 오염시키게 되는 과정을 그림책을 통해 배웁니다. 아이들은 새와 물개 등 해양 동물들이 플라스틱으로 인해 아프거나 다치는 장면을 직접 연기하면서 문제의 심각성을 느끼게 되고, 나아가 해양 생물 보호의 필요성을 이해하게 됩니다. 해양생태계를 보호하기 위한 약속을 통해 생태계 보호 실천 방안을 스스로 찾고 실천할 수 있는 기회가 됩니다.

교사 및 아이의 성장이야기

 아이들은 교실에서 플라스틱 섬을 만들어보며 자신들이 사용하는 플라스틱이 생각보다 많다는 사실에 놀라워했습니다. 이를 통해 유치원과 가정에서도 플라스틱의 양이 얼마나 클지 상상하며, 환경문제에 대해 자연스럽게 관심을 가지게 되었습니다. 『미세미세 플라수프』를 읽으며 일상에서 미세플라스틱이 될 수 있는 물건들을 새롭게 인식하고, 그 위험성에 대해 이해했습니다. 아이들은 사용하지 않는 물건을 새활용하여 새로운 악기로 변신시키는 경험을 통해 자원을 아끼고, 물건을 소중히 여기는 태도를 배우기 시작했습니다. 교사는 이러한 과정을 통해 아이들이 책임 있는 소비와 환경 보호에 대해 더욱 깊이 이해하고 있음을 느끼게 되었고, 또 놀이가 아이들의 지속가능한 성장에 중요한 역할을 한다는 것을 깨달았습니다.

현장 적용 tip!

Q. 일회용품으로 사용한 놀잇감을 다 쓰고 난 후 어떻게 하면 좋을까요?

A. 일회용품으로 만든 놀잇감은 사용 후 재활용이 가능한지 확인하고 올바르게 분리수거하도록 안내하는 것이 중요합니다. 곡물을 사용한 악기나 용기는 사용 후 깨끗이 씻어 분리수거하면 환경을 보호할 수 있습니다. 또한, 일부 악기는 한 번 쓰고 버리기 보다 다양한 방법으로 활용하면 더 지속가능한 놀이가 될 수 있습니다.

3) 다시 태어나는 장난감

― 놀이의 시작 ―

모래놀이터에서 아이들이 모래를 파서 길을 만들고, 그 길에 물을 흘려보내는 놀이를 합니다. 모래를 파기 위해서는 도구가 필요하지요. 모래놀이터에는 아이들 숫자보다 삽의 개수가 부족합니다. 창고 구석에 머리 부분이 부러진 삽이 하나 보이네요. 그것을 발견한 아이들은 "선생님, 삽이 필요한데 이건 못 쓰겠어요", "이거 말고 새로 하나 사 주세요"라고 이야기합니다. 아이들이 이런 요청을 하면 교사는 고민에 빠지게 되지요. 새 장난감을 하나 더 사는 건 쉽지만 쉬운 방법으로만 접근하는 것이 옳은지 생각해 봅니다. 새로 사는 것이 더 간단하고 아이들이 놀이할 때 잘 사용할 수도 있겠지만 내가 필요하다는 이유만으로 쉽게 구매하는 것이 괜찮은지, 또 버려지는 장난감은 무엇인지 아이들과 함께 이야기 나눠봅니다.

― 놀이 흐름 한눈에 보기 ―

| 1. 고장 난 장난감에 생각 더하기 | • 특별한 장난감 DAY!
• 고장 난 장난감은 어떻게 하지? |

| 2. 우리만의 특별한 장난감 | • 우리는 장난감 정비사
• 우리만의 장난감 함께 사용해요 |

───── 놀이 풀어가기 ─────

1. 고장난 장난감에 생각 더하기

　아이들은 사용하던 장난감이 망가지거나 싫증이 나면 금방 새로 사는 것을 대수롭지 않게 생각합니다. 교육기관에서도 장난감이 조금만 망가져도 "선생님, 이거 버려요?"라고 이야기하는 모습을 쉽게 볼 수 있지요. 아이들은 고쳐 쓰거나 다시 쓰는 것보다는 버리고 새로 사는 것에 더 익숙해진 듯합니다. 아이들에게 "망가진 장난감을 다시 사용할 수 있는 방법이 없을까?" 질문을 던집니다. 아이들은 "고장났는데 어떻게 써요?"라고 하면서도 호기심을 갖고 궁금해하네요. "고장 나서 못 쓰는 장난감을 유치원으로 가지고 오면 어떨까?" 아이들에게 내가 고장 나서 놀이를 못 하고 있거나 지금 나에게 필요 없는 장난감을 교육기관으로 가져오기로 제안해 봅니다. 나에게는 필요 없지만 다른 친구들에게는 특별한 장난감이 될 수 있지 않을까요? 아이들과 함께 고장 난 장난감이지만 우리가 더 특별하고 의미 있게 만들 수 있는 방법을 함께 찾아봅니다.

> **특별한 장난감 DAY!**
>
> ＊ **자료** 고장 나거나 사용하지 않는 장난감
>
> ＊ **방법**
> ① 가정에서 고장 나거나 사용하지 않는 장난감을 가져온다.
> ② 자기가 가져온 장난감을 친구들에게 소개한다.
> 　"이 장난감은 왜 가져온거야?" / "어디가 고장난거야?"

③ 우리가 가져온 장난감을 가지고 어떻게 놀이를 할 수 있을지 이야기 나눈다.

"장난감 가게를 만들고 싶어요."

④ 특별한 장난감으로 놀이한 후 느낌을 나눈다.

"고장난 장난감을 가지고 놀아보니 어땠어?"

"바퀴가 하나 부족한 자동차로 놀이하니 어땠어?"

"자동차 바퀴가 없으니까 앞으로 안 나가서 불편해요."

"유치원에 없는 새로운 장난감들이 많아서 좋았어요."

"친구들이 가져온 장난감 중에 재미있는 것들이 많았어요."

친구들이 가져온 장난감

특별한 장난감으로 놀이하기

고장 난 장난감은 어떻게 하지?

* **자료** 고장 난 장난감, 활동지, 쓰기 도구

* **방법**

① 고장 난 장난감 사진을 보고 고쳐주고 싶은 부분을 이야기 나눈다.

② 내가 고쳐주고 싶은 장난감을 골라본다.

③ 친구들과 고장 난 장난감에 새롭게 만들어 주고 싶은 것을 이야기 나눈다.

"타요 버스에 하트를 달아주고 싶어요."

"자동차 날개 부분이 부러졌는데 새로 만들어 주면 좋겠어요."

"바퀴가 생겨서 움직일 수 있으면 좋겠어요."

④ 장난감을 고치는 데 필요한 것들을 알아본다.

"자동차 뒤 날개를 만들어 주고 싶어요. 원래 길쭉한 모양이 있었는데 부서졌어요."

"장난감에 새로운 모양을 만들어 주고 싶어요."

"부러진 장난감을 붙일 수 있는 것이 필요해요."

⑤ 친구들에게 내가 생각한 '다시 태어나는 장난감'을 소개한다.

친구들과 함께 생각 더하기

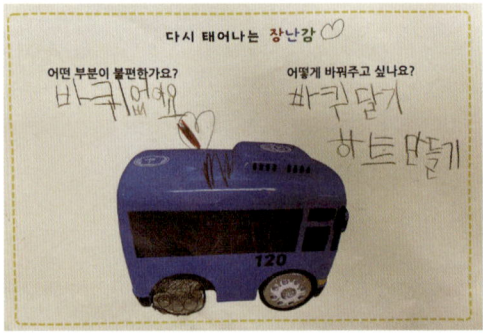

바꿔주고 싶은 내용 쓰기

2. 우리만의 특별한 장난감

고장난 장난감을 아이들의 생각대로 고쳐서 우리만의 특별한 장난감으로 만들어보기로 합니다. 우리가 할 수 있는 것들을 먼저 도전해봅니다. 아이들은 자신이 가져온 장난감이나 가지고 놀고 싶은 장난감에 다양한 크기의 바퀴를 이리저리 끼워보기도 하고, 필요한 모양을 만들기도 합니다. 하지만 아이들이 직접 고칠 수 없는 장난감들도 있습니다. 이런 장난감들은 어떻게 하면 좋을지 아이들과 함께 생각을 나눠봅니다.

우리는 장난감 정비사!

* **자료** 고장 난 장난감, 어린이용 3D펜 또는 다양한 재료, 장갑
* **방법**
① 친구들이 작성한 '다시 태어나는 장난감' 활동지를 보고, 친구들이 장난감을 바꿔주고 싶은 것이 어떤 것인지 확인한다.
  "친구들이 고장 난 장난감을 어떻게 바꿔주고 싶다고 했니?"
  "3D펜으로 필요한 부분을 어떻게 만들 수 있을까?"
② 3D펜을 사용해서 장난감에 더해주고 싶은 것을 만들거나, 장난감에 없는 부분을 만들어준다.
③ 친구들에게 새롭게 만든 부분을 소개한다.
  "친구들이 새롭게 만든 장난감을 보니 어떤 생각이 드니?"
  "또 새롭게 바꿔주고 싶은 부분이 있니?"

우리만의 특별한 장난감 함께 사용해요

* **자료** 고장 난 장난감, 가게 간판, 계산대

* **방법**

① 친구들이 가져온 장난감으로 장난감 가게를 만든다.

"우리 교실에 필요 없는 장난감은 어떻게 하면 좋을까?"

"다른 반 친구들에게 필요한 장난감이 있을 수 있으니 장난감을 빌려주는 건 어때?"

"장난감 가게를 어디에 만들어야 다른 친구들도 잘 이용할 수 있을까?"

② 장난감 가게에 "장난감 가져가세요. 빌려드려요" 간판을 붙여둔다.

③ 교실 앞 복도에 장난감 가게를 만들고, 다른 반 친구들에게도 알려준다.

④ 장난감은 필요한 만큼만 가져가고, 여러 친구가 함께 사용할 수 있도록 안내한다.

"장난감을 어떤 친구가 빌려 갔는지 어떻게 알 수 있을까?"

"장난감을 빌리는 시간은 언제로 하면 좋을까?"

"놀이하고 싶은 만큼 얼마든지 사용할 수 있을까?"

⑤ 우리가 직접 고칠 수 없는 장난감은 그대로 사용해 보거나 고장 난 장난감을 기부해도 된다.

3D펜으로 하트 만들어주기

우리만의 특별한 가게

SDGs 연결 고리

내가 사용하지 않는 물건이라도 다른 사람에게는 꼭 필요한 물건이 될 수 있습니다. 이런 물건을 고치거나 기부하여 다른 사람이 사용할 수 있게 한다면, 그 물건은 누군가에게 소중한 의미로 다시 태어나게 됩니다. 기부와 나눔 문화를 통해 개인이 사용하지 않는 물건을 재사용하거나 기증하면, 빈곤층의 필요를 채우는 동시에 환경을 보호하는 효과도 얻을 수 있습니다. 행복한 나눔을 실천함으로써 우리는 빈곤층 감소와 사회안전망 강화를 돕고, 모두가 함께 살아가는 따뜻한 세상을 만들어갈 수 있습니다.

건강한 소비 습관은 어릴 때부터 길러져야 합니다. 소비를 결정할 때는 나에게 꼭 필요한 물건인지 신중히 구별하고, 불필요한 소비를 줄이는 것이 중요합니다. 또한, 재사용 가능한 물건은 적극 활용하고, 고쳐 쓸 수 있는 물건은 수리하여 사용하는 습관을 갖는 것이 지속가능한 생산과 소비를 실천하는 첫걸음이 됩니다. 모두가 책임감 있는 소비를 실천한다면, 자원 고갈을 막고 지속가능한 미래를 위한 기반을 다질 수 있습니다.

친구들과 함께 장난감의 필요한 부분을 찾아주며 서로의 의견을 나누는 과정은 협력과 소통의 중요성을 배우는 소중한 기회가 됩니다. 또한 내가 필요하지 않은 물건이라도 그것을 필요로 하는 사람을 찾아 나누는 것은 나눔의 가치를 실천하는 중요한 경험입니다. 주변 사람들을 살피고 서로 도움을 주고받으며 살아가는 태도는 지역사회를 넘어 지구촌 협력을 강화하는 첫걸음이 됩니다.

교사 및 아이의 성장이야기

　아이들이 자라면서 금방 싫증 나거나 고장 나서 버려지는 장난감들이 많습니다. 유치원에서도 조금이라도 고장 나거나 잃어버린 경우 아이들은 쉽게 버리고 새 물건을 사는 것에 익숙해져 있습니다. 그런 아이들의 모습을 볼 때마다 어떻게 하는 것이 적절한 방법인지 고민하게 됩니다. 고장 난 장난감을 직접 사용하며 불편한 부분들도 있었지만 내가 사용하지 않는 장난감이 누군가에게는 필요한 물건이 될 수 있다는 것을 함께 알아갈 수 있는 소중한 시간이었습니다. 이제는 아이들이 직접 장난감을 고쳐보려고 노력하며, 우리가 사용하지 않는 장난감을 다른 사람과 나누는 경험을 통해, 내가 가진 것을 함께 나누는 즐거움을 느낄 수 있었습니다.

현장 적용 tip!

Q. 고장 난 장난감을 기부해도 되나요?
A. 고장 난 장난감을 기부할 수 있는 곳이 있습니다. 장난감을 수리해서 장난감이 필요한 아이들에게 돌려준다고 합니다. 고장 난 장난감을 기부할 수 있는 곳에 기부하거나 지역에서 고장 난 장난감 수리가 가능한 곳을 알아봅니다. 지역 장난감 도서관이나 육아종합지원센터 등에서 무료로 장난감 수리를 하는 곳들이 있습니다.

Q. 3D펜을 아이들이 사용하기에 위험하지 않나요?
A. 어린이용 저온 3D펜을 사용하였으며, 3D펜을 사용할 때 처음에는 교사가 함께 사용법을 알려주며 지도합니다. 사용 시에 꼭 장갑을 착용하고, 3D펜은 사용 후 거치대에 올려 놓을 수 있도록 합니다.

4) 우리의 소중한 에너지

───── 놀이의 시작 ─────

　교실에서 3D펜 만들기 활동에 몰입하고 있는 아이들. 아이들이 즐거워하는 만큼 한 번에 여러 명이 사용하기 위해 3D펜을 멀티탭에 연결합니다. 아이들이 만들기를 한참 하던 도중에 갑자기 멀티탭 전원이 꺼져 3D펜이 작동을 하지 않습니다. 멀티탭과 전기 코드를 살펴보니 전기가 차단된 것 같네요. 무슨 문제가 생긴 건지 바로 해결하기는 어려워 보입니다. "선생님, 저 3D펜 언제 할 수 있어요?" 순서를 기다리던 아이들이 기다림에 지쳐 교사를 재촉합니다. 갑자기 멈춰버린 3D펜을 보며 왜 할 수 없는지 원망 섞인 목소리를 내기도 합니다. 아이들과 함께 우리가 쉽게 사용하는 에너지에 대해 알아봅니다.

───── 놀이 흐름 한눈에 보기 ─────

1. 우리가 사용하는 에너지	• 우리 주변의 전기 에너지 찾아보기

⌄

2. 에너지는 소중해요	• 전기 에너지가 없다면? • 전기도둑을 찾아라!

⌄

3. 건강하게 사용하는 에너지	• 전기제품에 있는 숫자를 찾아라! • 에너지 절약, 이렇게 실천해요!

―― 놀이 풀어가기 ――

1. 우리가 사용하는 에너지

　우리 주변에서 다양한 형태로 사용되는 수많은 에너지 중에서 가장 많이 사용되는 것은 전기 에너지입니다. 우리 교실에서도 전기 에너지를 사용하는 물건이 많습니다. 아이들과 함께 생활하는데 필요한 물건들은 대부분 전기로 작동합니다. 아이들과 함께 전기 에너지에 대해 알아보고, 우리 교실에 있는 전기 에너지를 찾아봅니다.

우리 주변의 전기 에너지 찾아보기

＊ 자료 자체제작 전기모양 스티커

＊ 방법

① 우리 교실에서 사용하는 전기 에너지를 찾아본다.

　"어떤 물건이 전기를 사용하는 것일까?"

② 친구들과 함께 전기 에너지를 사용하는 물건에 전기 모양 스티커를 붙여준다.

③ 전기 모양 스티커가 붙은 물건을 알아봅니다.

④ 교실에는 없지만, 집에서 전기 에너지를 사용하는 물건에 대해 이야기한다.

　"커피머신이요." / "선풍기요." / "믹서기요." / "드라이기요."

전기모양 스티커
다운로드

2. 에너지는 소중해요

"이것도 전기 쓰는 거예요?" 교실 문에 있는 비상구 표시에 불이 들어온 모습을 보고 질문을 던집니다. 전기 에너지를 사용한 물건을 찾아보고 나니, 아이들이 전기를 사용하는 물건들에 더욱 관심을 가집니다. 갑자기 전기를 사용하지 못하게 된다면 어떤 일이 생길지, 정전이 되었을 때 어떻게 해야 할지 이야기 나눠보기로 합니다. 이 과정에서 아이들은 전기 에너지의 가치와 소중함을 깨달을 수 있습니다.

전기 에너지가 없다면?

* **자료** 정전 뉴스 영상, 손전등

* **방법**

① 정전된 상황을 다룬 뉴스 영상을 함께 본다.

② 갑자기 전기가 사라진다면 어떤 불편함이 있는지 이야기한다.

③ 전기를 사용하지 못할 때 우리가 사용할 수 있는 물건이 무엇인지 이야기한다.

"손전등을 사용해요." / "부채를 사용해요."

④ 교실 불을 끈 후, 전기를 사용하지 않고 놀이를 한다. (놀이할 때, 손전등, LED 촛불 등과 같이 전기를 사용하지 않는 물건을 함께 제공한다.)

⑤ 놀이를 마치고, 놀이 소감을 이야기 나눈다.

"전기가 없으면 우리가 할 수 없는 게 무엇이 있을까?"

"빨래도 못 하고, 아이스크림도 못 먹어요."

전기도둑을 찾아라!

* **자료** 전기를 낭비하는 그림, 전기도둑 스티커

* **방법**

① 교실에서 사용하지 않는데 낭비되고 있는 전기를 찾아본다.

"화장실에 아무도 없는데 불이 켜져 있어요."

"피아노 안 치는데 켜놨어요."

② 전기를 낭비하는 그림을 보며 이야기 나눈다.

"냉장고 문을 자꾸 열면 안 돼요."

"아무도 없는 방에 불을 켜놓지 않아요."

③ 가정과 연계하여 집에서 전기를 낭비하는 상황을 찾아보고 전기도둑 스티커를 붙여준다.

④ 스티커를 붙여준 곳의 사진을 찍고, 내가 찾은 내용을 친구들에게 소개한다.

"가끔 쓰는데 스피커 콘센트를 매일 꽂아놔서 스티커를 붙여줬어요."

"아빠가 화장실을 다녀오고 불을 안 꺼서 아빠한테 스티커 붙여줬어요."

낭비되는 전기 에너지를 찾아보기

전기도둑 스티커 붙이기

전기도둑 스티커 다운로드

3. 건강한 에너지 사용

우리는 생활 속에서 전기 에너지를 많이 사용하며 살아갑니다. 교실에서도 당연하게 전등을 켜고, 우리가 보고 싶은 영상을 컴퓨터로 보며, 또 전자피아노를 마음대로 연주하고, 덥고 추울 때는 냉난방기를 켜며 생활하지요. 항상 사용하는 전기 에너지를 더 건강하게 잘 사용하는 방법은 무엇일까요. 소중한 전기 에너지를 절약하고 잘 사용하기 위해 교육기관뿐만 아니라 가정에서도 함께 할 수 있는 방법을 알아봅니다.

전기제품에 있는 숫자를 찾아라!

＊**자료** 에너지효율등급 그림, 활동지

＊**방법**

① 에너지효율등급에 관해 이야기 나눈다.
  "우리 교실에 있는 공기청정기에 숫자가 쓰여 있는데 어떤 숫자인지 아니?"
② 에너지효율등급의 의미에 대해 알아본다.
  "이 숫자는 공기청정기가 전기 에너지를 얼마나 사용하는지 알려주는 숫자야."
  "1부터 5까지 숫자가 있는데, 숫자가 낮을수록 전기를 적게 쓰는 물건이래."
③ 교실에서 에너지효율등급 마크를 찾아본다.
④ 집에서 에너지효율등급 마크를 찾아보고, 전기제품과 등급 숫자를 적는다.

에너지 절약, 이렇게 실천해요!

✽ 자료 에너지 절약 실천표, 쓰기 도구

✽ 방법

① 우리가 전기 에너지를 절약할 수 있는 방법에 대해 이야기 나눈다.

② 가정에서 직접 실천할 수 있는 약속을 정한다.

"안 쓰는 충전기 코드를 뽑아요."

"밖에 나갈 때 불을 꺼요."

"TV 안 볼 때 꺼요."

"게임기 안 쓸 때는 꺼놔요."

③ 내가 지킬 수 있는 약속을 에너지 절약 실천표에 적는다.

④ 가정에서 내가 정한 약속을 실천하고, 실천할 때마다 실천표에 색칠한다.

⑤ 내가 추가하고 싶은 약속이 더 생기면 실천표에 추가한다.

⑥ 실천표를 완성한 후, 내가 실천한 내용을 친구들과 공유한다.

에너지효율등급을 찾아요

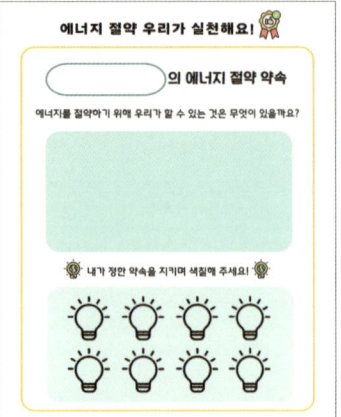

에너지 절약을 실천해요

── SDGs 연결 고리 ──

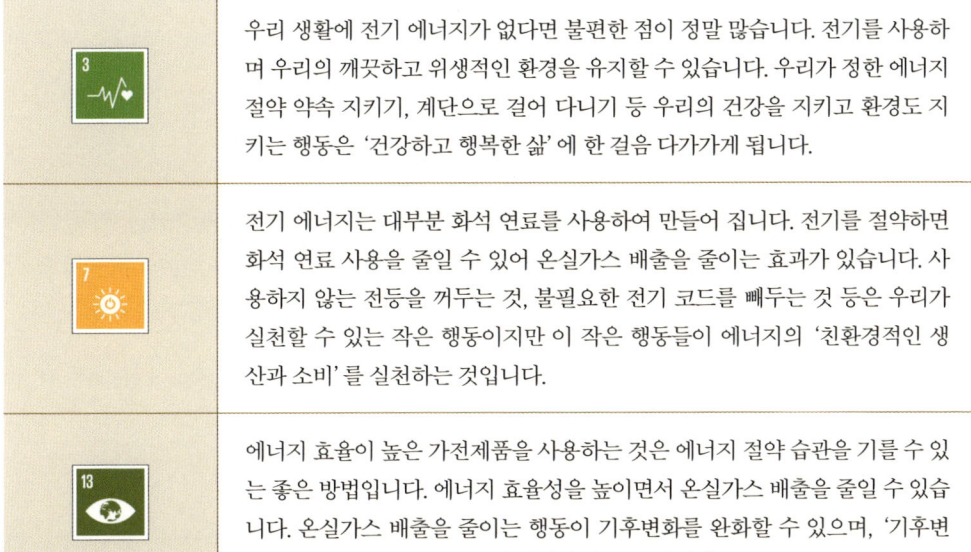

우리 생활에 전기 에너지가 없다면 불편한 점이 정말 많습니다. 전기를 사용하며 우리의 깨끗하고 위생적인 환경을 유지할 수 있습니다. 우리가 정한 에너지 절약 약속 지키기, 계단으로 걸어 다니기 등 우리의 건강을 지키고 환경도 지키는 행동은 '건강하고 행복한 삶'에 한 걸음 다가가게 됩니다.

전기 에너지는 대부분 화석 연료를 사용하여 만들어 집니다. 전기를 절약하면 화석 연료 사용을 줄일 수 있어 온실가스 배출을 줄이는 효과가 있습니다. 사용하지 않는 전등을 꺼두는 것, 불필요한 전기 코드를 빼두는 것 등은 우리가 실천할 수 있는 작은 행동이지만 이 작은 행동들이 에너지의 '친환경적인 생산과 소비'를 실천하는 것입니다.

에너지 효율이 높은 가전제품을 사용하는 것은 에너지 절약 습관을 기를 수 있는 좋은 방법입니다. 에너지 효율성을 높이면서 온실가스 배출을 줄일 수 있습니다. 온실가스 배출을 줄이는 행동이 기후변화를 완화할 수 있으며, '기후변화와 대응' 목표에 한 걸음 더 가까워질 수 있습니다.

교사 및 아이의 성장이야기

우리 반 교실 앞에 있는 강당은 기관에서 행사가 있을 때, 다른 반 아이들이 신체활동을 할 때 자주 사용하는 공간인 만큼 사용하고 나서 불을 다 끄지 못하고 가는 경우들이 종종 있습니다. 아이들이 평소에는 강당에 불이 켜져 있는 것을 보고도 그냥 지나칠 때가 있어 발견한 교사가 불을 끌 때가 많았습니다. 가정과 연계하여 지속적으로 전기 에너지에 대해 알아보고 낭비되는 전기를 찾아보는 활동을 진행한 결과, 아이들은 이제 강당에 불이 하나만 켜져 있는 것을 봐도 그냥 지나치지 않습니다. "선생님! 강당에 전기도둑이 있어요! 불 꺼주세요"라며 급하게 교사를 찾기도 합니다. 아이들이 직접 배우고 실천해 본 내용들이 실생활에 다양하게 적용할 수 있는 변화로 나타납니다. 아이들이 전기에너지에 대해 알아보면서 우리가 평소에 전기 에너지를 얼마나 많이 사용하고 있는지 알게 되었습니다. 또한 가정에서도 함께 전기 에너지를 절약하는 경험을 통해 에너지 절약을 실천할 수 있는 기회가 되었습니다.

현장 적용 tip!

Q. 아이들과 함께 나눌 수 있는 에너지의 종류는 또 어떤 것들이 있을까요?

A. 에너지의 종류는 정말 다양하고 많습니다. 어떤 물체를 움직이거나 사용할 수 있게 만드는 힘이나 능력을 에너지라고 합니다. 전기 에너지 말고도 우리가 많이 사용하는 에너지는 빛 에너지, 열 에너지 등이 있습니다. 이러한 에너지를 만들기 위해 여전히 화석 연료를 사용하고 있지요. 에너지를 만들 수 있는 다른 방법 중에 태양열, 수력, 풍력, 수소 등이 있습니다. 아이들과 다양한 친환경 에너지원에 대해 알아보고, 우리가 어떻게 친환경 에너지원을 사용할 수 있는지 함께 나눠보는 것도 도움이 될 것입니다.

3 함께 해요. 특별한 날!

1) 우리에게도 권리가 있어요(5월 5일 어린이날)

놀이의 시작

5월 5일 어린이날에 아이들을 위해 다양한 놀이와 선물을 준비합니다. 하지만 이런 준비는 일회성 행사로 끝날 수 있답니다. 어린이날에 아이들과 '권리'에 대해 이야기를 나눠보세요. 아이들에게 어린이에게도 권리가 있다는 것을 알려주는 것은 중요하기 때문입니다. 아이들이 자신이 누려야 할 권리를 알고, 이를 통해 자신과 타인의 권리를 존중하는 방법을 배운다면, 더 건강하고 협력적인 공동체를 만들 수 있습니다. 이번에는 아이들이 자신의 권리에 대해 배우고, 이를 표현하며 즐겁게 참여할 수 있는 활동을 통해 권리에 대해 생각하는 시간을 가져보려고 합니다. 아이들이 권리를 외치고 권리의 중요성을 실감하는 활동들을 함께 진행해 볼까요?

놀이 흐름 한눈에 보기

1. 아이들은 권리에 대해 알까요?	• 우리에게도 권리가 있어요.

2. 우리의 권리는 우리가 지켜요.	• 권리 인형극으로 권리를 경험해요. • 우리가 외치는 우리들의 권리

―――――― 놀이 풀어가기 ――――――

1. 아이들은 권리에 대해 알까요?

 5월 5일 어린이날을 맞이하여 아이들과 함께 '권리'에 대해 알아볼 수 있습니다. '권리'라는 단어가 조금 어렵게 느껴질 수 있지만, 우리 아이들에게 꼭 필요한 개념이죠. 그래서 아이들이 이해하기 쉽게 풀어낸 네 가지 아동의 권리 카드를 활용하여 소개하면 좋습니다. 어렵지만 아이들이 꼭 알아야하는 네 가지 아동 권리의 의미를 함께 알아보고 생각을 나눠봅시다.

우리에게도 권리가 있어요.

✻ **자료** 네 가지 아동 권리 소개 카드

✻ **방법**

① '권리'의 의미에 대해 이야기를 나눈다.
  "권리가 무슨 의미일까?" / "어린이에게도 권리가 있을까?"
② 소개 카드를 활용하여 네 가지 아동 권리를 아이들에게 소개한다.
③ 우리의 권리에 대해 아이들과 이야기를 나눈다.
  "어른들이 꼭 지켜주면 좋겠다고 생각한 권리가 있었니? 그 이유는 무엇이니?"
④ 다른 사람의 권리를 존중하는 방법에 대해 이야기를 나눈다.
  "권리는 나에게만 있을까?" / "교실에서 다른 친구들의 권리를 존중하기 위해서 우리가 할 수 있는 일은 무엇이 있을까?"

⑤ 아이들이 생각하는 권리에 대해 이야기를 나눈다.

"생존권은 내가 사는 거요!"

"보호권은 보호해주는 거예요. 제가 우리 강아지 챙겨주는 것처럼요."

"발달권은 키 크는 거요." "참여권은 말하는 거라고 생각해요."

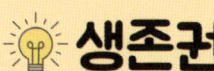

아이들에게 소개한 4가지 아동 권리
(출처:유엔아동권리협약)

아동 권리소개카드 다운받기

2. 우리의 권리는 우리가 지켜요

   아이들은 자신이 누려야 할 권리를 실제 놀이와 활동을 통해 배울 때 그 가치를 더 잘 이해 할 수 있습니다. 그래서 아이들이 직접 자신들의 권리를 표현하고 외치는 활동을 진행해봅니다. 권리 인형극은 아이들이 다양한 권리 상황을 경험하고, 자신과 친구들의 권리를 존중하는 방법을 배우도록 돕습니다. 그리고 자신의 권리를 외치는 활동을 통해 아이들은 자신의 권리를 더욱 명확하게 이해하고 표현할 수 있습니다. 아이들의 권리 인형극과 스스로 외친 권리! 어떻게 이루어졌는지 함께 살펴봅시다.

인형극으로 권리를 경험해요

* **자료** 손인형, 권리 인형극 대사

* **방법**

① 아이들과 함께 아동권리 내용이 포함된 이야기를 만든다.
   "주인공은 누구로 할까?" / "어떤 이야기가 들어가면 좋을까?"
② 역할 분담(손 인형, 음성녹음, 배경 준비, 촬영 역할)을 한다.
③ 손 인형 담당 아이들은 손 인형으로 영상을 찍는다.
④ 음성녹음 담당 아이들은 목소리를 더빙한다.
⑤ 완성된 인형극을 아이들과 함께 감상한다.

장면 1: 숲속 놀이터

꼬마 토끼:(밝게) 얘들아, 오늘은 뭐 하고 놀까? 놀이터 가자 !
다람쥐: 그래 좋아!
아기 여우:응! 그런데 꼬마 토끼야, 너 오늘 아침에 무슨 일 있었어? 기분이 안 좋아 보여.
꼬마 토끼:(슬프게) 응... 아까 큰 곰 아저씨가 내가 말을 하려는데 "어린 애가 무슨 말을 해?" 라고 했어.
다람쥐: 정말? 속상했겠다.

인형극 대사 일부   인형극 대사 다운받기

우리의 권리는 우리가 외쳐요.

* 자료 캔바(교육용)

* 방법

① 아동 권리에 대해 이야기를 나누며 가장 기억에 남았던 권리를 이야기 나눈다.

② 어른들이 꼭 지켜주면 좋겠다고 생각하는 아이들의 권리를 이야기 나눈다.

③ 아이들의 생각을 기반으로 '아이들이 외치는 우리들의 권리' 영상을 제작한다.

④ 아이들이 권리를 외치는 영상은 각 가정과 공유하여, 가정에서도 아동 권리가 함께 지켜지도록 안내한다.

 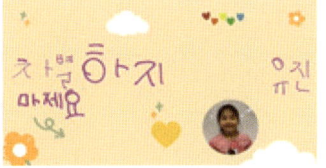 

아이들이 외치는 우리들의 권리

―― **SDGs 연결 고리** ――

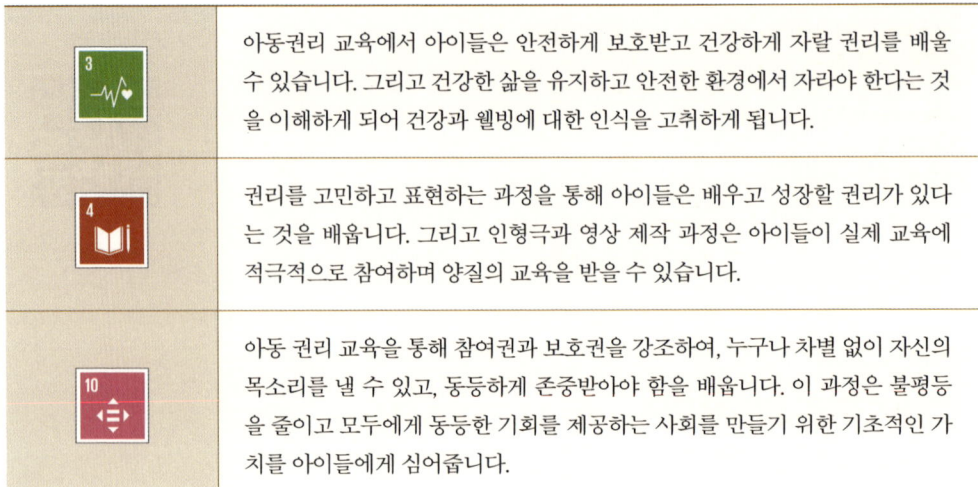

3	아동권리 교육에서 아이들은 안전하게 보호받고 건강하게 자랄 권리를 배울 수 있습니다. 그리고 건강한 삶을 유지하고 안전한 환경에서 자라야 한다는 것을 이해하게 되어 건강과 웰빙에 대한 인식을 고취하게 됩니다.
4	권리를 고민하고 표현하는 과정을 통해 아이들은 배우고 성장할 권리가 있다는 것을 배웁니다. 그리고 인형극과 영상 제작 과정은 아이들이 실제 교육에 적극적으로 참여하며 양질의 교육을 받을 수 있습니다.
10	아동 권리 교육을 통해 참여권과 보호권을 강조하여, 누구나 차별 없이 자신의 목소리를 낼 수 있고, 동등하게 존중받아야 함을 배웁니다. 이 과정은 불평등을 줄이고 모두에게 동등한 기회를 제공하는 사회를 만들기 위한 기초적인 가치를 아이들에게 심어줍니다.

교사 및 아이의 성장이야기

　교사는 아이들이 스스로 표현하고 참여하는 모습을 보며 아이들의 능력을 다시 바라보는 계기가 되었고, 아이들의 권리에 대해 깊이 있는 이해를 할 수 있었습니다. 그리고 아동 권리에 대한 아이들의 생각, 지금까지 아이들이 받아왔던 차별들을 파악할 수 있었고, 이것에 비추어 교사를 되돌아볼 수 있는 활동이 되었습니다.

　아이들에게 권리는 어려운 주제이지만, 인형극과 영상 제작을 통해 아이들은 자신의 권리를 표현하고, 타인의 권리를 존중하는 방법을 배울 수 있었습니다. 그리고 주입식, 교사주도적 교육에서 벗어나 아이들이 놀이를 통해 자연스럽게 권리에 대해 고민해 볼 수 있었습니다.

현장 적용 tip!

Q. 아동 권리 내용이 아이들에게 어렵지 않나요?

A. 맞아요. 아동 권리 내용을 아이들에게 하나씩 설명하는 건 너무 어렵습니다. 그래서 아이들이 일상과 관련하여 설명하며 이해하기 쉽도록 아동권리 내용을 수정하여 준비했습니다. 앞에 있는 QR코드를 인식해서 확인해 보세요.

Q. 영상 제작은 어떤 어플을 사용하셨나요?

A. 캔바를 사용했습니다. 캔바에 그리기 기능을 활용하여 아이들이 직접 글씨를 쓰고, 캔바에 직접 녹화하기 기능을 활용하여 권리를 외치는 영상을 찍었습니다. 그리고 캔바에 있는 요소를 활용하여 아이들이 꾸몄습니다.

2) 가족을 위한 특별한 선물(5월 8일 어버이날)

놀이의 시작

　가정의 달 5월이 되면 교실은 바빠집니다. 예쁘게 보이고 만들기 쉬운 재료를 주문하고 아이들과 허겁지겁 만들기를 하기 때문이죠. 그렇게 정신없이 어버이날을 보내던 어느 날 문득, '과연 교사가 고르고 아이들이 만든 선물로 가족에게 마음을 전하기 충분한가?, 어떤 마음으로 받으실까?, 단지 예쁜 쓰레기가 되지는 않을까?' 하는 생각이 듭니다. 단 하루를 위해 선물재료를 사들이고 단 하루만 반짝 빛나는 선물이 과연 누구를 위한 것일까? 아이들의 마음이 온전히 들어가 있는 선물이 맞을까? 라는 고민이 됩니다. 오랜 고민 끝에 비닐, 포장지, 종이 등 최소한의 재료로 감사와 사랑의 마음이 담뿍 들어가 있는 선물을 준비합니다. 그 선물을 지금 공개합니다.

놀이 흐름 한눈에 보기
---

1. 편지로 만나는 가족의 마음	
2. 마음 담뿍 선물	
3. 내가 고른 사랑 가득 선물	• 선물을 준비하기 위한 노력 • 향기로운 선물을 사러가요

―― 놀이 풀어가기 ――

1. 편지로 만나는 가족의 마음

"사랑하는 사람이 누구야?"라는 질문에 아이들은 "엄마요! 아빠요! 할머니요!"라고 대답합니다. 아무 조건 없이 사랑을 주고받는 대상이 바로 가족이지요. 여기에 진심이 묻어나는 가족의 편지를 받는다면 가족에 대한 아이들의 마음은 더 또렷하게, 더 밝게, 더 단단한 사랑의 마음으로 변하게 됩니다.

손편지의 즐거움

* **자료** 가족이 보낸 편지

* **방법**

① 사전 활동으로 가족에게 편지를 받는다.
- 손 편지 또는 패들렛, 문자, 카톡 등 다양한 방법으로 가족에게 편지를 받을 수 있다.
- 5월 5일 어린이날 이전 아이에게 보내는 편지를 준비 내용을 안내한다.

> 안녕하십니까. 해맑은 미소로 매일을 즐겁게 보내고 있는 ○○반입니다. 긴장된 3월을 보내고 꽃보다 아름답게 적응한 4월이 지나 아이들의 달인 5월이 왔습니다. 대견하고 사랑스러운 아이들에게 온 가족의 마음을 전하는 시간을 갖고자 합니다. 아이들의 달이기도 하지만 가정의 달이기도 한 5월, 가족의 마음을 담뿍 느껴보는 시간을 보내기 위해 아이들을 향한 러브레터를 보내주시기 바랍니다. 짧아도 좋고 길어도 좋습니다. 마음이 오롯이 들어간 러브레터를 기다리고 있겠습니다. 4월 30일까지 담임교사에게 보내주십시오. 감사합니다.

- 모든 가정의 편지를 받아 미리 준비해 둔다.

② 우리 반으로 온 편지봉투를 함께 열어보며 누구에게 온 편지일지 생각한다.
- 손편지의 경우, 편지를 읽고 벽면에 게시한다.
- 문자나 카톡 등으로 받았을 경우, 화면을 공유하여 읽고 프린트하여 게시해둔다.

③ 편지를 읽으며 누구의 가족이 쓴 편지인지 이야기한다.

"우리 가족인 것 같아요! 나를 윤이라고 부르거든요!"

④ 우리 가족의 편지를 듣고 난 마음을 몸으로 표현한다.

"나는 날아갈 것 같아요 / 얼굴이 빨개졌어요 / 안아주고 싶어요"

⑤ 우리 가족에 대해 짝 또는 모둠별로 이야기한다.

"우리 가족을 친구들에게 마음껏 자랑을 해봅시다."

⑥ 우리 가족 자랑 내용을 그림이나 글로 표현하여 가족 자랑 책 또는 포스터를 만든다.

가족 자랑 모습　　　　　　우리 가족 자랑 책

세나와 사랑1반 친구들에게♡

아빠엄마의 기쁨이자 행복인 우리아이들!
언제 이렇게 훌쩍 자라서 서툴더라도 혼자 척척척 해내려고하는 의젓한 어린이가 되었는지, 하루가 다르게 키도 마음도 성장하는 모습들로 인해 아빠 엄마는 모든 순간들이 선물같고 행복하단다.
새학기 새로운 친구들, 선생님과 함께 적응 잘하고 즐겁게 지내줘서 정말정말 고맙고, 어디에 있든 무엇을 하든 열렬한 팬인 아빠엄마가 곁에서 응원하고 있다는걸 잊지말아주렴!
서로 아끼고 사랑하는 힘으로 더욱 멋지고 예쁘게 자랄 우리 친구들의 모습이 너무 기대가되고 앞으로 함께 더 많은 추억을 쌓고 웃음 가득한 사랑1반 친구들이 되길 바랄게~! 사랑해♡

가족이 준 편지

2. 마음 담뿍 선물

어버이날 선물을 잘 준비해야한다는 부담감과 이로인해 바빠진 교사의 손놀림에는 여러 마음이 담겨있지요. 잠깐! 생각해볼까요? 어버이날 선물 준비에 아이들의 마음이 얼마나 담겨 있을까요?

마음 가득 담아 선물하기

* **자료** 카메라, 태블릿 PC 등 녹화가능한 매체

* **방법**

① 마음을 표현하는 방법에는 무엇이 있는지 이야기를 나눈다.

"칭찬을 받았을 때 나의 마음은 어떨까?" / "꼬옥 안아줄 때의 기분은 어땠니? 커다란 선물이 아니더라도 나의 마음을 표현하는 방법은 다양하단다."

② 가족을 위해 우리의 마음을 어떻게 표현하면 좋을지 이야기를 나눈다.

"안아줘요. 뽀뽀해줘요. 안마해줘요. 사랑한다고 말할래요."

③ 개인 발표 형식으로 나와 우리 가족을 칭찬 또는 자랑한다.

④ 발표 모습을 영상으로 찍어준다.

⑤ 찍어둔 영상을 가정에 발송한다.

- 슈퍼우먼DAY(여성 가족 칭찬 / 자랑), 슈퍼맨DAY(남성 가족 칭찬 / 자랑)로 진행하여 영상을 발송하고, 가정에서 아이들에게도 마음을 표현하는 시간을 갖도록 한다.

3. 내가 고른 사랑 가득 선물

아이들과 어버이날 선물에 대해 이야기를 나누다 한 아이가 "꽃집 가서 꽃 사고 싶어요"라고 말하자 모든 아이가 "나도 가고 싶어요!"라며 직접 선물을 고른다는 것에 큰 기대를 합니다. 아이들이 가족을 생각하며 꽃을 살 때 단순히 고르기만 하는 것이 아니라 꽃을 사기 위해 노력하고 고민하는 과정들이 필요합니다. 아이들이 가족을 생각하면서 준비한 '꽃' 선물은 따뜻한 마음이 들어있어 최고의 선물이 됩니다.

선물을 준비하기 위한 노력

* **재료** 역할 확인표, 쿠폰

* **방법**

① 지역 내 꽃집의 카네이션 가격을 함께 확인하고 살 수 있는 방법을 이야기한다.

② 교실에서 내가 책임을 다 할 수 있는 역할을 스스로 선택한다.

 "교실에서 내가 역할을 잘 해낼 수 있는 것이 있니?"

③ 책임을 다 했을 때의 보상 방법을 이야기 나눈다.

 "한 달 동안 내 역할을 잘 수행했을 때 어떤 보상을 주면 좋을까?"

 "보상을 주는 기준은 어떻게 정할까?" (예: 매일 수행했을 경우, 쿠폰 5장)

④ 약속한 기간 1주 전에 결과를 확인 후, 부족한 부분을 어떻게 채울지 이야기 나눈다.

 "1주일 동안 역할을 잘 수행한다면 나는 몇 개의 카드를 더 받을 수 있을까?"

 "내가 사려고 했던 꽃을 살 수 있니? 부족하다면 어떻게 해결하면 좋을까?"

 • 부족할 경우, 역할을 두 개로 늘리거나, 살 수 있는 꽃으로 변경할 수 있다.

향기로운 선물을 사러가요

가족을 생각하며 자신이 노력한 결과물로 직접 선물을 산다면 아이들은 어떤 것을 느끼게 될까요? 가족들은 어떤 생각을 하게 될까요? 아이들이 돈을 벌 수는 없지만 가족을 생각하며 역할에 책임을 다하고 그 결과로 산 선물은 돈으로 매길 수 없는 값진 선물입니다.

* **재료** 원하는 꽃 목록, 쿠폰

* **방법**

① 사전에 지역 꽃집과 연계하여 쿠폰을 제공하면 꽃을 살 수 있도록 준비한다.
② 내가 사려던 꽃을 확인하고 꽃을 구매한 뒤 구매한 경험을 이야기한다.
③ 가정에 꽃을 구매하게 된 과정을 안내한다.

> 가족의 편지에서 시작해 가족에게 마음을 전달하기 위한 한 달간의 준비한 아이들. "아빠가 깜짝 놀라겠죠? 할머니는 보라색을 좋아해요!" 등 가족을 떠올리며 신중하게 꽃을 구매했답니다. 그 따뜻한 마음을 생각하며 아주 기쁘게 받아주시기 바랍니다. 아이들이 가족을 생각하며 지낸 한 달의 여정이 느껴지실 겁니다. 감사합니다.

꽃 구매 목록표	꽃 구매	꽃 구매 후 표정

꽃 구매 목록표   꽃 구매   꽃 구매 후 표정

―― **SDGs 연결 고리** ――

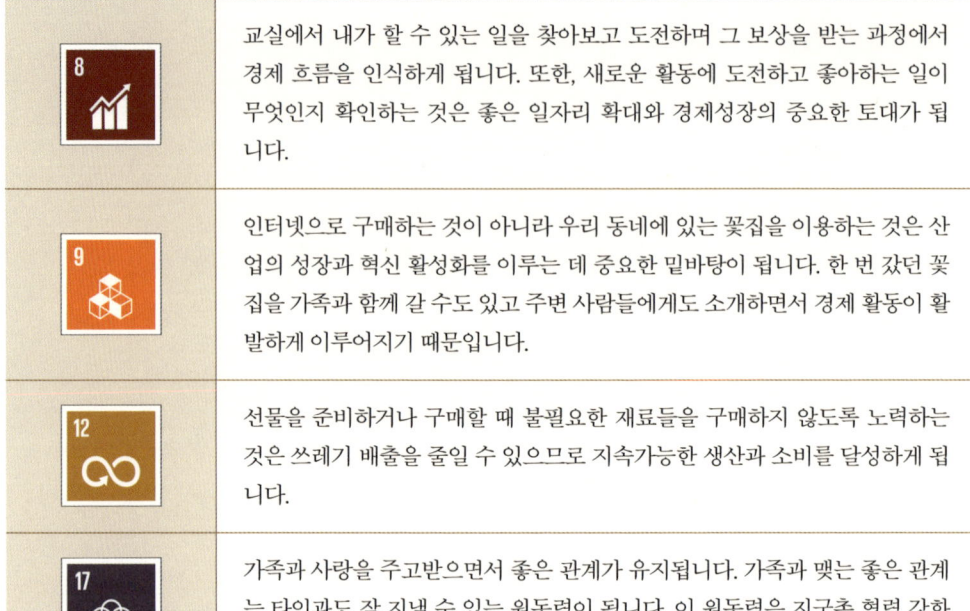	교실에서 내가 할 수 있는 일을 찾아보고 도전하며 그 보상을 받는 과정에서 경제 흐름을 인식하게 됩니다. 또한, 새로운 활동에 도전하고 좋아하는 일이 무엇인지 확인하는 것은 좋은 일자리 확대와 경제성장의 중요한 토대가 됩니다.
	인터넷으로 구매하는 것이 아니라 우리 동네에 있는 꽃집을 이용하는 것은 산업의 성장과 혁신 활성화를 이루는 데 중요한 밑바탕이 됩니다. 한 번 갔던 꽃집을 가족과 함께 갈 수도 있고 주변 사람들에게도 소개하면서 경제 활동이 활발하게 이루어지기 때문입니다.
	선물을 준비하거나 구매할 때 불필요한 재료들을 구매하지 않도록 노력하는 것은 쓰레기 배출을 줄일 수 있으므로 지속가능한 생산과 소비를 달성하게 됩니다.
	가족과 사랑을 주고받으면서 좋은 관계가 유지됩니다. 가족과 맺는 좋은 관계는 타인과도 잘 지낼 수 있는 원동력이 됩니다. 이 원동력은 지구촌 협력 강화의 기본 토대가 됩니다.

교사 및 아이의 성장이야기

교사들의 손이 바빠지는 계절 5월. 아이들의 마음이 아니라 교사의 예술혼이 들어간 선물 만들기에 급급했었는데 마음이 담긴 선물을 준비하고부터는 5월이 기다려집니다. "슈퍼맨 DAY를 아이아빠가 너무 좋아했어요. 슈퍼우먼 DAY도 기대됩니다." 아이들의 진심을 받고 진심으로 행복을 느끼는 가족을 보는 것이 교사인 나도 덩달아 행복해지기 때문입니다. 예쁜 쓰레기가 아닌 사랑이 담긴 선물을 준비하고 보내는 과정에서 아이들은 온 가족의 사랑을 더 섬세하게 찾는 눈과 마음을 갖게 되었으며, 사랑 표현이 늘었습니다. 가족 뿐 아니라 주변 사람들에게 "고마워, 도와줄까? 괜찮아?"라는 말을 더 사용하게 된 것입니다. 진심을 전하니 진심을 표현하게 된 아이들입니다.

현장 적용 tip!

Q. 꽃이 아닌 다른 선물은 없을까요?
A. 가족을 생각하며 준비하는 선물 모두 좋습니다. 우리 가족에게 가장 필요한 것이 무엇일지 가족이 받으면 좋아할 물건을 떠올리며 충분히 고민한 후 아이들과 선물을 정하는 것, 듣기만 해도 설레고 기대감이 차오르지 않나요?

Q. 꼭 아이들이 선물을 골라야 하나요?
A. 자기중심성이 높은 아이들이 가족을 위해 준비한 선물 그 자체로 큰 의미가 담겼습니다. 내가 좋아하는 것이 아니라 가족이 좋아하는 것, 가족을 기쁘게 할 것을 생각하며 준비하는 그 순간! 탈중심화가 일어납니다. 세상의 중심이 나로 돌아가던 아이들이 누군가와 마음을 주고받고 연결되는 짜릿한 경험을 하게 되는 것입니다.

3) 윙윙 꿀벌이 필요해요(5월 20일 꿀벌의 날)

— 놀이의 시작 —

"선생님, 또 벌이 있어요!", "으악 벌이다! 무서워"….
 요즈음 유난히도 놀이터 근처에 벌집이 많이 보입니다. 그러다 보니 바깥 놀이를 하다가 벌들이 나타나서 교실로 들어오기 일쑤! 내일 바깥 놀이하기로 약속은 했지만, 나무 한쪽에 있던 벌집을 제거하느라 나가지 못했답니다. 아이들은 벌이 즐거운 바깥 놀이를 방해하는 것 같아 싫다고 합니다. 꿀벌은 우리를 불편하게 하는 존재일까요? 벌이 없다면 어떻게 될까요? 아마 꽃도 보기 어렵고 맛있는 과일과 채소도 먹기 힘들어질 것입니다. 꿀벌에 대한 아이들의 시선이 긍정적으로 변화할 수 있도록 그림책 감상과 동요 부르기, 관찰 및 놀이 활동을 합니다.

— 놀이 흐름 한눈에 보기 —

1. 꿀벌이랑 친해져요	• 그림책으로 가까워지는 꿀벌 • 전래동요로 가까워지는 꿀벌

⌄

2. 꿀벌이 궁금해요	• 관찰하면서 알아보기 • 찾아보면서 알아보기

⌄

3. 우리는 꿀벌 지킴이	• 꿀벌을 도와줘! • 꿀벌아 행복해!

--- 놀이 풀어가기 ---

1. 꿀벌이랑 친해져요

벌에 대해 아이들은 어떤 이미지를 가지고 있을까요? 어떤 아이는 벌이 귀엽다고 생각해 친숙하게 느낄 수 있고, 또 어떤 아이는 벌이 소리내며 다가오는 것이 두려워 벌에 대한 지식 없이 부정적으로 생각할 수 있습니다.

벌은 우리 지구에 꼭 필요하고, 아주 소중한 존재입니다. 이꽃 저꽃 돌아다니면서 꽃가루와 꿀을 모으는 벌은 꽃가루를 나르며 열매를 맺을 수 있게 도와주고, 야생동물들과 사람들이 먹을 수 있게 꿀을 제공합니다. 그런데 최근 꿀벌의 개체수가 급격하게 감소하면서 사람들이 손으로 수분을 나르며 꿀벌의 일을 대신하기도 하지요.

교사는 아이들이 벌에 대해 부정적으로 생각하지 않고, 벌에 대한 올바른 정보를 통해 소중하게 여길 수 있도록 도와줍니다. 이를 위해 아이들이 일상에서 벌을 친숙하게 여기는 방법을 찾아봅니다. 아이들에게 익숙한 그림책 속의 귀여운 벌 이미지를 보여주면서 벌에 대한 이미지가 변화할 수 있게 도와줍니다. 또 벌이 들어간 노래를 아이들과 함께 불러본 뒤, 가사를 바꾸거나 아이들이 좋아하는 손 놀이를 활용해 벌 노래와 관련된 손 동작을 직접 만들어봅니다. 이러한 놀이를 통해 아이들은 자연스럽게 벌에 관심을 갖게 되면서 벌의 소중함을 알게 됩니다.

그림책으로 가까워지는 꿀벌

* **자료** 꿀벌 관련 그림책 『붕붕 꿀 약방: 간질간질 봄이 왔어요』
* **방법**

① 그림책 앞표지의 곤충을 살펴보고, 주인공이 누구일지 추측해본다.

② 그림책을 읽은 후, 그림만 다시 보면서 꿀벌을 찾아본다.

③ 그림책에 나오는 꽃(노란색 꽃) 하나를 선택한 후 바깥에서 찾아본다.

④ 여름, 가을, 겨울 버전의 그림책을 함께 보며 계절에 따라 변하는 벌의 모습을 알아본다.

전래동요로 가까워지는 꿀벌

* **자료** "벌아 벌아 꿀 떠라" 전래동요 음원
* **방법**

① 동요 "벌아 벌아 꿀 떠라"를 듣고, 가사의 의미를 추측한다.

② 가사의 의미와 벌이 하는 일을 알아본다. (연달래: 철쭉의 방언 / 지게달래: 진달래의 방언)

③ 노래를 반복해서 들으며 함께 불러보고, 노랫말을 바꾸어본다.

④ 친구와 함께 할 수 있는 손 놀이를 만들고, 동요 속도를 조절하며 즐겁게 참여한다.

노랫말을 바꿔보기

우리가 만든 손놀이

친구와 손놀이 해보기

2. 꿀벌이 궁금해요

　아이들은 이전보다 벌이 더 가깝게 느껴지자, 벌에 대해 더 자세히 알아보고 싶다고 합니다. 이때 몇몇 아이들이 교육기관에서 제거하고 남은 벌집과 죽어있는 벌이 떨어져 있는 것을 발견하게 됩니다. 처음으로 가까이에서 본 벌집이 신기하기만 한 아이들! 가까이에서 본 벌이 생각보다 무섭지 않고 귀엽다고 이야기하네요. 지난 시간에 배웠던 대로 다리가 여섯 개, 머리, 가슴, 배로 이루어진 곤충이라는 것도 실제 관찰을 통해 확인할 수 있었지요.

　그로부터 며칠 뒤, 아이들은 교육기관 앞 하천에서 산책 하다가 동글동글한 모양에 갈색의 무언가를 발견하면서 이게 무엇인지 궁금해합니다. 자세히 보니 작은 구멍의 집들이 있는 말벌의 집이네요. 아이들은 며칠 전에 보았던 벌집과는 너무나도 달라서 자신이 발견한 것이 벌집이라고 생각하지 못했지요. 한 아이가 말벌집을 손으로 만지니 바스락하며 부서지네요.

　교실로 돌아와서 우리가 보았던 벌집들을 떠올려 본 뒤, 벌집 사진을 보면서 그림으로 표현합니다. 아이들은 벌집 그리기를 통해 벌집과 벌의 차이를 좀 더 자세하게 살펴볼 수 있어 궁금한 점이 점점 생겨납니다. 벌에 대해 궁금한 점들을 모아서 적어본 뒤, 친구들이 적은 글을 보면서 서로의 생각을 이야기 나눕니다. 또 모르는 것은 교육기관 내의 과학 도서를 펼쳐보며 아이들끼리 답을 찾아봅니다. 스스로 탐구하는 과정에서 재미를 느끼고, 앎의 즐거움을 경험하고 있는 아이들! 벌을 잘 알아가고 있다는 것에 자부심을 가지며, 좀 더 벌에게 친밀함을 느껴가는 아이들은 이제 벌과 친구가 되어가는 중입니다.

관찰하면서 알아보기

* **자료** 벌 혹은 벌 사진, 모형

* **방법**

① 산책하면서 발견한 실제 벌과 벌집, 혹은 사진을 관찰한다.

② 벌의 크기, 생김새, 색깔, 집의 모양 등을 자세하게 살펴본다.

③ 벌이 어떻게 죽게 되었을지 생각해본다.

④ 벌이 살아있다면 무엇을 하고 있었을지 상상해본다.

⑤ 관찰한 벌집과 벌의 모습을 떠올리며 협동화를 그려본다.

찾아보면서 알아보기

* **자료** 벌 관련 과학 도서, 영상자료, 인터넷 등

* **방법**

① 놀이 시간에 벌에 대해 궁금한 점을 자유롭게 적어본다.

② 친구들이 적어둔 궁금한 점을 읽어본 후, 자신이 알고 있는 것을 소개한다.

③ 책을 통해 궁금증에 대한 답을 찾아본다.

④ 해결되지 않은 내용은 인터넷 검색을 통해 찾아보거나, 영상자료를 통해 알아본다.

벌과 벌집의 모습 그림

벌에 대해 궁금한 점 알아보기

3. 우리는 꿀벌 지킴이

　꿀벌에 대해 궁금증을 갖고 알아가다 보니 꿀벌 덕분에 예쁜 꽃들을 매년 볼 수 있으며, 맛있는 열매들을 먹을 수 있다는 것을 알게 됩니다. 또, 책과 매체를 통해 고마운 꿀벌이 사라지고 있다는 사실을 알게 됩니다. 유엔식량농업기구에 따르면 전 세계 식량작물의 71%가 꿀벌 수분 매개 활동으로 열매를 맺는다고 합니다. 대표적인 작물로 사과, 블루베리, 아몬드가 있습니다. 꿀벌이 없어지는 원인은 기생충, 바이러스, 농약, 전자기파, 유전자 조작 식물 그리고 지구 온난화 등 다양한 가설이 나오고 있습니다. 아직은 명확한 원인을 찾기 어렵다고 합니다. 이런 상황에서 우리가 할 수 있는 일은 무엇이 있을까요? 또, 환경오염으로 인한 기후변화와 살충제로 인해 고통받는 꿀벌들을 어떻게 도와줄 수 있을까요? 교사가 알려주기만 하는 것보다 아이들과 함께 꿀벌들이 살기 좋은 환경을 상상하며 우리가 도와줄 수 있는 방법을 놀이를 통해 알아보면서 아이들 스스로 찾아보도록 도와줍니다. 아이들은 저마다의 생각을 꺼내 벌들이 잘 살아갈 수 있게 꽃도 심고 가꿔보자고 이야기 하네요. 공간이 부족하여 어떻게 할지 고민을 한 끝에 아이들과 청바지를 모아 화분으로 만들어보기로 합니다. 가정에서 입지 않게 된 청바지를 모아 그 속에 흙을 담은 뒤, 씨앗과 새싹을 심었답니다. 아이들과 부모님이 입던 바지에 식물을 키우니 아이들은 더욱 관심을 갖고 매일 나가서 물을 줍니다. 우리가 식물을 무럭무럭 키워서 꽃을 피우면 벌들에게 꿀과 꽃가루를 줄 수 있겠죠?

꿀벌을 도와줘!

* **자료** 육각형 시트지, 매직, 넓은 공간, 그림책 『꿀벌과 함께 시작돼요』
* **방법**

① 그림책 『꿀벌과 함께 시작돼요』를 함께 읽고 꿀벌이 살기 좋은 환경을 생각해 본다.
　"꿀벌은 무엇을 먹고 살까? 꿀벌이 잘 살기 위해서는 무엇이 필요할까?"

② 꿀벌을 도와주는 행동과 꿀벌을 사라지게 하는 행동에 대해 알아본다.
　"어떤 행동이 꿀벌을 아프게 하는걸까? 우리가 어떻게 꿀벌을 도와줄 수 있을까?"

③ 매직으로 육각형 시트지에 꿀벌을 도와주는 행동을 그린다.

④ 시트지에 그린 그림을 바닥에 붙인다.

⑤ 술래를 한 명 정한다. 나머지 친구들은 꿀벌이 된다.

⑥ 술래는 밖에 서 있고, 꿀벌은 그림 위에 올라간다. 술래가 신호를 주면 게임을 시작한다.
　"꿀벌들은 집으로 들어가서 앉아보렴. 술래가 신호를 주면 벌은 돌아다닐 수 있어."

⑦ 술래는 돌아다니며 꿀벌(친구)을 잡는다. 단, 꿀벌이 집 안에 들어가면 잡을 수 없다.
　"술래는 집 밖으로 나온 꿀벌들만 잡을 수 있는 것이 규칙이야."

⑧ 술래에게 잡힌 꿀벌(친구)은 술래가 되고, 술래는 다시 꿀벌이 되며 놀이한다.

⑨ 꿀벌 날개나 머리띠를 만들어 착용하여 더 즐겁게 놀이한다.

'벌들이 살기 좋은 환경' 그림

'벌들을 위해 꽃을 심는 장면' 그림

'꿀벌을 구해줘!' 게임 장면

꿀벌아 행복해!

* **자료** 놀이 트레이, 동물(벌, 벌집, 아이들이 좋아하는 동물 등) 피규어, 실내놀이용 모래, 작은 자연물(나무조각, 조약돌 등), 스칸디아모스, 꽃 새싹 등

* **방법**

① 벌들이 행복하게 살기 위해서 무엇이 필요한지 생각해 본다.

"너희들이 즐겁고 행복하게 지내려면 집, 맛있는 음식, 따뜻하고 시원한 옷, 놀잇감들이 필요하지. 벌들이 행복하게 지내려면 무엇이 필요할까?"

"벌들도 먹이가 필요해요. 꽃이랑 풀이 많아야 할 것 같아요."

"벌 가족들이랑 친구들이랑 다른 동물들도 있어야 좋아할 것 같아요."

② 놀이 자료를 소개한다.

③ 더 필요한 재료를 교실에서 찾아본다.

"더 필요한 다른 재료들이 있을까? 교실에서 찾아보자."

④ 작품을 친구들에게 소개하고, 꿀벌과 사람이 행복하게 살 수 있는 환경에 대해 생각하며 놀이한다.

⑤ 실제 꿀벌이 살기 좋은 환경을 위해서 우리가 할 수 있는 노력을 생각해 본다.

"진짜 꽃도 심어주면 좋겠어요."

⑥ 야외에 나가 꽃을 심어본다. (꽃을 심을 땅이나 화분이 없는 경우, 버리는 청바지나 페트병, 일회용 컵 등을 화분으로 만들어 꽃을 심을 수 있습니다.)

우리가 꾸민 벌이 살기 좋은 환경

밖으로 나가 꽃 새싹 심어보기

우리 반 청바지 화분

꽃밭 가꾸기 놀이

---------- SDGs 연결 고리 ----------

환경오염으로 인한 기후변화는 꿀벌이 사라져가는 원인 중 하나로 지목되었습니다. 기후변화는 꿀벌뿐만 아니라 생태계의 많은 생물들을 사라지게 만듭니다. 생물들이 사라지고 기후가 변화하면 결국에는 사람들도 견뎌내기 어려워질 것입니다. 그래서 아이들과 기후변화에 대해 알아본 뒤, 기후변화를 막고 환경을 지키는 방법을 생각해 봅니다. 나아가 놀이를 통해 꿀벌과 우리가 살기 좋은 환경을 만들어보면서 기후변화를 막아보자는 마음을 새겼습니다.

꿀벌은 식물의 꽃에 꽃가루를 옮기며 수분 공급을 돕고, 작물의 수확량을 증가시키는 데 도움을 줍니다. 또, 야생동물들과 사람들에게 꿀과 꽃가루를 제공하여 생태계 안정성을 유지하는 데 중요한 역할을 하지요. 우리 지구에 꼭 필요한 꿀벌들이 사라지지 않게 하려면 육상생태계를 보존하는 것이 무엇보다 중요합니다. 꿀벌이 살기 좋은 환경을 만들기 위해 꽃과 나무 심기, 쓰레기를 함부로 버리지 않고 줍기 등 우리가 할 수 있는 일들을 실천해봅니다.

교사 및 아이의 성장이야기

갑자기 나타난 벌로 인해 바깥놀이를 하지 못하자 아이들은 벌을 해로운 존재로 느껴가고 있었습니다. 우리에게 가깝지만 먼 벌들. 다양한 벌의 종류와 벌이 하는 일에 대해 알아보는 과정에서 꼭 필요한 존재임을 아이들도 느끼게 됩니다. 아이들은 우리에게 도움을 주는 벌들이 자신의 잘못이 아닌데도 사라져가고 있다는 사실을 알게 되었고, 나아가 동식물의 생태계와 우리에게 미치는 영향까지 알게 되었습니다. 뿐만 아니라 벌 외에도 많은 동물들이 사라져가고 있다는 것도 알게 되었지요. 다행히 사람들이 조금씩만 노력하면 동물들을 지켜낼 수 있다고 합니다. 벌들이 무섭고 귀찮기만했던 아이들이 자세히 바라보며 귀여워하고, 또 벌들에게 고마워하며 이제는 지켜주자고 합니다.

현장 적용 tip!

Q. 꼭 꿀벌이어야 할까요?

A. 교육기관의 환경에 따라 다른 동물을 소재로 활동해도 좋습니다. 이 사례는 벌에 대해 부정적인 인식을 가졌던 학급의 특성을 반영해 진행한 활동입니다. 학급 아이들의 관심에 따른 멸종 위기 동물이나 근처에서 볼 수 있는 곤충을 소재로 활동하셔도 좋습니다.

Q. 어린 연령의 경우 동물을 사랑하는 방법을 스스로 알아보고 실천하기 어려워요.

A. 아이들의 인식을 긍정적으로 바꿔주기 위해서 꿀벌이나 동물과 친해지는 놀이로 먼저 다가갑니다. 꿀벌이나 동물을 접할 수 있는 동요나 그림책, 뮤지컬, 미술 활동을 통해 친숙해진 후, 긍정적인 감정이 생겼을 때 동물을 사랑하는 방법을 알려주면 실천하고 싶은 마음이 들 것입니다.

4) 새들과 함께 살아가요 (4월 1일 새의 날)

놀이의 시작

아이들과 산책을 하는데 "선생님 저건 뭐에요? 언니, 오빠들이 만들었어요?" 하며 문득 새집을 발견한 한 아이! 새들이 살 수 있게 만들어준 집이라고 교사가 말하자, 진짜 새가 있는지 궁금해합니다. 아이들이 궁금해하자 교사가 새집 안을 열어봅니다. 오래되어서인지 지저분한 모습이네요. 깨끗해야 새들이 둥지를 튼다는 이야기를 들었던 교사는 새집 안을 깨끗하게 청소합니다. 그리고 며칠 동안 아이들과 함께 근처에서 소리를 들어보기도 하고 관찰도 하다가 조심스럽게 열어봅니다. 작은 집 안에 들어있는 6개의 새알! 딱새의 알이라고 합니다. 새알을 살펴보고 나니, 이전에는 보이지 않았던 새집이 매일매일 궁금해진 아이들이 작은 새들을 응원합니다. "새들아, 우리가 지켜줄게!"

놀이 흐름 한눈에 보기

1. 딱새가 찾아왔어요	• 새집이 궁금해 • 딱새와 함께하기
2. 딱새야 응원할게!	• 딱새에게 온 편지 • 둥지를 만들어주자
3. 새들아 우리가 지켜줄게!	• 버드피더(새 먹이) 만들기 • 새들을 도와주자

놀이 풀어가기
---

1. 딱새가 찾아왔어요

　한 아이가 발견한 교육기관 앞의 새집. 공원이나 산책로에서 흔히 볼 수 있는 나무로 만든 새집이네요. 먼저, 새집 안을 깨끗이 정리해 줍니다. 혹시 새집이 없다면 아이들과 간단하게 만들어서 설치할 수도 있지요. 깔끔한 새집이 되고 며칠 뒤, 둥지 안에 새 알 여섯 개가 있는 모습을 발견합니다. 시간이 흘러, 멀리서 지켜보면 작은 새가 왔다 갔다 하는 모습을 볼 수 있습니다. 조심히 새집을 열어보니 둥지와 함께 작은 아기 딱새들이 살고 있네요. 봄을 맞이하여 새집 내부를 청소해 주었더니 딱새 가족이 둥지를 짓고 머물고 있었나 봅니다. 우리 반 앞에서 아기 새들이 잘 지내려면 우리가 어떻게 도와주면 좋을지 머리를 맞대고 고민합니다. "우리 집에서는 아가가 잘 때 조용히 해야 해", "아기 새에게 먹이가 필요하지 않을까?", "먹이는 엄마가 주겠지"…. 이야기를 나누고는 조용조용 딱새를 지켜보던 며칠, 그로부터 얼마나 지났을까요? 바쁘던 엄마 새의 모습이 보이지 않습니다. 새집을 열어보니 깨끗한 모습이네요. 아기 새들이 자라서 다른 곳으로 떠났나 봅니다. 이 모습을 본 아이들은 새집을 향해 외칩니다. "딱새야. 다른 곳에 가서도 잘 살아."

새집이 궁금해

* **자료** 교육기관 근처의 새집

* **방법**

① 교육기관 근처를 산책하며 새 둥지나 새집이 있는지 살펴본다.

(교사가 미리 교육기관 근처를 살펴보고 새집이 있는 곳을 찾아본다.)

② 새집을 관찰하는 방법에 대해 이야기 나눈다.

"새들은 가까이 다가가면 놀라고 무서워서 도망간대. 우리가 새집을 관찰하려면 어떻게 하면 좋을까?" / "너희들이 이야기 한 대로 멀리 떨어져서 소리를 들어보거나, 가까이 다가고 싶다면 조용히 살펴보자."

③ 시간을 두고, 변화 과정을 살펴보며 이야기를 나눈다.

"새집 안에 무엇이 있을까?" / "새집 안이 어떻게 변했을까?" / "새 알이 어떻게 되었을까?"

우리가 발견한 새집

새집 안 살펴보기

새가 낳은 알 관찰하기

딱새와 함께하기

* **자료** 그림책 『편지 받는 딱새』

* **방법**

① 『편지 받는 딱새』 그림책을 함께 읽는다.

② 딱새 가족을 돕기 위해 할아버지가 어떤 행동을 했는지 이야기 나눈다.

"할아버지가 딱새 가족이 조용히 살 수 있도록 어떻게 도와주셨니?"

③ 딱새가 잘 살 수 있도록 우리가 도울 수 있는 방법을 생각해 본다.

"새집 근처의 쓰레기를 주워줘요." / "아기 새들이 놀라지 않도록 조용히 놀이해요."

④ 우리가 생각한 방법을 지켜서 놀이한다.

2. 딱새야 응원할게

딱새들이 떠나고 난 뒤, 새집은 조용하지만 교육기관 근처에는 여전히 새들이 많습니다. 까치, 참새, 까마귀, 비둘기 등 많은 새가 찾아옵니다. 딱새를 시작으로 아이들은 새들의 생김새와 소리에 관심을 가집니다. 새들을 관찰하고 그리워하던 어느 날, 교사는 딱새로부터 온 편지를 소개해 줍니다. 우리가 지켜주자고 했던 딱새에게 답장을 써보기도 하고, 다시 놀러오라고 둥지를 만들어주며 딱새와 함께한 것을 추억합니다.

딱새에게 온 편지

* **자료** 나뭇잎, 펜

* **방법**

① 새집이 비어있는 것을 보고 새가 자라서 떠나갔음을 이야기 나눈다.

② 교사가 미리 나뭇잎에 편지를 써서 나무에 둔다.

"애들아 안녕! 나는 딱새야. 나는 어제 첫 비행에 성공했어! 너희들이 우리 집 근처의 쓰레기도 주워주고, 조용히 놀이해준 덕분이야. 고마워. 앞으로도 너희들을 보러 놀러올게. 반갑게 인사해줘!"

③ 첫 비행에 성공한 딱새를 축하하는 답장을 쓴다.

④ 편지는 교실에 게시해 두거나, 딱새의 집 혹은 자주 보이는 나무에 둔다.

둥지를 만들어주자

* **자료** 나뭇가지, 나뭇잎, 돌 등 자연물
* **방법**

① 딱새를 추억하는 방법은 무엇이 있을지 이야기 나눈다.
  "우리가 딱새가 되어볼래요." / "우리도 둥지를 만들어보고 싶어요."
② 주변의 자연물로 둥지를 만들고 꾸며본다.

딱새를 축하하는 답장 편지

비가 와서 창가에 걸어둔 편지
(비가 그치면 딱새 집에 전해주기)

새 둥지 만들기 놀이

새 둥지 꾸미기 놀이

3. 새들아 우리가 지켜줄게!

아이들은 딱새 알을 관찰하면서 새소리도 자주 듣다 보니 딱새뿐만 아니라 다른 새들에게도 애정을 갖게 됩니다. 교사가 다른 새들도 우리와 함께 잘 지내려면 어떻게 해야 할지 물어보자, 몇몇 아이들이 우리가 도와줄 거라고 자신 있게 말하네요. 또 다른 아이들은 머리를 맞대고 곰곰이 생각하더니, 딱새 집 근처의 쓰레기를 주워준 것처럼 교육기관 근처의 쓰레기도 주워주면 좋겠다고 이야기합니다. 이때 다른 아이가 좋은 생각이 났는지 의견을 제안합니다.

"바닥에 있는 쓰레기가 먹이인 줄 알면 어떡해! 쓰레기를 주워주자", "맞아. 쓰레기를 먹는 새도 봤어"라며 한 아이가 친구의 말에 공감합니다.

친구의 의견에 아이들은 바깥으로 나가 쓰레기를 주워봅니다. 막상 쓰레기를 줍다 보니 생각보다 힘든지 "선생님! 쓰레기 줍기가 너무 힘들어요. 쓰레기를 버리지 말아요!"라고 말하면서 다른 사람들에게 알리자고 이야기하네요. 아이들과 '쓰레기 버리지 않기' 캠페인을 어떻게 할지 의논한 뒤, 이에 필요한 도구를 찾아보고 문구를 정합니다. 아이들이 만든 팻말을 들고 함께 바깥으로 나가 캠페인 구호를 외치거나 노래도 부르면서 주변 사람들에게 알립니다.

이렇게 새들을 열심히 응원했던 여름이 지나고 날씨가 추워진 어느 날입니다. "딱새는 잘 지내고 있을까?"라며 한 아이가 궁금해합니다. 아이들이 관찰하던 딱새는 추운 겨울에도 우리나라에서 지내는 텃새입니다. 그런데 어느 날인가부터 보이지 않자 아이들은 걱정이 되나 봅니다. 이때 교사는 '까치밥'이라는 우리 전통문화를 소개해줍니다. 과일을 전부 따지 않고 몇 개 남겨두어 추운 겨울에 야생동물들이 굶주리지 않도록 돕는 선조들의 마음이지요. 우리도 선조들처럼 배고픈 새들이 영양을 보충할 수 있도록 우리 반 까치밥을 만들어보기로 합니다.

버드피더(새 먹이) 만들기

*** 자료** 지끈, 솔방울, 아이스크림 막대, 땅콩버터, 견과류

*** 방법**

① 그림책 『씨앗 세 알 심었더니』을 함께 읽고, 새의 먹이를 알아본다.

② 겨울철 먹이를 구하기 어려운 새들을 위해 새의 먹이(버드피더)를 만들어본다.

- 솔방울을 나무에 걸 수 있도록 고리 모양으로 지끈을 묶어 연결한다.
- 아이스크림 막대를 이용해서 땅콩버터를 솔방울에 골고루 바른다.
- 땅콩버터에 새의 먹이가 될 견과류들을 붙인다.

③ 나뭇가지에 먹이를 걸어준 후, 새들이 오는지 관찰한다.

솔방울에 땅콩버터 바르기

땅콩버터를 바른 솔방울에 견과류 묻히기

버드피더(새 먹이)를 교실 앞 나무에 걸어주기

새들을 도와주자

* **자료** 재활용품(상자, 이면지, 버리는 끈 등), 쓰기 도구

* **방법**

① 새들에게 어떤 도움이 필요한지 떠올려 보고, 우리가 할 수 있는 일을 생각해 본다.

② 아이들이 생각한 활동 중 하나를 선택한다.

"쓰레기를 줍고 싶어요. 우리가 쓰레기를 주워줘서 딱새가 잘 살았던 것 같아요."

③ 줍깅을 하고 난 뒤 느낀 점에 대해 이야기 나눈다.

"어떤 쓰레기가 가장 많이 보였니?"

"힘들었다고 이야기했는데, 어떻게 하면 사람들이 쓰레기를 버리지 않을까?"

"많은 사람들에게 알릴 수 있는 방법에는 무엇이 있을까?"

④ 재활용할 수 있는 우리 주변의 재료를 활용해서 캠페인을 준비한다.

"사람들에게 어떤 내용을 알려주고 싶니? 뭐라고 적으면 좋을까?"

⑤ 상자나 이면지 등에 알리고 싶은 문구를 작성하며 팻말과 어깨띠를 만든다.

⑥ 재활용품을 이용하여 만들 때는 아이들이 다치지 않도록 교사가 도와준다.(상자에 끈을 연결하기 위해 교사가 송곳으로 구멍을 뚫어주거나, 큰 상자는 교사가 잘라준다.)

⑦ 캠페인 활동을 할 장소를 정한다.

"우리가 어디로 가야 많은 사람들이 우리의 이야기를 들을 수 있을까?"

"언제 가면 사람이 많이 있을까?"

⑧ 캠페인 문구를 정한다. "뭐라고 외치면 좋을까? 캠페인을 하기 전에 연습해볼까?"

⑨ 아이들이 만든 캠페인 도구를 착용하고 약속한 장소에 가서 문구를 외친다.

"우리가 정했던 말을 외쳐보자. 음악에 맞추어 사람들에게 들려주고 싶었던 노래도 불러주자."

새집 근처 쓰레기 줍기

교육기관 근처 쓰레기 줍기

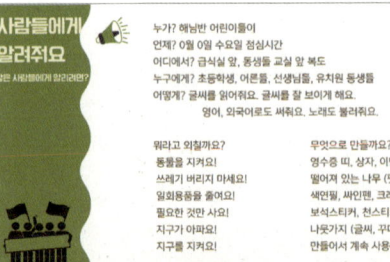

쓰레기를 줍고 느낀점 나누기

우리가 함께 정하는 캠페인 계획

버리는 영수증으로 캠페인 어깨띠 만들기

택배 상자로 캠페인 팻말 만들기

SDGs 연결 고리

아프리카에서 살다가 멸종된 도도새 이야기는 그림책으로도 나올만큼 유명합니다. 도도새처럼 우리나라의 황새도 흔히 볼 수 있었던 텃새였지만, 농약과 무분별한 개발로 인해 사라지고 있습니다. 우리가 흔히 생각하는 포유류 뿐만 아니라 많은 조류나 곤충, 식물들도 멸종위기에 처해있습니다. 아이들이 교육기관 근처의 딱새와 친해지면서 새로부터 시작하여 많은 동물에게 관심과 애정을 가지고 지켜주기 위해 했던 다양한 활동들은 육상생태계를 보존하기 위한 토대가 됩니다.

새들은 우리 주변에서 흔히 보이기 때문에 그 소중함을 잊기도 하지요. 새들은 씨앗을 퍼트리고 해충을 먹이로 하며, 먹이사슬의 일부로서 생태계 안정성에 도움을 줍니다. 우리 지구에 꼭 필요한 새들의 보호 방법을 아이들과 함께 알아봅니다. 우리만 알고 있는 것에서 나아가 다른 사람들에게 알리는 캠페인을 하면서 모두가 함께 새들을 보호하자고 외칩니다. 초등학생들이나 부모님, 다른 학급 선생님과 같은 주변 사람에게 알리는 캠페인 활동을 해보면서 협력을 도모할 수 있습니다.

교사 및 아이의 성장이야기

　교육기관의 나무, 공원, 산에서 흔히 볼 수 있는 새집을 열어본 적이 있나요? 한 아이의 이야기에서 시작된 궁금증으로부터 새집 속의 딱새의 알을 발견하게 되었습니다. 관심을 가지고 나니 새 소리도 다르게 들립니다. 아이들도 새를 발견하면 어떤 새인지 상상하며 이야기를 나누고, 새의 기분은 어떤지 생각해 보기도 합니다. 교실에서도 창밖을 보며 새들을 관찰하기도 합니다. 이렇게 관심을 가지고 애정 어린 시선으로 바라보니 자연스럽게 동물과 함께 하고 싶고 지켜주고 싶다는 생각이 듭니다. 우리 아이들이 다양한 종의 생물들과 함께 건강한 지구에서 살아갈 수 있기를 소망합니다.

현장 적용 tip!

Q. 왜 딱새인가요?
A. 아이들과 산책을 하면서 발견한 교육기관 앞 새집에 딱새가 찾아와서 알을 낳게 되었습니다. 딱새의 알을 함께 보고, 교실 밖에서 새가 지저귀는 소리도 듣다보니 아이들의 관심이 자연스럽게 흘러갔지요. 까치나 개미처럼 교육기관마다 다른 환경에서 아이들이 관심을 가지는 동물이나 곤충과 가까워져보세요.

Q. 새집이 없는 경우에 어떻게 만들 수 있을까요?
A. 주변의 재료로는 페트병이나 우유팩, 두꺼운 휴지심을 이용해 만들 수 있습니다. 페트병이나 우유팩의 한쪽 면에 새가 드나들 수 있는 구멍을 만들어준 뒤, 나무에 고정시킬 수 있습니다. 두꺼운 지관통은 그대로 나무에 걸어두어도 됩니다. 좀 더 완성도 있는 새집을 원한다면 키트나 원목을 활용하여 만드는 방법이 있습니다.

제4부

지속가능발전 이음교육을 위하여

1. 디지털과 만나요

1) 새로운 방법으로 친구 만나기

놀이의 시작

지역의 특성상 소수로 구성된 학급이 있습니다. 이러한 학급은 적게는 두세 명의 아이들로 이루어져 교사-아이, 아이-아이 간의 더 친밀하고 깊이 있는 상호작용이 이루어질 수 있는 환경을 제공합니다. 아이들은 함께 지내면서 서로를 잘 이해하고 의지할 수 있는 기회를 얻는 반면에 새로운 친구들을 만나는 데는 어려움이 있습니다. 새로운 친구들에 대한 아이들의 관심과 열망을 존중하여 더 넓은 세상과 연결될 수 있도록 주변 선생님들께 도움을 요청해 봅니다. 다양한 활동과 교류를 통해 새로운 만남의 기쁨을 느낄 수 있도록 돕는 것은 아이들의 성장에 중요한 밑거름이 됩니다.

놀이 흐름 한눈에 보기

| 1. 새로운 친구를 만나는 ZOOM | • ZOOM으로 친구 만나기
• ZOOM으로 친구들을 만날 때 지켜야 할 약속이 있을까요? |

| 2. 새로운 친구를 만나는 패들렛 | • 패들렛에서 관계 맺기 |

제4부. 지속가능발전 이음교육을 위하여

―――――― 놀이 풀어가기 ――――――

1. 새로운 친구를 만나는 ZOOM

 아이들에게 다른 친구들을 만날 수 있는 방법을 물어봅니다. 아이들은 놀러 가거나 차를 타고 가는 방법을 제안하네요. 그러던 중 한 아이가 영상 통화를 제안하자, 다른 아이들도 출장 간 부모님이나 멀리 있는 가족과의 영상통화 경험을 공유합니다. 이를 계기로 교사는 동료 교사와 협력해 ZOOM으로 아이들이 새로운 친구들을 만날 수 있는 시간을 마련해 봅니다.

> **ZOOM으로 친구 만나기**
>
> * **자료** ZOOM이 깔린 노트북(데스크탑), 웹캠
>
> * **방법**
> ① 정해진 시간에 ZOOM을 킨다.
> ② 화면을 보며 아이들이 자유롭게 하고 싶은 말을 전달한다.
>   "어디에 있어?" / "지금 뭐해?" / "나 누군지 알지?" / "뭐라고? 잘 안들리잖아."
> ③ ZOOM이 끝난 후 친구들을 만난 느낌이나 소감에 대해 이야기 나눈다.
>   "제가 하고 싶은 말을 다 못했어요." / "친구들이 뭐라고 하는지 잘 모르겠어요."

 새로운 친구가 TV화면에 비치자 환호성을 터트리며 하고 싶은 이야기들을 쏟아내기 시작합니다. 친구의 모습이 비치자 저마다 하고 싶었던 이야기들을 자유롭게 하는 아이

들. 그러나 너무 많은 아이들이 동시에 말하다 보니 친구의 말이 잘 들리지 않네요. 첫 번째 ZOOM은 그렇게 정신없이 마무리가 됩니다.

아이들은 "제가 하고 싶은 말을 다 못했어요.", "친구들이 뭐라고 하는지 잘 모르겠어요."라며 아쉬움을 표현하네요. 원활한 소통을 위해 교사는 아이들과 함께 '영상통화를 할 때 지켜야 할 약속'에 대해서 이야기 나누어 봅니다.

ZOOM으로 친구들을 만날 때 지켜야 할 약속이 있을까요?

* **자료** ZOOM 회의 영상 녹화 자료

* **방법**

① ZOOM 회의 영상 녹화 자료를 함께 본다.

② 친구의 말이 잘 들리지 않았던 이유에 대해서 생각한다.

"컴퓨터로 새로운 친구들을 만나니까 어땠어?"

"○○이는 잘 안들렸다고 하는데, 왜 잘 안 들렸다고 생각해?"

"그럼 새로운 친구들이 하는 말을 잘 듣고 우리가 하고 싶은 말을 잘 전달하기 위해서는 어떻게 해야 할까?"

③ ZOOM으로 친구를 만날 때 지켜야 할 약속과 규칙에 대해 이야기 나눈다.

"친구가 이야기할 때는 기다려줘요."

"친구가 이야기할 때는 옆에서 장난치지 않아요."

"친구가 대답할 때까지 기다려줘요."

④ 함께 정한 약속을 실천하며 ZOOM에서 친구들을 만난다.

이야기를 나눈 후에 아이들은 ZOOM에서도 대화할 때처럼 지켜야 할 약속이 있어야 함을 깨닫게 됩니다

2. 새로운 친구를 만나는 패들렛

 아이들은 새로운 교육기관과 그곳에서 만난 친구들의 이야기를 들으며 궁금했던 점들을 해결해 나갑니다. 그러나 ZOOM으로 하는 영상 매체로 관계를 맺기에는 시간을 미리 정해야 한다는 점, 한 번에 여러 명의 친구가 말하지 못한다는 점 등의 한계가 있습니다. 교사는 ZOOM의 한계를 극복하여 더 다양하고 원활한 소통을 위해 새로운 도구인 '패들렛'을 사용합니다. 패들렛에 아이들이 다니고 있는 교육기관의 모습을 사진으로 찍어 공유하고, 각 반에 있는 친구들을 소개하는 모습을 담아봅니다.

패들렛에서 관계 맺기

* **자료** 노트북(데스크탑), 스마트폰 등 사진을 찍을 수 있는 매체

* **방법**

① 패들렛 링크를 만들어 공유한다.

② 공유받은 패들렛 링크에 사진이나 궁금한 점 등을 자유롭게 남길 수 있도록 한다.
   "내가 다른 블록도 보여달라고 하니까 새로운 블록 사진도 올라왔어." / "진짜로 여기는 시소가 있네."
   / "여긴 미끄럼틀이 세 개야." / "재밌냐고 물어보자."

③ 사진, 영상, 댓글 등을 주고받으며 관계를 맺는다.

④ 여러 가지 소통 결과물(사진, 영상, 댓글)을 보며 이야기 나눈다.

― **SDGs 연결 고리** ―

	친구와 헤어지는 상황에서 느끼는 그리움, 보고 싶어 하는 감정을 표현하는 과정을 통해 감정을 조절하고 공감하는 능력을 키울 수 있습니다. 자신의 감정을 올바르게 인식하고 해소하는 경험은 정신건강과 웰빙을 증진할 수 있도록 돕습니다.
	디지털 교육의 중요성이 커짐에 따라, 모든 아이가 온라인 교육에 접근할 수 있도록 지원하는 것이 필요합니다. 그러나 아이들을 대상으로 한 디지털 교육은 아이의 발달 특성상 고려해야 할 부분이 많습니다. 디지털 매체를 통한 다양한 소통 경험은 디지털 도구의 긍정적인 측면을 경험하면서 디지털 도구를 이해할 수 있도록 돕습니다.
	디지털 매체를 활용하는 과정에서 불편함을 인식하고 이를 개선하기 위해 질서와 규칙이 필요함을 배우게 됩니다. 질서와 규칙을 정하고 지키면 친구들과 좋은 관계를 유지할 수 있게 됩니다. 이러한 경험은 앞으로 경험하게 될 더 다양하고 큰 사회에서 만나게 되는 사람들과도 서로 잘 지낼 수 있도록 돕습니다.

교사 및 아이의 성장이야기

　아이들은 새로운 얼굴을 마주 보지 않아도 영상통화나 댓글과 같은 디지털 매체를 활용해 서로의 마음을 나누고 관계를 유지하는 것을 경험하면서 소통의 다양한 방법에 대해 깨닫게 되었습니다. 또한 아이들은 새로운 친구들의 환경에 대해 질문하고 알아보는 과정에서 자연스럽게 호기심과 탐구심도 기를 수 있게 되었습니다.

　소통의 방법이 변화하더라도, 소통을 하는 본질적인 이유나 목적은 변화하지 않을 것입니다. 현재 우리가 경험하는 디지털 세상에서 아이들이 조금이나마 안전하고 새로운 소통 방식을 경험하며, 소통의 의미를 다시 한번 생각하고 깨닫게 돕는 것도 교사의 역할입니다.

현장 적용 tip!

Q. ZOOM을 사용할 때 미리 준비해야 할 것들은 무엇이 있나요?
A. ZOOM 사용을 위해서 회원가입이 필요합니다. 참여 교사 중 한 명만 회원가입이 되어있으면 됩니다. 회원가입을 통해 ZOOM 계정이 있는 교사가 회의실을 만들고, 회의실 번호와 비밀번호를 공유해주세요. 무료 계정인 경우 30분만 무료로 사용할 수 있으므로 아이들에게 제한된 시간이 있음을 미리 안내해야 합니다.

Q. 디지털 매체 말고도 다른 소통방법은 없을까요?
A. 영유아기에 놓치지 않아야 하는 소통은 사람과 사람의 만남입니다. 우편을 통해 직접 편지나 그림 주고 받기, 현장체험학습 장소 같은 곳으로 정하기, 유치원으로 초대하기 등 아이들끼리 직접 만나는 다양한 소통을 경험할 수 있도록 지원해주세요.

2) 건강한 디지털 시민으로 성장하기

─── **놀이의 시작** ───

디지털 기술이 유아교육 현장에 들어오면서 디지털 시민성에 대한 교육의 필요성이 제기되고 있습니다. 어린이집 및 유치원 교사가 알아야할 디지털 시민성과 교육(2019)에 따르면 "디지털 시민성이란 미래사회에서 개인의 삶과 일, 관계에서 반드시 갖추어야 할 필수적인 것으로 디지털 미디어를 이용하는 사람들이 갖추어야 할 역량 전반을 지칭하며 이용 기술, 태도, 행위적 요인이 모두 포함된다"라고 정의합니다. 현재 아이들은 스마트폰, 태블릿 PC, IPTV 등을 통해 다양한 콘텐츠를 시청하고, 키즈카페나 문화공간에서는 터치스크린, 미디어 아트 등 디지털 기술이 활용된 놀이를 경험하게 됩니다. 급변하는 사회 속에서 아이들이 건강한 디지털 시민으로 자랄 수 있는 활동을 소개합니다.

─── **놀이 흐름 한눈에 보기** ───

1. 개인정보란 무엇일까요?	• 우리 반 태블릿 pc 비밀번호 정하기 • 사진도 개인정보예요

⌄

2. 궁금한 점이 있어요	• 날씨를 알아볼 수 있는 방법은 무엇이 있을까요?

⌄

3. 우리가 볼 수 있는 영상일까요?	• 내가 좋아하는 영상을 소개해요 • 영상물 등급위원회

―― 놀이 풀어가기 ――

1. 개인정보란 무엇일까요?

아이들과 교실에서 사용하고 있는 태블릿 PC의 비밀번호는 어떻게 설정하고 있나요? 아이들과 함께 태블릿 PC 비밀번호에 대한 이야기를 나누어봅니다.

우리 반의 태블릿 PC 비밀번호 정하기

* **자료** 전자칠판, 종이, 쓰기도구 등

* **방법**
① 태블릿PC의 비밀번호가 필요한 이유에 대해 이야기 나눈다.
② 어떤 숫자로 비밀번호를 하면 좋을지 이야기 나눈다.
③ 우리 반만의 비밀번호를 만들고, 태블릿 PC에 설정하고 사용한다.

내가 좋아하는 숫자에 투표하는 아이들

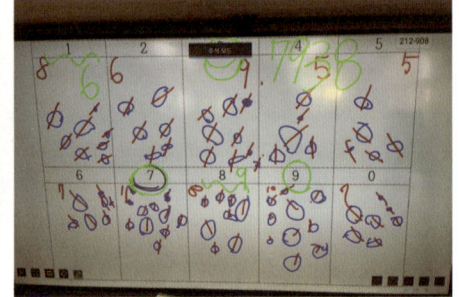
투표결과를 조합해 만든 비밀번호

아이들이 찍은 사진을 가지고 '오늘의 놀이 이야기'를 하던 와중에 한 아이가 찍은 사진 속 내 모습이 마음에 들지 않았는지 화를 내기 시작합니다. 아이의 이야기를 들어보니 자신을 찍는 줄도 몰랐고, 친구들에게 그런 자신의 모습을 보여주기 싫다는 이유였습니다. 아이들과 함께 친구의 기분을 물어보고, 어떻게 하면 좋을지 이야기 나누어봅니다.

사진도 개인정보예요

* **자료** 종이, 쓰기도구 등
* **방법**

① 사진도 개인정보 중 하나임을 설명한다.

"우리 얼굴은 아주 특별해요. 우리 얼굴은 우리가 누구인지 알려주는 아주 중요한 정보랍니다. 그래서 사진도 비밀번호처럼 소중하게 잘 지켜야 해요. 장난감이나 내 가방을 다른 사람이 마음대로 가져가면 안 되는 것처럼 사진도 내 허락 없이 다른 사람에게 주면 안 돼요. 친구의 소중한 정보니까 사진도 친구에게 허락을 구하지 않고 찍는 것도 안 되겠지요."

② 친구의 개인정보를 지켜주기 위해서는 어떻게 해야 할지 이야기 나눈다.

② 이야기 나눈 것을 토대로 우리 반 사진 약속을 만든다.

우리 반 카메라 약속

2. 궁금한 것이 있어요

아이들은 책뿐만 아니라 TV, 유튜브 등 여러 매체를 통해서 다양한 정보를 습득하게 됩니다. 이러한 과정에서 아이들은 정보를 구별하지 않고 있는 그대로 받아들이기도 합니다. 많은 정보가 가득한 세상에서 나에게 필요한 정보는 무엇인지, 그 정보를 찾기 위해서는 어떻게 해야 하는지, 분별력을 기르기 위해서는 어떻게 해야 할지 고민했습니다.

그러던 어느 날, 여름에 하고 싶은 놀이 중 물총놀이를 할 수 있는 날에 대해 이야기를 나눕니다. 물총놀이는 비가 안 오는 아주 더운 날에 해야 한다는 아이들의 이야기를 듣고 날씨를 알 수 있는 방법에 대해 함께 알아봅니다.

날씨를 알아볼 수 있는 방법은 무엇이 있을까요?

* **자료** 신문, 뉴스, 검색 포털 등 날씨를 알 수 있는 매체

* **방법**
① 날씨를 알 수 있는 매체에 대해 이야기 나눈다.
② 자료를 찾으며, 날씨도 찾아본다.
③ 어떤 매체가 편했는지, 어떤 점이 불편했는지 등에 대해 이야기 나눈다.

3. 우리가 볼 수 있는 영상일까요?

일상생활에서 아이들은 자신들이 본 영상에 대해서 많은 이야기를 나눕니다. 영상을 소재로 어떤 점이 기억에 남았고 어떤 것이 재미있었는지 이야기를 나누기도 하고, 영상에 등장하는 주인공이 아이들의 놀이 속 주인공이 되기도 하고, 놀이의 소재가 되기도 합니다. 아이들은 과연 어떤 영상을 좋아할까요? 그 영상을 좋아하는 이유는 무엇일까요? 아이들의 생각을 물어보았습니다.

내가 좋아하는 영상을 소개해요

* **자료** 내가 좋아하는 영상을 소개할 수 있는 활동지

* **방법**
① 내가 좋아하는 영상(프로그램 이름, 유튜버 등)을 선택한다.
② 그 영상을 선택한 이유, 영상을 볼 때의 기분 등을 이야기 나눈다.
③ 우리가 좋아하는 영상이 무섭거나, 내용을 이해할 수 없어서 어려웠던 경험에 대해 이야기 나눈다.
  "내가 좋아한다는 이유로 무서운 영상을 많이 보면 어떨까?"
  "영상을 보면서 무슨 뜻인지 몰라 어려웠던 경험이 있었니?"

영상물 등급 위원회

* **자료** 아이들이 좋아하는 영상자료, 아이들의 대화·놀이 속에 자주 등장하는 영상자료, 영상물등급위원회 활동지, 영상물 등급이 표시된 영상자료

* **방법**

① 영상물 등급과 관련된 사진 자료를 보며 이야기 나눈다.

"영상물 등급과 관련된 사진, 영상을 본적이 있나요?"

"이런 표시가 왜 있을까요?"

② 영상물 등급을 판단하는 이유와 기준에 대해서 이야기 나눈다.

"어린이들이 건강한 어른으로 자랄 수 있도록 어린이가 봐도 되는 영상인지 아닌지를 생각해서 구분해 두었어요"

"어린이들이 영상을 보고 이해할 수 있는지, 서로 때리는 장면은 없는지, 나쁜 말이 나오는지 등을 생각해서 어린이들이 볼 수 있는 영상인지 아닌지 판단해 놓았어요"

③ 영상물 등급 위원회가 되어 우리가 보는 영상에 대해 생각한다.

④ 앞으로 영상을 볼 때는 어떤 기준으로 봐야하는지 이야기 나눈다.

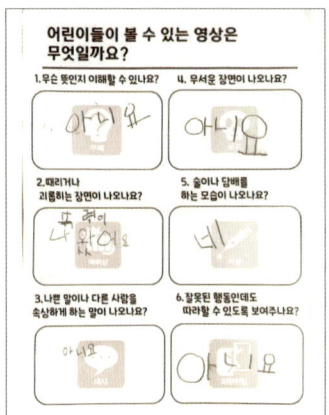 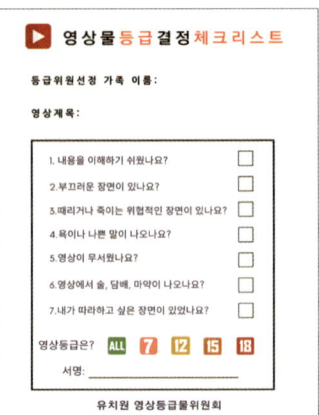

영상물 등급 위원회 관련 활동자료 예시

―― **SDGs 연결 고리** ――

디지털 매체를 교실 속에서 활용하면서 놓치지 않아야 할 내용이 디지털 시민성입니다. 디지털 기기 사용에 대한 기본적인 이해뿐만 아니라 안전하게 관리하는 방법을 가르치는 과정도 중요합니다.

내 개인정보도 중요하지만, 다른 사람의 개인정보도 존중해야 하는 필요성을 아는 것은 사회적인 책임과 윤리적인 행동을 배우는 중요한 과정입니다. 다른 사람의 개인정보를 보호하는 것이 왜 중요한지 그리고 내 정보를 다른 사람에게 공유해야 할 때 조심해야 하는 것이 무엇인지 알게 됨으로써 사회적으로 책임감 있는 행동을 할 수 있습니다.

교사 및 아이의 성장이야기

이미 디지털 시민성이 중요함을 알고 있으나, 3~5세 아이들에게 어디서부터 어떻게 지도를 해야할지 막막했습니다. 아이들의 대화를 들으며 아이들의 일상생활 속 문제나 경험과 관련하여 디지털 시민성을 풀어나가며 아이들에게 더 나은 교육을 할 수 있었습니다.

놀이시간마다 들려오는 찰칵찰칵 소리, 개인정보 중 사진과 관련된 이야기를 나눈 후에는 "찍어도 될까?"라는 아이들의 목소리가 더 많이 들려옵니다. 카메라에 자신의 모습이 찍히고 싶지 않을 때, 감정을 정확하게 표현하는 시도를 경험하고, 다른 친구가 불편해하는 것은 하지 않으며 친구를 배려하는 마음을 키워갔습니다.

현장 적용 tip!

Q. 아이들이 관심을 보이지 않아도 이 활동들을 해야 하나요?

A. 아니요. 그렇지 않습니다. 디지털 시민성을 교육할 때 가장 중요한 점은 유아의 생활 속에서 지속적으로 이루어져야 한다는 점입니다. 단순히 지식 전달이 아니라 가정이나 교실에서 문제상황이 발생했을 때, 혹은 교사가 아이들의 관심이나 필요성에 따라 교육적 개입이 필요하다고 판단한 경우 활동을 진행해 주세요.

Q. 정확한 정보 검색 방법을 어떻게 알려줄 수 있을까요?

A. '날씨' 라고만 검색하면 현재 위치의 날씨 정보를 확인할 수 없습니다. 원하는 지역의 날씨를 알고 싶다면 '○○시 날씨' 처럼 구체적인 지역명을 포함하여 검색해야 합니다. 이처럼 필요한 정보를 정확히 얻으려면 검색할 때 구체적인 내용을 포함해야 한다는 것을 알려주세요.

2 가정, 초등학교와 만나요

1) 가정과 교육기관이 만나는 행복이음

놀이의 시작

교사는 아이들이 교육 기관과 가정에서 지구를 사랑하고 환경을 지키는 마음이 꾸준히 지속되길 바랍니다. 간혹 학부모들께 지속가능한 발전 교육에 대해 이야기를 하면 "어린이들이 이런 교육을 이해할 수 있을까?", "집에서 이런 내용을 어떻게 실천해야 할지 모르겠어요" 등을 고민합니다. 이러한 걱정을 덜기 위해, 부모님들이 먼저 지속발전가능교육(ESD)을 배우고, 가정에서 자연스럽게 실천할 방법을 찾는 것이 중요합니다.

놀이 흐름 한눈에 보기

1. 함께 만들어가는 지속가능발전교육(ESD)	• 배우고 기획하는 건강한 지구 만들기 • 3주체가 함께 만들어가는 지구

2. 지속가능발전목표(SDGs) 부채만들기	• 지속가능발전목표(SDGs) 부채만들기

3. 지속가능발전교육(ESD) 실천 사례	• 똑똑한 주방놀이 • 몸으로 기억하는 분리배출

―― 놀이 풀어가기 ――

1. 함께 만들어 가는 지속가능발전교육(ESD)

교육 3주체인 교사, 학부모, 유아가 협력하여, 학부모와 교사는 지속가능발전목표(SDGs)와 연계된 창의적인 놀이를 기획합니다. 이러한 기획을 통해 아이들은 놀이 체험 활동에 관심을 가지고, 놀이 간판을 만들어 활동을 진행하면서 지속가능성의 가치를 직접 느끼고 배우게 됩니다. 교육 3주체는 놀이를 통해 가정과 기관에서 실천 가능한 방법을 함께 찾고, 놀이 속에서 지구를 위한 작은 행동들을 자연스럽게 익히며, 실천에 옮깁니다. 이를 통해 가정과 교육기관은 지속가능한 지구를 위한 협력의 발판을 마련합니다.

(1) 배우고 기획하는 건강한 지구 만들기

* **자료** 전지, 색연필, 펜, 스티커, 지속가능발전목표(SDGs) 관련 포스터 및 이미지 자료
* **방법**
① SDGs의 목표와 중요성에 대한 연수를 지속가능발전교육(ESD) 전문가를 초청하여 실시한다.

　강의 주요 내용
　• SDGs의 17가지 목표 / 환경 및 사회 문제의 원인과 현황
　• 변화하는 세상에서 아이들을 어떻게 교육할 것인지 고민하기
　• 현재 가정과 교육기관에서의 지속가능발전목표(SDGs) 실천 사례
② 학부모들이 가정과 유치원에서 아이들이 놀이를 통해 실천할 수 있는 지속가능발전

교육(ESD) 놀이 아이디어를 구상한다.

③ 체험 운영 방식을 의논한다.(학부모가 각 교실에 들어가서 학급별로 진행 또는 전체 부스에서 유아가 부스별로 진행)

④ 놀이 체험 활동의 날짜와 시간을 결정하고, 각 부스당 몇 명이 운영할지 정한다. (유아의 발달 특성을 고려하여 각 체험당 20분 이내 진행, 이동시간 5분 여유, 활동 보조 지원 인력 있으면 도움됨)

⑤ 아이들이 흥미를 가질수 있는 체험 활동의 제목을 의논하여 함께 만들어 본다.

* 교사, 학부모, 아이가 공모 형식으로 진행할 수도 있음

(예: 친환경 슈퍼히어로, ○○유 함께 놀 지구, 우리는 ○○유 지구 탐험대)

(2) 3주체가 함께 만들어가는 지구

* **자료** 광목천, 필기도구, 놀이부스별 자료 및 샘플

* **방법**

① 교사는 학부모가 기획한 놀이 제목과 활동 내용을 아이들과 함께 살펴본다.

② 교사는 지속가능발전목표(SDGs) 이미지를 살펴보며 아이들과 함께 이야기 나눈다.

③ 교사는 아이들과 함께 체험 활동에 필요한 플랜카드와 활동코너 간판을 만들어본다.

학부모 연수 및 회의

체험 주제 간판

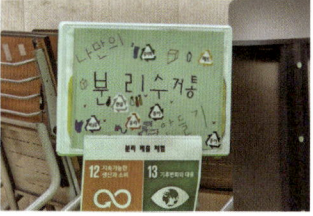
활동 코너 간판

지속가능발전목표(SDGs) 부채만들기

　지속가능발전교육(ESD)에 필요한 목표를 아이들이 쉽게 알고 이해할 수 있도록 지속가능발전목표(SDGs)의 이미지를 스티커로 제작하여 부채에 붙이고 꾸미서 들고 다닐수 있도록 합니다. 지속가능발전목표(SDGs)를 반복적으로 노출해 아이들이 자연스럽게 목표를 익힐 수 있도록 돕는 것이 가장 큰 목적입니다. 또한 에어컨 대신 부채를 사용하며, 자원을 절약하는 방법을 배우게 됩니다. 이러한 놀이를 통해 아이들은 지속가능발전목표(SDGs)를 친숙하게 접하고 실생활에서도 실천하는 방법을 배웁니다.

지속가능발전목표(SDGs) 부채 만들기

* **자료** 지속발전가능교육 목표 스티커, 부채, 필기도구
* **방법**

① 학부모가 아이들에게 자신을 'ESD(지속가능발전교육) 선생님'이라고 말하며, 17가지 지속가능발전목표(SDGs)를 간단히 설명한다.
"안녕, 나는 ESD야, 나는 지구를 아주 많이 사랑해. 그런데 지구가 요즘 많이 아프대. 우리가 함께 지구를 지키기 위한 17가지 목표를 알아볼까?"

② 아이들은 지속가능발전목표(SDGs) 스티커의 이미지를 살펴보며 이야기 나눈다.
"4번에는 책과 연필이 있네. 무슨 뜻일까? / 14번에는 어떤 그림이 있니?"

③ 지속가능발전목표(SDGs) 스티커를 부채에 붙이고, 필기도구를 활용하여 자유롭게 꾸며 본다.

똑똑한 주방놀이

　매일 사용하는 수세미와 물티슈를 친환경 소재로 바꿔본 적이 있나요? 아이들은 기관에서 직접 키운 천연수세미가 설거지에 쓰일 수 있다는 사실에 신기해하며, 일반 수세미와 달리 부드럽고 지구를 해치지 않는다는 점을 배웁니다. 또한, 물티슈 대신 목화솜으로 만든 소창을 사용하면서 자연으로 돌아갈 수 있는 소재의 중요성과 부드러운 촉감을 경험합니다. 아이들은 친환경 제품을 사용하면 우리의 건강을 지키는 동시에 지구를 보호할 수 있다는 것을 깨닫게 됩니다. 친환경 생활은 작은 실천에서 시작되므로, 아이들에게 이를 몸소 느끼고 배울 기회를 제공하는 것은 매우 소중합니다.

지속가능발전 실천 사례

* **자료** 천연수세미, 일반 수세미, 물을 담은 넓은 용기, 역할 놀이 주방 도구, 물티슈, 소창

* **방법**

(1) 천연수세미와 일반수세미

① 실물 식물 수세미와 삶은 천연수세미 보여주며 이야기를 나눈다.

　"(실물 수세미를 보며주며) 이 수세미는 우리가 직접 키운 식물이죠? (삶은 천연수세미를 보여주며) 이건 뭘까요? 언제 사용하죠? 맞아요. 엄마 아빠는 설거지할 때 사용하는 겁니다. 그런데 이 식물 수세미를 삶으면 설거지할 때 쓰는 수세미로 변신한대요, 세제 없이 기름때를 없앨수도 있고, 카레물이 들지도 않아요. 빨리 마르기도 하고, 음식물 쓰레기로 버릴 수 있으니, 지구를 아프게 하지 않는 멋진 수세미랍니다."

② 아이들이 두 종류의 수세미(천연수세미, 일반수세미)를 만져보고 비교한다.

"천연수세미를 만져보니 어떤 느낌이 드나요?"

"일반 수세미와 천연수세미는 느낌이 어떻게 다른가요?"

③ 역할놀이 주방도구와 넓은 용기를 이용해, 두 가지 수세미를 가지고 설거지를 한다.

"어떤 수세미로 설거지 하는게 더 편했나요?"

"천연수세미를 사용하니 어떤 점이 좋았나요?"

④ 설거지를 마친 후, 아이들의 손에 묻은 물이 떨어지지 않도록 용기 안에서 손을 오므렸다 폈다하며 물을 털어낸다.

(2) 소창과 물티슈 비교하기

① 아이들에게 소창을 건네주며 손을 닦아보게 한다.

"소창은 목화솜에서 뽑아낸 실로 만들어져서 옛날에는 행주, 수건이나 기저귀로 사용 했대요. 걸어두면 빨리 마르기도 한 대요."

② 소창과 물티슈를 번갈아 사용하며 촉감을 비교한다.

"소창으로 닦아보니 어떤 느낌이 드나요?"

"물티슈와 비교했을 때 어떤 점이 다른 것 같아요?"

천연수세미로 설거지

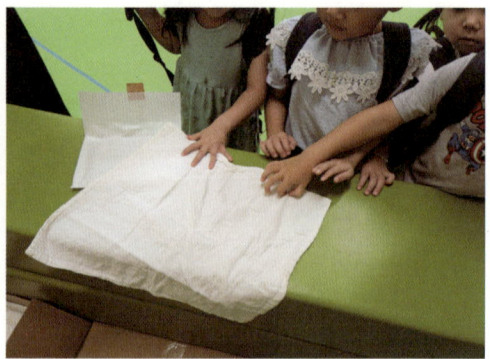

소창 만져보기

몸으로 기억하는 분리배출

　아이들과 함께 분리배출의 중요성을 배우고 재미있게 실천하는 방법을 알아봅니다. 자신만의 분리수거통을 만들어 미니 쓰레기통에 이름을 적고, 재활용 스티커를 붙이며 재활용 가능한 물건에는 어떤 것들이 있는지 배우게 됩니다. 캥거루 주머니에 재활용품 모형을 단 뒤, 아이들은 폴짝 뛰어 자신이 맡은 재활용품을 올바른 바구니에 분리배출하며 놀이로 즐겁게 실천합니다. 바구니 속 핸드벨을 울리며 성공을 알리는 순간, 아이들은 성취감과 함께 분리배출의 중요성을 몸으로 익힙니다. 이러한 활동은 아이들이 일상생활에서 자연스럽게 환경보호를 즐겁게 실천해나가는 소중한 경험이 될 것입니다.

분리배출은 이렇게

1) 나만의 분리수거통 만들기

* **자료** 미니 쓰레기통, 재활용스티커, 필기도구

* **방법**

① 자신만의 미니 분리수거통에 이름을 쓴다.

② 다양한 재활용스티커를 살펴보고, 어떤 물건들이 재활용되는지 이야기 나눈다.

③ 분리수거통에 재활용스티커를 붙인 후 필기도구로 자유롭게 그리고 꾸며본다.

2) 분리배출 게임

* **자료** 재활용품 실물(캔, 비닐, 종이, 플라스틱), 캥거루 주머니, 핸드벨, 재활용품을 매달 수 있는 끈, 스카치테이프, 재활용 마크가 붙여진 투명한 바구니

✱ 사전 준비
- 캥거루 주머니 손잡이에 각각 재활용품 모형(캔, 비닐, 종이, 플라스틱)을 매달아둔다.
- 재활용 바구니에 재활용품 종류별로(캔, 비닐, 종이, 플라스틱) 구분하여 넣어둔다.

✱ 방법
① 캥거루 주머니의 손잡이를 잡고 한 발씩 주머니에 넣는다.
② 자신이 입은 캥거루 주머니에 어떤 재활용품이 매달려 있는지 확인한다.
③ 자신의 재활용품 종류에 맞는 재활용 바구니로 두 발을 모아 폴짝 뛰어간다.
④ 주머니에 있는 재활용품과 재활용 바구니에 있는 재활용품이 일치하면, 바구니 속 핸드 벨을 울리고 자기 자리로 돌아온다.

분리배출 게임

나만의 분리수거통 만들기

── SDGs 연결 고리 ──

3	친환경 수세미나 소창을 사용하는 활동을 통해, 유해 화학물질을 줄이고, 아이들의 건강을 보호하는 방법을 익히게 됩니다.
4	교사와 학부모가 지속가능발전교육(ESD)에 대해 공부하고, 기관과 가정에서 아이들에게 지속가능한 생활습관을 기르는 활동을 함께 기획함으로써, 아이들에게 어릴 때부터 양질의 지속가능발전교육(ESD)을 접하게 됩니다.
11	학부모들은 지역 사회의 문제와 가정에서 할 수 있는 해결 방안에 대해 논의하고, 가정에서 실천할 작은 행동들이 지역 사회의 환경 보호와 지속가능성에 어떻게 기여할 수 있는지 배웁니다.
12	학부모들이 친환경 수세미나 소창과 같은 천연 소재 사용, 재활용품의 분리배출, 자원 절약 등의 실천 방안을 배우고, 이를 아이들과 함께하는 활동으로 연결합니다.
13	기후변화의 영향과 일상생활에서 기후변화에 대응하는 행동(에너지 절약, 자원 관리 등)을 배우며, 가정에서 이를 실천할 수 있는 놀이나 체험을 계획합니다.

교사 및 아이 그리고 학부모의 성장이야기

처음에는 학부모들이 지속가능발전교육(ESD)을 어떻게 실천해야 할지 막막해했지만, 전문가 초청 연수를 통해 지속가능발전교육(ESD)가 아이들의 미래와 직결된 중요한 교육임을 깨닫고 더 적극적으로 참여하게 되었습니다. 아이들은 활동 전에 각 놀이에 대한 간판을 만들며 흥미를 높였고, 어렵게만 생각했던 지속가능발전목표(SDGs) 17가지 목표에 대해 이미지를 살펴보고 함께 이야기를 나누며 지속가능한 발전에 대한 관심을 키웠습니다. 학부모들은 가정에서도 지속가능한 생활을 실천하는 데 더 큰 동기부여를 얻었답니다. 교사들 역시 놀이를 기획하고 아이들과 함께 참여하는 과정을 통해 지속가능발전목표(SDGs)를 재미있게 익히며 만족감을 느꼈습니다. 아이들은 손을 씻은 후 소창으로 손닦는 습관을 들였고, 가정과 교육기관에서 지속가능한 수세미를 사용하기 시작했습니다. 또한 재활용마크에 관심을 가지며 분리배출 규칙을 스스로 점검하는 등 작은 실천을 꾸준히 이어가는 모습을 보였습니다.

현장 적용 tip!

Q. 학부모들이 지속가능발전교육(ESD) 활동에 낯설어하거나 시간과 노력을 들이는데 부담을 느낍니다.

A. 일상과 연결된 간단한 활동으로 시작합니다. 예를 들어, 집에서 재활용품 분리하기, 천연수세미 사용해 보기 등 소소한 활동을 제안합니다. 연수나 워크숍은 짧고 간결하게 진행하며, 아이들과 함께 참여할 수 있는 기회를 제공합니다. 또한 교사와 부모가 협력해 함께 기획하고 진행하면 보다 원활하게 프로그램을 진행할 수 있습니다.

Q. 학부모의 관심이 적어 실천이 어려운데 어떻게 하면 좋을까요?

A. 소수의 교사와 적극적인 학부모가 먼저 모여 놀이 기획을 체계적으로 구성하는 것이 중요합니다. 이들이 활동의 목표와 계획을 구체화한 후, 추가 자원봉사자를 모집해 역할을 분담하면 효율적으로 진행할 수 있습니다. 자원봉사자들에게는 간단하고 구체적인 역할을 맡겨 부담을 줄이고, 놀이 준비 과정에서 학부모들이 자연스럽게 흥미를 느낄 수 있도록 안내합니다. 또한, 놀이 기획 내용을 공유하여 실천의 필요성과 재미를 강조하는 방법으로 참여를 유도하면 더욱 효과적으로 협력할 수 있습니다.

2) 유치원에서 초등학교로의 이음

---- 놀이의 시작 ----

유치원에서 초등학교로 넘어가는 시기. 아이들에게는 새로운 환경, 친구들, 학습 방법 등 많은 변화가 한꺼번에 다가옵니다. 이는 아이들에게 큰 도전과 불안감을 안겨주기도 하지요. 초등학교 진학 이후에도 아이들의 심리적 안정감과 교육내용의 연속성, 환경 변화에 대한 적응력을 위해 이음 교육이 중요해지고 있습니다. 현장에서 나온 고민을 해결하는 방안으로 초등학교와 함께 하는 이음교육뿐만 아니라 유치원에서 독자적으로 이루어질 수 있는 이음교육의 내용들을 소개해 봅니다.

---- 놀이 흐름 한눈에 보기 ----

1. 첫 만남은 어렵지 않아!	• 한 울타리에 있는 우리들의 첫 만남 • 어서와~ 유치원은 처음이지?

⌄

2. 따로 또 같이 하는 교육	• 함께하는 환경교육 • 우리가 정한 지구를 사랑하는 방법 실천하기

⌄

3. 유치원에서도 실천할 수 있어요.	• 올바른 그림책 찾아오기 • 페이지를 찾아라! • 스스로 물건 챙기기 – 준비물 목록 활용 • 타이머가 울리면 교실로 돌아오기

―― 놀이 풀어가기 ――

1. 첫 만남은 어렵지 않아!

함께 입학식을 경험한 유치원 아이들과 초등학교 1학년 학생들. 1학년 학생들은 급식실과 강당, 복도에서 마주치는 유치원 동생들에게 관심을 갖게 되고, 유치원 아이들도 1학년 학생들에게 인사를 건네며 이야기를 나누고 싶어합니다. 서로에게 관심이 생기기 시작한 시점에 긍정적인 관계 형성을 위해 미션지를 활용하여 유치원 아이들과 1학년 학생들의 첫 만남을 준비할 수 있습니다. 또 유치원을 개방하여 함께 놀이할 수 있는 시간도 가질 수 있습니다.

한 울타리에 있는 우리들의 첫 만남

* **대상** 유아, 초등학교 1학년 학생
* **자료** 미션안내판, 미션지, 이름표, 이름표상자
* **방법**
① 각 상자에 1학년 이름표와 유치원 이름표를 넣는다.
② 한 명씩 앞으로 나와서 이름표 상자에서 각 하나씩 이름표를 뽑는다.
③ 미션지에 내가 뽑은 이름을 적는다.
④ 미션지를 들고 다니며 내가 뽑은 두 명과 미션을 수행한다.
⑤ 미션 인증은 핸드폰으로 사진을 찍거나, 교사가 확인하는 방식으로 진행한다.

유치원 동생들 이름표를 뽑는 1학년 / 누나와 함께 점프 미션하기 / 아이들의 미션지

어서와~ 유치원은 처음이지

* **대상** 유아, 초등학생

* **자료** 유치원 놀이 소개 동영상, 유치원 초대장, 초등학생용 편지지

* **방법**

① 초등학생들이 유치원에 놀러 오는 날을 선정한다.

② 유아들과 함께 초대장 및 놀이 소개 동영상을 제작하여 초등학교에 보낸다.

③ 초대장을 받은 초등학생들은 정해진 시간에 유치원에 놀러 온다.

④ 아이들과 초등학생들에게 각각의 미션을 제시하고, 놀이 시간을 제공한다.

　*아이들 미션: 언니, 오빠들의 이름 물어보기, 같이 사진 찍기

　*초등학생 미션: 유치원 동생들에게 편지 쓰기, 유치원 동생 이름 세 명 외워 오기

초등학생이 남기고 간 편지 / 놀이 소개 동영상 일부

2. 따로 또 같이 하는 교육!

　유·초 이음교육은 아이들의 성장과 교육에서 연계와 이음, 지속성에 중점을 두어야 하는데 행사 위주로 진행되는 것이 옳은 방법인지에 대해 고민이 필요합니다. 유·초 이음교육이 단순 행사로 끝나지 않고 교육에서 이음이 이루어지도록 유치원과 초등학교 교사가 함께 협의하여 하나의 주제를 선정하고, 선정된 주제를 기반으로 함께 교육을 진행할 수 있습니다. 유초이음교육 주제를 '환경'으로 선정합니다. 유치원과 초등학교가 함께 한 환경교육을 지금부터 소개합니다.

함께하는 환경교육 - 우리가 지구를 사랑하는 방법

* **대상** 유치원생, 초등학교 1학년 학생
* **자료** 그림책『내가 지구를 사랑하는 방법』, 활동지
* **방법**
① 유치원과 1학년이 함께 그림책『내가 지구를 사랑하는 방법』을 읽는다.
② 아이들이 서로 모여 앉아 지구를 사랑하는 방법에 대해 이야기를 나눈다.
③ 각 모둠에서 선정한 내용을 발표한다.
④ 모둠에서 선정한 내용은 패들렛에 게시한다. (후에 가정 연계로 활용)
⑤ 각 교실에서 '우리 반이 지구를 사랑하는 방법'이라는 책을 만든다.
⑥ 유치원과 1학년이 만든 책을 도서관에 게시한다.

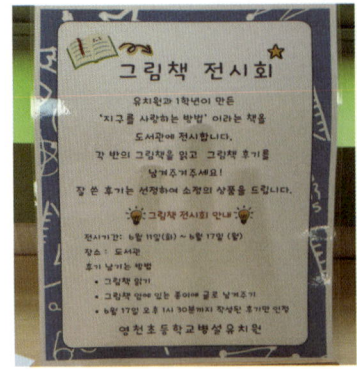 

놀이 소개 동영상 일부　　　　　　그림책 전시회

우리가 정한 지구를 사랑하는 방법 실천하기

* **대상** 유치원생, 초등학교 1학년 학생

* **자료** 패들렛

* **방법**

① 아이들이 정한 지구를 사랑하는 방법을 패들렛에 게시한다.

② 아이들이 가정에서 실천한 모습을 패들렛에 업로드할 수 있게 가정에 안내한다.

③ 가정에서 실천한 아이들에게는 소정의 상품으로 플라스틱 병뚜껑으로 만든 네잎클로버를 선물로 제공한다.

가정연계 안내장　　　가정연계 패들렛　　　네잎클로버

고학년과 함께 한 양말목 플리마켓

* **대상** 유아, 초등학생

* **자료** 양말목, 양말목 공예 틀

* **방법**

① 아이들이 함께 판매할 양말목 공예 작품을 선정한다.(키링, 컵받침, 가방 등)

② 아이들이 함께 양말목으로 판매할 작품과 간식을 만든다.

　(초등학생이 아이들에게 설명하며 함께 만들었습니다.)

③ 협의를 통해 가격 및 판매 담당을 선정한다.

④ 플리마켓 광고지를 만들어 각 학년에 전달한다.

⑤ 플리마켓을 진행하고 모인 수익금은 아이들 이름으로 기부한다.

플리마켓 장소

후원확인증

유치원에서도 실천할 수 있어요!

"우리는 병설유치원이 아니어서 초등학교와 함께 하기가 어려워요."
"초등학교와 함께 하지 않으면 유·초 이음교육은 할 수 없나요?"

유·초 이음교육을 마주하는 선생님들이 많이 하는 고민입니다. 초등학교와 함께 교육하고 활동하면 좋겠지만, 현실적으로 어려운 유치원들이 많습니다. 초등학교와 함께 하는 활동 외에도 아이들이 학교에 진학했을 때 생활과 학습적인 면이 이어질 수 있도록 교육하는 것도 유·초 이음교육이라고 볼 수 있지요. 이번에는 초등학교와 함께 하지 않고 유치원에서도 놀이를 통해 실천하는 이음교육을 소개해 봅니다.

올바른 그림책 찾아오기

* 자료 다양한 그림책

* 방법

① 사전에 교사는 표지의 그림, 제목을 읽어주면서 그림책 제목의 소리글자와 그림책 표지를 서로 매치할 수 있도록 이야기를 나눈다.
② 책꽂이에 다섯 권 정도의 책을 준비한다.
③ 교사가 책 제목을 말하면 아이는 책꽂이로 달려가 올바른 책을 꺼내온다.

★ 이 활동이 왜 필요할까요?

학교에 가면 선생님들이 "국어 책 꺼내세요", "가을 책 꺼내세요"라는 말을 합니다. 선생님의 말을 경청하여 잘 듣는 아이, 교과서의 이름 소리와 교과서를 매치할 수 있는 아이들은 올바른 교과서를 꺼냅니다. 하지만 이름 소리와 교과서를 매치하지 못하는 아이, 선생님의 말을 경청하지 않는 아이들은 올바른 교과서를 꺼낼 수 없죠. 이런 상황을 대비하여 아이들과 함께 제목 듣고 그림책 골라오기 게임을 해보는 것이에요.

그림책 찾아오는 유아들

페이지를 찾아라!

* **자료** 다양한 그림책, 일반도서, 잡지

* **방법**

① 그림책, 일반 도서, 잡지 등을 살펴보며 숫자를 찾아본다.

② 다양한 책에서 공통적으로 어디에 숫자가 있는지 확인한다.

③ 책에는 아래쪽에 숫자가 있고, 이 숫자를 읽을 때는 '쪽', '페이지'라는 말을 사용한다고 설명한다.

④ 교사가 숫자를 부르면 아이들은 숫자를 찾는다.

⑤ 아이들이 숫자를 부르고, 다른 아이들이 찾는 놀이도 할 수 있다.

> ★ 이 활동이 왜 필요할까요?

학기초 유·초 이음교육 협의회 때 1학년 선생님이 "애들이 페이지를 몰라요", "8쪽 펴~ 라고 말해도 어디가 8쪽인지 모르더라구요"…라는 말씀을 하셨어요. 교과서가 있는 1학년에서는 수업 전 "10쪽 펴세요", "12페이지 펴세요"라는 말을 합니다. 그리고 모든 아이들이 같은 페이지를 폈을 때 수업이 시작되지요. 가끔 "9페이지 문제 풀어오세요"라고 말씀하시는 분도 계십니다. 하지만 한 번도 페이지, 쪽 이라는 말을 들어본 적 없는 우리 아이들이 선생님의 말을 이해하지 못하는 게 당연합니다. 그래서 아이들과 "페이지를 찾아라!" 같은 놀이를 하는 것입니다.

페이지 찾는 유아들

스스로 물건 챙기기 - 준비물 목록 활용

* **자료** 준비물 작성 할 수 있는 종이

* **방법**

① 교사는 놀이와 활동에 필요한 준비물을 아이들과 함께 이야기를 나눈다.

② 교사는 아이들과 함께 이야기 나눈 준비물을 칠판에 적는다.

③ 아이들은 종이에 준비물을 직접 적는다. (글씨를 모르는 그림으로 그리고, 교사가 글자로 적어 준다.)

④ 가정에 아이들이 준비물 목록을 보며 스스로 준비물을 챙길 수 있도록 안내한다.

★ 이 활동이 왜 필요할까요?

준비물을 챙겨본 경험이 부족한 우리 아이들. 학교에 진학하면 스스로 준비물과 자기 물건을 챙겨야 해요. 유치원에서 준비물이 필요 할 때 아이들이 직접 챙길 수 있도록 준비물 목록표를 적도록 해보세요. 아이들이 챙긴 물건은 스스로 점검할 수 있도록 준비물 목록표에 표시할 수 있는 곳을 만들어놓는 것도 좋습니다. 그리고 가정에 "준비물 목록표를 보고 아이들이 스스로 준비물을 챙길 수 있도록 도와주세요"라는 말을 안내장을 남기는 것이 좋습니다. 그렇지 않으면 가정에서 어른들이 모두 챙겨주는 상황이 생길 수도 있답니다.

준비물 적는 유아들

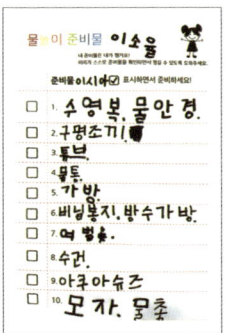
준비물 체크리스트

타이머가 울리면 교실로 돌아오기

* **자료** 타이머

* **방법**

① 아이들과 타이머를 활용하여 약속을 정한다.

"애들아, 앞으로 이 타이머가 울리면 자리에 바르게 앉는거야."

② 교실에서 타이머가 울리면 자리에 앉는 연습 한다.

"자유롭게 돌아다니다가 타이머가 울리면 자리에 앉는거야."

"화장실도 다녀오고 물도 마시고 조금 쉬다가 타이머가 울리면 매트 위로 모이는 거야."

③ 교실에서 연습이 이루어지면, 점차 범위를 넓혀 본다.

"우리 운동장과 놀이터에서 자유롭게 놀이를 할 건데 놀이하다가 주머니에서 타이머가 울리면, 유치원 놀이터 앞으로 모이는 거야."

"유치원을 돌아다니며 산책을 할거야. 산책하다가 타이머가 울리면, 교실로 돌아오는거야."

★ 이 활동이 왜 필요할까요?

학교에는 쉬는 시간이 있습니다. 쉬는 시간에 아이들은 자유롭게 화장실, 도서관, 다른 반 교실, 복도를 돌아다닐 수 있게 됩니다. 쉬는 시간이 끝나는 종이 울리면 아이들은 다시 교실로 돌아와야해요. 아이들은 이 규칙을 인식하지 못하면, 쉬는 시간이 끝나도 교실로 돌아가지 않고 학교를 돌아다니거나 마음대로 행동하게 됩니다. 타이머가 울리면 하던 일을 멈추고 다시 교실로 돌아오거나 자리에 앉는 연습이 이루어지면 학교에서 쉬는 시간이 끝났을 때, 자신의 행동을 멈추고 교실로 돌아가야 함을 인식하게 됩니다. 현재 기관에서도 한번 시도해 보세요. 선생님이 "모이세요!", "이리 오세요", "자리에 앉으세요"라고 말하지 않아도 아이들이 스스로 자리에 앉고 교실로 돌아오는 모습을 보시게 될 거예요. 단, 잊지 마세요! 여러 번의 연습이 필요하다는 걸요!

SDGs 연결 고리

	유치원에서 초등학교의 원활한 이행을 돕고, 심리적 안정과 학습 연속성을 지원하여 아이들의 자립심을 기르는 데 도움이 됩니다. 그리고 아이들이 사회적 기술과 학습 태도를 초등학교 입학 전부터 준비할 수 있어 양질의 기초 교육이 가능합니다.
	유치원과 초등학교에서 아이들이 공동체 의식을 형성하며 상호작용하도록 돕는 이음교육은 서로 다른 연령의 학생들이 함께 활동하며 타인을 배려하고 존중하는 태도를 배울 기회를 제공합니다. 이는 지역사회 안에서 지속가능한 관계를 유지하고, 안전한 공동체로 성장할 수 있는 밑바탕을 만들어줍니다.

교사 및 아이의 성장이야기

교사는 유치원과 초등학교 연계교육이 아이들의 심리적 안정감과 학습 연속성에 큰 도움을 준다는 사실을 배우게 되었습니다. 그리고 초등학교 교사와의 협력을 통해 공동의 목표를 설정하고 교육 프로그램을 기획함으로써 교육적 시너지를 만들 수 있었으며, 유치원과 초등학교의 구분이 아닌 연계와 이음을 몸소 경험하고 배울 수 있었습니다.

현장 적용 tip!

Q. 유·초 이음교육 주제는 어떻게 정하나요?
A. 1학년 선생님, 관리자들과 함께 공통의 관심사로 결정하였습니다.

Q. 소개 된 활동 외에 유·초 이음교육 활동으로 추천하고 싶은 활동이 있나요?
A. 초등학생들과 함께 할 수 있는 활동으로는 초등학생이 읽어주는 그림책 활동, 외국인 학생이 있는 학교에서는 서로의 언어 배워보기 활동, 함께 하는 기부활동, 학교 주변 쓰레기 줍기 및 환경 캠페인, 초등학교 생활 알아보기 활동을 할 수 있습니다. 유아교육기관에서 이루어질 수 있는 활동으로는 경청하는 습관을 위해 말하는 대로 움직이기 또는 행동하기 놀이, 친구가 하는 말을 끝까지 듣고 따라 말하기, 교실 다모임 시간을 통해 자신의 의견 전달하기, 급식실 연습을 위해 식판과 어른용 식기 사용하며 놀이하기 등을 해볼 수 있습니다.

3. 지역사회와 만나요

1) 우리 지역과 함께 살아가기

놀이의 시작

지역사회의 환경과 사람들, 다양한 기관과 상점들은 아이들이 삶에 큰 영향을 미칩니다. 그리고 아이들도 지역사회의 구성원으로 안전과 경제에 도움이 되고, 때로는 자신의 의견을 전달하기도 하지요. 또한 아이들이 지역사회를 돌아보며 공원과 기관, 상점을 이용하는 경험은 지역사회에 관심을 갖고 협력하며 살아가는 방법을 직접 배울 수 있게 합니다. 우리 아이들이 지역사회를 마주하고 경험했던 놀이를 소개합니다.

놀이 흐름 한눈에 보기

1. 우리 동네 한 바퀴 돌아보기	• 아이들이 소개하는 우리 동네 • 아이들이 이끄는 우리 동네 한 바퀴

⇩

2. 소중한 우리 동네 공원	• 우리 동네 공원 돌아보며 놀이하기 • 우리 동네 공원 지키기

⇩

3. 우리 동네 전통시장 이용하기	• 전통시장 방문하기 전 우리들의 준비 • 전통시장 이용하기

―― 놀이 풀어가기 ――

1. 우리 동네 한 바퀴 돌아보기

아이들은 교사보다 그 지역에 더 오랫동안 거주하여, 교사가 알고 있는 동네보다 아이들이 우리 동네에 대해 더 많이, 자세히 알 수도 있습니다. 이러한 특성을 활용해 '아이들이 직접 소개하는 우리 동네' 활동을 제안합니다. 아이들이 온라인 지도를 활용하여 우리 동네를 소개하고, 이를 기반으로 우리 동네 한 바퀴 활동을 진행할 수 있습니다. '아이들이 소개하고 아이들이 이끄는 우리 동네 돌아보기' 어떻게 진행되는지 함께 살펴볼까요?

아이들이 소개하는 우리 동네

* **자료** 네이버 로드뷰 지도

* **방법**

① 네이버 로드뷰 지도에서 우리 동네를 검색하고 찾는다.

② 아이들이 로드뷰 지도에 나온 상점과 기관을 설명한다.

③ 아이들이 소개하는 기관과 상점에 대해 이야기를 나눈다.

"××에서 무엇을 보았니?" / "××에서는 무엇을 했니?" / "××상점에서는 무엇을 보았고, 무엇을 구입할 수 있었니?"

로드뷰를 활용하여 소개하는 아이들

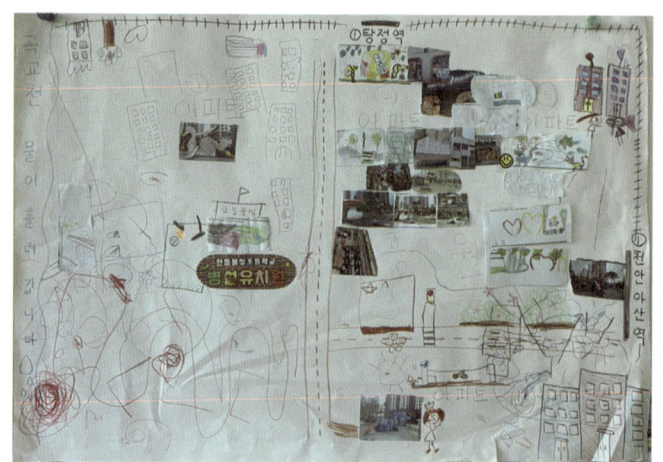

동네지도

아이들은 네이버 로드뷰를 활용하여 자신이 방문했던 기관과 상점을 소개할 수 있습니다. 이 과정에서 아이들은 새로운 장소와 방문하고 싶은 장소를 발견하기도 합니다. 아이들이 관심을 보일 때, 교사는 아이들과 함께 계획하고 준비하는 '우리 동네 한 바퀴' 활동을 진행할 수 있습니다.

아이들이 이끄는 우리 동네 한 바퀴

* **자료** 어린이 카메라 또는 핸드폰, 태블릿 PC, 필기구, 종이
* **방법**
① 우리가 방문할 기관과 상점을 찾아가는 지도를 만든다.
② 지도와 준비물을 챙겨 우리 동네를 돌아본다.
③ 각 기관이나 상점에 도착했을 때 준비한 질문을 한다.
④ 아이들의 활동 모습을 사진과 영상으로 남긴다.

아이들이 계획하는 '우리 동네 한 바퀴'는 방문하고 싶은 기관과 장소를 직접 선정하고, 제안한 길을 이용하면 더욱 알찬 활동이 될 수 있습니다. 이 과정에서 아이들과 함께 우리가 이용할 길을 그리고, 우리가 방문할 장소와 기관 사진을 붙이며 우리 동네 한 바퀴 지도를 만들어 보는 것도 좋습니다. 또 구입하고 싶은 물품을 선정하여 직접 구입해 보는 경험을 해볼 수 있다면 더욱 알차고 즐거운 활동이 될 것입니다.

★ **아이들의 질문 목록**

- 은행: 은행에서는 무슨 일을 하나요?
- 빵집: 빵집에서는 무슨 일을 하나요? / 빵이 남으면 마음대로 먹어도 되나요?
- 약국: 약국에 있는 모든 약들을 다 만들어요?

아이들과 함께한 우리 동네 한 바퀴! 이제 소개해볼게요!

은행 방문

"안녕하세요. 궁금한 게 있는데 물어봐도 될까요?"

"네~ 물어보세요."

"은행에서는 무슨 일을 하나요?"

"은행에서는 돈을 바꿔주기도 하고, 돈이 없는 분들에게 돈을 빌려주기도 해요."

은행에서 질문하는 유아들

빵집 방문

"여기서는 어떤 일을 하시나요?"

"빵을 만들기도 하고 이렇게 포장도 하고, 팔기도 해요."

"빵이 남으면 마음대로 먹어도 되나요?"

"아니요~ 빵이 남아도 마음대로 먹으면 안 돼요. 그리고 빵집에서 일해도 돈을 내고 빵을 사 먹어야 해요."

빵집에 방문하여 질문하는 유아들

약국 방문

"여기서는 어떤 일을 하나요?"

"아픈 사람들에게 약을 팔기도 하고, 의사선생님이 처방한대로 약봉투에 담아서 환자들에게 전달하기도 해요."

"그러면 여기에 있는 모든 약을 약국에서 선생님이 다 만들어요?"

"아니오. 이 약을 만드는 곳은 따로 있어요. 여기서는 약을 만들지는 않아요."

우체국 방문

"안녕하세요. 우체국에서는 어떤 일을 하나요?"

"편지도 보내주고, 택배도 보내줘요. 그리고 돈도 맡아주기도 해요."

"우체국에서도 돈을 맡아줘요? 그건 은행이잖아요."

"우체국에서도 은행처럼 돈을 맡아주는 역할도 해요."

2. 소중한 우리 동네 공원

사계절과의 만남이 이루어지는 공간이고, 자연과 직접 마주하며 체험하고 놀이하며 성장해 나갈 수 있는 공간입니다. 그리고 다양한 사람들과 만나 놀이가 이루어지는 공간이기도 합니다. 공원에 간 아이들은 자연물로 놀이도 하고, 운동기구도 이용하며 놀기도 하지요. 이때 한 아이가 공원에서 쓰레기를 발견하게 됩니다. 아이가 발견한 쓰레기에 다른 아이들도 관심을 보이면 공원을 지키기 위한 캠페인이 시작됩니다. 아이들과 함께 한 공원 놀이부터 캠페인까지! 함께 따라가 볼까요?

우리 동네 공원 돌아보기 전 약속 정하기

* 자료 없음

* 방법

① 우리 동네 공원에서 할 수 있는 놀이에 대해 이야기를 나눈다.
 "공원에서 우리가 할 수 있는 놀이는 무엇이 있을까?"
② 우리 동네 공원 돌아보기를 할 때 필요한 준비물에 대해 이야기를 나눈다.
 "공원을 돌아볼 때 우리가 챙겨야 할 준비물은 무엇이 있을까?"
③ 우리 동네 공원을 돌아볼 때 우리가 지켜야 할 약속을 이야기 나눈다.
 "공원을 돌아볼 때 우리가 지켜야 할 약속에 대해 이야기 해보자."

자연물로 놀이하는 아이들

놀이하는 아이들

우리 동네 공원 지키기

* 자료 쓰레기봉투, 종이, 필기구

* 방법

① 공원을 돌아다니며 발견한 쓰레기에 대해 이야기를 나눈다.

"공원을 돌아볼 때 쓰레기를 발견한 친구가 있었어. 쓰레기를 발견했을 때 어떤 생각이 들었는지 이야기 해줄 수 있니?"

② 공원 쓰레기 줍기 활동을 계획한다.

③ 아이들과 함께 계획한 날에 공원을 돌아다니며 쓰레기를 줍는다.

④ 교실에서 쓰레기로부터 공원을 지키기 위한 캠페인을 준비한다.(포스터와 푯말 만들기)
⑤ 공원에서 캠페인을 진행한다.
⑥ 아이들이 만든 포스터를 공원에 게시한다.

쓰레기 줍는 유아 　　　　　　　캠페인 하는 유아들

★ 우리 동네 공원 지키기를 위한 아이들의 노력

우리 동네 공원을 지키기 위해 아이들과 공원을 돌아다니며 쓰레기를 주웠습니다. 우리가 주운 쓰레기를 쓰레기통에 버리고 싶었으나 공원에는 쓰레기통이 없었습니다. "쓰레기통이 없으니까, 바닥에 버리지~", "공원에 쓰레기통을 만들어달라고 해요!"라고 아이들이 교사를 향해 외쳤습니다. 그래서 교사와 아이들은 교실로 돌아가 공원에 쓰레기통 설치를 요구하는 편지를 편지를 써서 행정복지센터에 보냈습니다. 하지만 공원에는 쓰레기통을 설치할 수 없다는 전화를 받았습니다. 그 이유는 공원에 쓰레기통을 없애는 우리나라의 정책이 있었기 때문이에요. 그래서 우리가 직접 나서 공원에 쓰레기 버리지 않기 캠페인을 진행하게 되었습니다.

3. 우리 동네 전통시장 이용하기

    전통시장은 지역사회를 강화하고 사회적 유대감을 형성하는 역할을 하며, 지역 경제에 긍정적인 영향을 미치는 장소입니다. 그래서 전통시장을 보존하고 지원하는 데 노력을 기울여야 합니다. 대형마트에만 익숙한 아이들에게 전통시장은 경험 해보지 못한 장소입니다. 아이들에게 전통시장 경험을 제공하기 위해 전통시장 이용하기 활동을 계획해 볼 수 있습니다. 그리고 유익한 전통시장 이용하기 활동이 되기 위해 '부모님 심부름하기'와 '지구를 지키며 장보기' 두 가지를 미션으로 진행할 수 있습니다. 아이들과 함께한 전통시장 방문기! 함께 살펴봅시다!

가정 연계: 전통시장 방문 전

* **자료** 학급별 소통창구(밴드, 키즈노트, 종이 등)

* **방법**
① 가정에 전통시장 방문 안내장을 보낸다.
② 안내장에 지구지키며 장보기와 부모님의 심부름을 위한 장보기 활동임을 안내하고, '용기 내 챌린지'*를 설명한다.
③ 전통시장 방문 준비물로 '반찬통(용기), 장바구니, 돈, 구매 물품이 적힌 종이'를 안내한다.

---

* 용기 내 챌린지란?
음식 포장 등으로 발생하는 불필요한 쓰레기를 줄이자는 취지에서 천 주머니, 에코백, 다회용 용기 등에 식재료나 음식을 포장해 오는 운동입니다. 식재료와 음식을 다르게 포장하는 것만으로도 포장 용도로 낭비되는 비닐, 플라스틱 등의 쓰레기를 크게 감축할 수 있습니다. _출처: 네이버 시사상식사전

```
내일 전통시장으로 장보기를 하러 갑니다
이번 시장 장보기는 👉부모님 심부름👈과 👉지구지킴이👈를 위한
장보기 활동입니다 !!!
준비물 꼭 확인하시고 !! 두 가지를 실천 할 수 있도록 챙겨서 보내주세
요 !!!

💡 전통시장 장보기 준비물
1. 용돈 5,000원
2. 살 물품 종이에 적어오기 (이번 장보기는 부모님 심부름입니다 !!)
3. 반찬통 (비닐 봉지 대신 용기에 담아올 예정이에요!👉용기내챌린지)
4. 장바구니

💡 유의사항
1. 깨지지 않는 용기로 챙겨주세요.
2. 아이들이 들기 쉽고 가벼운 용기로 챙겨주세요.
3. 아이들이 살 식재료나 음식이 들어 갈 수 있는 크기의 용기를 챙겨주
세요.
```

밴드 가정안내문

부모님이 적어주신 심부름 물품

전통시장 이용하기

∗ **자료** 심부름 종이, 바구니, 반찬통

∗ **방법**

① 심부름 종이와 반찬통을 바구니에 넣어 전통시장으로 간다.

② 전통시장을 한 바퀴 돌아본다.

③ 시장을 돌아다니며 물품을 구입한다.

④ 물품 구입할 때 "반찬통에 담아주세요"라고 말하고 반찬통에 물품을 담아 온다.

⑤ 모든 물품을 구입한 아이는 정해진 장소로 모인다.

장바구니 사용하는 유아

반찬통(용기)에 담기

반찬통(용기)에 담은
콩나물, 시금치, 빵

SDGs 연결 고리

아이들과 우리 동네를 돌아다니다 보면 은행원, 상인, 택배기사, 경찰 등 다양한 직업의 사람들을 만나게 됩니다. 이를 통해 세상에는 정말 다양한 직업들이 있다는 것을 알 수 있어요. 어릴 때부터 동네 모습을 관찰하며 다양한 직업을 마주하는 건 아이들이 어떤 일을 하고 싶은지 생각해 보는 데 도움이 되고, 이는 좋은 일자리 확대에 밑거름이 됩니다.

내가 사는 동네의 전통시장과 기관, 상점을 이용하는 것은 우리 지역 경제를 살리는 중요한 밑바탕이 됩니다. 따라서 동네 안에서 경제 활동이 활발하게 이루어지면 지역 산업도 같이 성장하게 됩니다.

교사 및 아이의 성장이야기

우리 동네 한 바퀴는 우리 동네 라는 주제로 놀이를 할 때 항상 했던 활동이기 때문에 당연히 의례적인 교육활동으로 진행하고 있었습니다. 하지만 지속가능발전교육(ESD)과 우리 동네 한 바퀴 활동을 연계하여 활동을 바라보니 정말 많은 부분에서 지속가능발전교육(ESD)이 이루어지고 더 다양한 부분에서 연계할 수 있음을 느꼈습니다. 지역사회 기관과 상점들을 방문하는 활동은 지역사회 내 다양한 자원과 관계의 중요성을 체험하는 데 도움이 되었습니다. 그리고 전통시장을 이용하는 경험은 물건을 구입할 때 마트만 떠올리던 아이들에게 새로운 공간을 떠올릴 수 있게 도왔지요. 지역사회를 기반으로 한 놀이 및 활동을 통해 아이들은 자신이 살고 있는 동네에 대해 깊이 있게 생각해볼 수 있었고, 지역사회를 지키고 사랑하는 마음을 키우는 데도 도움이 되었습니다.

현장 적용 tip!

Q. 동네 한 바퀴를 할 때 무엇을 고려해야 할까요?

A. 질문하는 사람, 영상 찍는 사람, 길을 안내하는 사람 등 아이들의 역할을 미리 나눠주세요. 역할을 미리 정하지 않으면 우왕좌왕하고 밖에서 다툼이 생길 수 있습니다.

Q. 반찬통(용기)를 챙겨 올 때 주의할 점이 있나요?

A. 아이들이 살 물품이 들어갈 만한 용기를 챙겨 오는 것이 좋아요. 당근을 샀는데, 용기가 너무 작아 못 넣은 아이가 있었답니다. 그리고 아이들이 들기 쉽고, 가벼운 용기를 챙길 수 있도록 안내해야 합니다.

Q. 장보기에 돈은 어떻게 했나요?
A. 가정에서 5천 원씩 준비해 달라고 안내했어요. 가정 준비가 어렵다면 유치원 운영비로 대체하는 것도 추천합니다.

Q. 우리 동네 돌아보기와 전통시장 방문하기 외에 우리 동네에 대해 알아볼 수 있는 다른 활동이 있을까요?
A. 우리 지역 로고와 캐릭터를 알아보기, 우리 동네 황폐해진 땅을 새로 가꾸기 위한 씨드밤 활동, 지역 축제 참여 등을 추천합니다.

2) 지역사회와 함께 지속가능발전교육(ESD) 연결하기

--- 놀이의 시작 ---

지역사회에서 함께 생활하는 모든 사람들은 각자에게 영향을 미치며 살아갑니다. 지역주민인 아이들이 사는 공간이 더 나은 방향으로 발전할 수 있도록 참여한다면, 지역에 대한 소속감과 애향심이 더 높아집니다. 앞에서는 우리 동네를 돌아보며 직접 아이들이 느끼고 실천했다면, 이번에는 지역사회가 중점적으로 할 수 있는 부분을 지원받아 더 확장적으로 지속가능한 사회를 구현할 수 있는 방법을 고민해 봅니다. 우리 지역이 소멸되지 않고 지속가능한 삶을 함께 누리기 위해 지역사회의 많은 자원을 이용해 활성화를 해야 합니다. 사실 지역사회는 항상 우리와 가까이 있어, 조금만 관심을 기울이면 지역사회와 함께할 수 있는 부분이 굉장히 많습니다. 함께 실천해볼까요?

--- 놀이 흐름 한눈에 보기 ---

1. 지자체와 함께라면	• 종이팩 모으고 화장지 얻고 • 투명 페트병 모으고 종량제 봉투 얻고

⌄

2. 전문가와 함께라면	• 텃밭에 도움이 필요해요 • 감사한 마음을 전해요

⌄

3. 함께 뜻을 모은다면	• 지속가능발전협의회와 함께 SDGs를 달성하기

― 놀이 풀어가기 ―

1. 지자체와 함께라면

    교육기관에서 아이들이 매일 만나는 우유갑은 종이팩으로 만들어집니다. 종이팩을 재활용하면 우리가 매일 사용하는 휴지가 된다는 것을 알고 계시나요? 종이팩을 함께 모아 배출하면 재활용 자원이 되고, 하나씩 바로 버리면 쓰레기가 됩니다. 종이팩의 자원 순환율을 높이기 위해 우유갑을 적당량 가져오면 다른 물품으로 교환하는 사업을 하는 등 자원 재활용 사업을 집행하는 지자체 행정복지센터들이 늘어나고 있습니다. 가정, 지역사회와 연계하여 가정·기관에서 사용 후 버려지는 쓰레기들을 자원으로 인식하여 재활용될 수 있도록 도전해 볼까요?

종이팩 모으고 화장지 얻고

∗ **자료** 우유갑 저금통, 우유갑 모으기 미션 숫자판, 도장

∗ **방법**

① 먹은 우유갑을 '비(우기). 헹(구기). 분(류하기). 섞(지않기)'을 한다.

② 건조 시킨 우유갑을 넓게 펼친다.

③ 크기별로 나누어 우유갑 저금통에 넣고 개수만큼 도장을 찍는다.

④ 지역 기준치를 달성하면, 행정복지센터를 방문해 휴지와 교환한다.

⑤ 우리의 노력으로 얻은 재활용 휴지를 적절히 사용한다.

투명 페트병 모으고 종량제 봉투 얻고

* **자료** 투명 페트병 저금통, 페트병 모으기 미션 숫자판, 도장

* **방법**

① 플라스틱과 투명 페트병을 따로 배출하는 이유를 알아본다.

② 투명 페트병이 어떤 제품으로 재활용되는지 살펴본다.

③ 투명 페트병을 3단계 원칙(비우기-라벨 분리-압축)에 따라 분리배출한다.

④ 크기별로 나눠 페트병 수거함에 넣고, 개수에 맞게 도장을 찍는다.

⑤ 지역에서 정한 기준치를 달성하면, 행정복지센터를 방문해서 종량제 봉투와 교환한다.

지역 자원순환사업 팸플릿

함께 모은 우유갑

재활용 휴지로 교환

우유갑 가정연계 환경

페트병 가정연계 환경

2. 전문가와 함께라면

요즘 교육기관에서는 작물을 기르는 텃밭 공간을 많이 활용합니다. 텃밭을 통해 아이는 작물들이 성장하는 모습을 관찰하며 생명의 신비함을 느낄 수 있습니다. 하지만 교사와 아이들은 텃밭에 대한 지식이 부족하여, 이 구성원들끼리는 텃밭을 가꾸는 데 어려움을 겪을 수 있습니다.

여러분은 이런 난관에 봉착했을 때 어떻게 하시나요? 기관 안에서 해결이 어렵다면 지역사회에 있는 전문가(혹은 협동조합)에게 도움을 요청할 수 있습니다. 이를 통해 아이들은 전문가와 연결되어 세대 간 대화를 이루고 때론 조상들의 지혜를 터득하기도 합니다. 반대로 전문가는 새로운 활동 공간(일자리)을 찾고 아이들과 소통하는 기쁨을 느낍니다.

텃밭에 도움이 필요해요

* Ep1. 누가 맛있는 방울토마토를 터트렸을까요?

아이들이 호기심 가득하게 "여기저기에 방울토마토가 터져있어요. 이건 분명 누가 한 거예요!"라며 질문을 합니다. 동생반, 다른 선생님들께도 물어보았더니 다들 모르는 일이라고 합니다. 텃밭 선생님께 도움을 요청했죠. 그랬더니, "토마토가 바로 범인이야. 비가 많이 오고 난 다음에 토마토가 빵빵해져 있다가 터진 거란다. 그래서 비가 많이 오기 전에 토마토를 꼭 따야 해!"라고 하셨습니다. "아하!" 장마처럼 비가 계속 오는 날에는 미리 토마토를 따야 한다는 것을 배웠습니다.

* Ep2. 비가 온 다음엔 물을 안 줘도 되나요?

점심을 먹고 반으로 돌아가는 길에 항상 텃밭에 들러 물을 주곤 하였습니다. "식물들은 물을 엄청나게 좋아해. 그래서 매일매일 줘야 해. 매일 물을 줘야해서 가끔은 주말에도 놀러온단다"라며 텃밭을 가꾸는 선생님의 말씀을 새겨 들었습니다. 어느 날, 텃밭 선생님께서 오시더니 "오늘은 더 이상 물을 주면 안 돼요"라고 하셔서 우리들은 입을 삐죽거리며 "왜요?"라고 하였지요. "어제 비가 많이 와서 물을 주지 않아도 괜찮아. 오히려 물을 너무 많이 주면, 뿌리가 썩을 수도 있어"라며 물을 적당히 주어야 함을 알려 주셨습니다. 텃밭 선생님이 안 계셨다면, 우리 채소들이 큰일날 뻔했어요.

감사의 마음을 전해요

* 자료 편지지

* 방법

- 마음을 담아 편지쓰기: 더운 날에도 힘써주신 선생님께 감사의 마음을 담아 편지를 씁니다.
- 키운 채소를 함께 나누고 요리하기: 함께 키운 채소들은 우리만 가질 것이 아니라 텃밭 선생님께 나누어 드리거나 요리를 하여 텃밭 선생님과 나눠 먹으며 우리의 감사한 마음을 전할 수 있습니다.
- 채소 사랑하기: 식물을 기르는 것이 쉽지 않음을 알기에 우리 식판에 올라오는 채소가 땀을 흘려 기른 사람들의 마음까지 포함되어 있음을 알고 먹는 것이 좋습니다.

전문가와 함께 모종 심기   수박 따는 방법 듣기   감사의 편지

3. 함께 뜻을 모은다면

지역사회에서 지속가능발전목표(SDGs)를 달성하기 위해 도움을 받을 수 있는 방법을 소개합니다. 지역에는 지속가능발전을 위해 가장 노력하는 단체가 있습니다. 바로 '지속가능발전협의회'로, 시민, 지자체, 기업 간의 거버넌스로 지역 구성원들 간의 조율을 수행하는 협력기구입니다. 이 기구는 전국 단위, 시·도 단위, 지자체 단위로 나누어 운영하고 있습니다. 지속가능발전에 대해 어려움이 있다면 우리가 먼저 지속가능발전협의회에 손을 내밀어보는 것도 필요합니다.

지속가능발전협의회와 함께 SDGs를 달성하기

* **어린이 대상** 찾아가는 기후환경 인형극 공연 등
  - 아산시 지속가능발전협의회는 푸름이 인형극단을 통해 유·초등 저학년 아이들과 어르신 대상으로 지속가능한 환경 교육을 쉽게 풀어 우리 세상에 관심을 갖게 합니다.
* **시민 대상** 지속가능발전 아카데미, 탄소중립 생활실천을 위한 그린리더 양성 등
  - 모든 시민에게 지속가능발전과 관련된 질 높은 강의를 제공함으로써 시민들은 지식을 습득하고 활발한 상호작용을 할 수 있습니다.

★ **TIP**
각 지역 지속가능발전협의회마다 다른 프로그램을 진행하고 있습니다. 시·도 지속가능발전협의회 홈페이지를 방문해보세요!

─────── SDGs 연결 고리 ───────

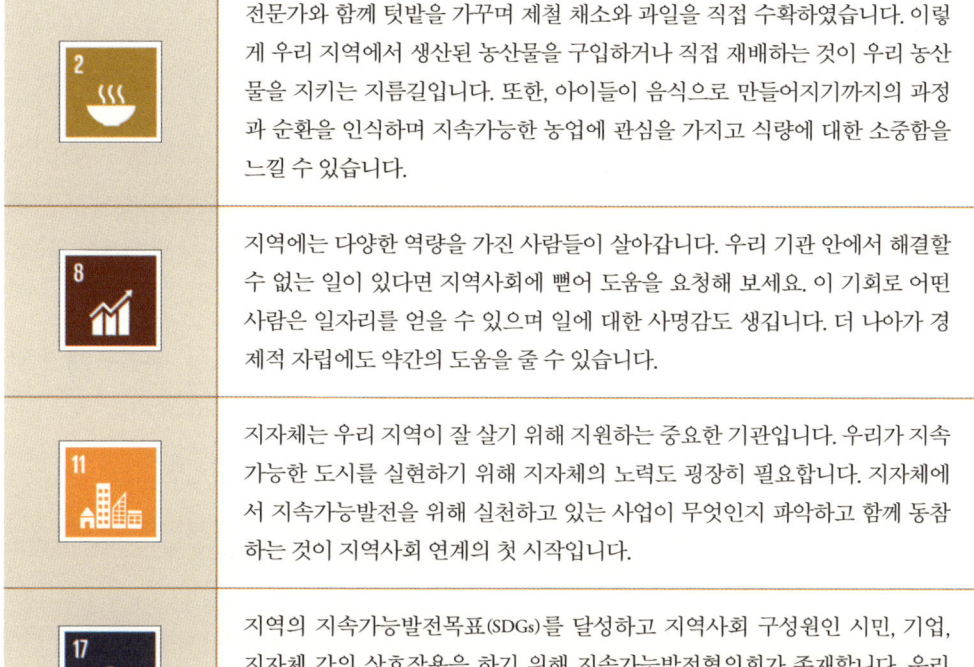

전문가와 함께 텃밭을 가꾸며 제철 채소와 과일을 직접 수확하였습니다. 이렇게 우리 지역에서 생산된 농산물을 구입하거나 직접 재배하는 것이 우리 농산물을 지키는 지름길입니다. 또한, 아이들이 음식으로 만들어지기까지의 과정과 순환을 인식하며 지속가능한 농업에 관심을 가지고 식량에 대한 소중함을 느낄 수 있습니다.

지역에는 다양한 역량을 가진 사람들이 살아갑니다. 우리 기관 안에서 해결할 수 없는 일이 있다면 지역사회에 뻗어 도움을 요청해 보세요. 이 기회로 어떤 사람은 일자리를 얻을 수 있으며 일에 대한 사명감도 생깁니다. 더 나아가 경제적 자립에도 약간의 도움을 줄 수 있습니다.

지자체는 우리 지역이 잘 살기 위해 지원하는 중요한 기관입니다. 우리가 지속가능한 도시를 실현하기 위해 지자체의 노력도 굉장히 필요합니다. 지자체에서 지속가능발전을 위해 실천하고 있는 사업이 무엇인지 파악하고 함께 동참하는 것이 지역사회 연계의 첫 시작입니다.

지역의 지속가능발전목표(SDGs)를 달성하고 지역사회 구성원인 시민, 기업, 지자체 간의 상호작용을 하기 위해 지속가능발전협의회가 존재합니다. 우리 스스로 연결하기 어려운 구성원들이 만나고 대화하는 만남의 장을 통해 서로 도움을 주고받으며 살아감으로써 협력하는 능력이 강화됩니다.

교사 및 아이의 성장이야기

우리 지역은 살기 좋은 곳이라는 인식이 있으면 우리 동네에 대한 자부심과 애향심이 생깁니다. 내가 살고 있는 지역이 더 나은 방향으로 발전하도록 힘을 합치면서 아이들의 자긍심뿐만 아니라 교사의 보람도 높아졌습니다. 지역사회의 다양한 정보를 알게 되어 보는 시각이 달라집니다. 또한 기관에서 수행하기 어려운 부분을 지역사회의 연계를 통해 충분히 해결하며 질 높은 교육으로 성장하였습니다. 찾아보면 우리 주변에 있는 모든 것이 지역사회와 연결됩니다.

행정복지센터를 통해 교환한 자원은 아이들이 다시 한번 생각해 보게 합니다. 내가 열심히 모은 만큼 '다시 모아야지'와 모으는 건 힘드니까 '필요한 만큼만 써야지'로 나눠 이야기합니다. 자원을 사용하는 양은 필요에 따라 기준에 따라 달라지지만, 자원은 나 혼자 사용하는 것이 아닌 모든 사람들이 함께 사용하는 것임을 깨달았습니다.

현장 적용 tip!

Q. 지자체의 자원순환 사업은 어떻게 알 수 있을까요?
A. 자신이 살고 있는 지역의 행정복지센터 홈페이지에서 찾아보세요. 각 지역마다 자원순환 품목과 교환기준, 그리고 리워드가 다르므로 반드시 확인해야 합니다. 지자체 이외에도 기업이나 가게에서도 자연순환을 위해 노력하고 있습니다. 예를 들어, '투명 페트병 무인회수기' 기계에 투명 페트병을 넣으면 일정 금액이나 포인트로 적립하는 방법이 있습니다. 또한, 카페에서 일회용 컵이 아닌 다회용 컵 보증제를 도입하며 일회용 쓰레기를 발생시키지 않고 자원을 재사용할 수 있는 문화를 형성합니다.

Q. 기관에서 자원순환으로 모은 재활용 자원이 더럽거나 분리배출 원칙을 지키지 않았을 때 어떻게 해야 하나요?

A. 우리가 자원순환을 위해 재활용 자원을 모을 때, 자율적으로 행동합니다. 자원을 구분하여 배출하는 것을 시작으로 깨끗이 세척 후, 분리배출 원칙을 지킬 수 있도록 반드시 미리 안내해야 합니다. 그리고 재활용 자원을 배출할 때, 분리배출 원칙을 지켰는지 스스로 생각하도록 하는 것도 매우 중요합니다.

| 참고 자료 |

문헌

- 교육부 (2024). 「지속가능발전 기반 유아환경교육 교사용 지도서」. 세종: 교육부.
- 김혜경, 정은주, 박지원, 황인희, 박수민, 구민경, 방수지(2023). 『변회의 씨앗-놀이를 통한 지속가능발전교육 바로 알기』. 서울: 창지사.
- 박은혜, 장인영, 박세령, 김지은, 김교령, 손혜진(2022). 『영유아교사를 위한 지속가능발전교육』. 서울: 아이코리아.
- 손연아, 조재준, 배경석, 서미숙, 최재혁, 강순기, 지덕영(2023). 『세대를 넘어서』. 서울: 박영스토리.
- 아키야마 고지로, 송지현(2022). 『어린이를 위한 SDGs : SDGs가 왜 필요할까?』. 서울: 스쿨존에듀.
- 유네스코한국위원회(2019). 「지속가능발전목표 달성을 위한 교육 - 학습목표」. 서울: 유네스코한국위원회.
- 정기섭(2019). 『지속가능한 미래를 위한 교육』. 서울: 강현출판사.
- 지옥정(2014). 환경기념일로 풀어본 유아기 지속가능발전교육』. 서울: 창지사.
- 지옥정, 김미애, 유영의, 권이정, 김경숙(2023). 『지속가능한 사회와 유아기 지속가능발전교육』. 경기: 양서원.
- 최은영, 도남희, 김은정, 장혜진, 김민주, 이솔미(2020). 「영유아기 지속가능발전교육 실천 방안 연구」. 서울: 육아정책연구소.
- 환경부(2009). 「초등학교 교사를 위한 지속가능발전교육 참고교재 개발」. 세종: 환경부.
- WILL어린이교육연구소(2023). 『우리 모두 SDGs』. 서울: 머핀북.
- 김양은, 최숙, 박상호,장준영, 박정원(2019). 「어린이집 및 유치원 교사가 알아야 할 디지털 시민성과 교육」, 경기도:방송통신위원회, 대구광역시: 한국정보화진흥원.

웹사이트

- 아동권리협약 - 국제아동인권센터(InCRC) https://incrc.org/uncrc/
- 유네스코한국위원회 https://unesco.or.kr
- 지속가능발전포털 - https://ncsd.go.kr/

교육과실천이 펴낸 유아 놀이 교육서

유·초 이음교육 How To

김나영, 백송이, 유성훈, 이예린, 김민경, 김지영, 전원미, 최미화, 최윤미 지음

일회성 이벤트가 아닌, 유치원과 초등학교의 교육과정을 조밀하게 연계하고, 아이들 모두가 쉽고 재미있게 참여할 수 있는 살아 숨 쉬는 35가지의 이음 놀이를 담았다.

그림책 놀이 학급운영

홍표선, 김진희, 이은주, 이현주, 강상주, 변미정, 이선아, 이미영, 장현아, 이여빈, 배지은 지음

새 학기를 앞두고 교사는 어떤 아이들을 만날지 설레는 마음과 함께, 어떻게 하면 아이들과 즐겁고 신나게 일 년을 함께할 수 있을지 고민이 깊어진다. 유아교육 현장 전문가들이 영유아교육에 도움이 되는 그림책 28권과 그림책으로 하는 85가지 놀이를 담았다.

그림책 한글 놀이

홍진선 지음

한글을 즐겁게 익히는 가장 강력한 도구라고 할 수 있는 '그림책'과 '놀이'를 이 한 권에 함께 담았다. 이 책에 실린 50권의 흥미로운 그림책과 91개의 다양한 놀이를 통해 아이들은 재미있게 한글이랑 만나고, 놀고, 친해지고, 이야기 나눌 수 있다.

알수록 재미있는 교실 속 디지털 놀이

김연희, 이경진, 고은주, 이송이, 이아라 지음

아이들에게 있어 디지털, 온라인은 이제 더 이상 기피대상이 아닌, 아이 주도의 디지털 놀이를 통해 아이의 성장과 발달을 돕는 필수조건이다. 디지털 놀이에 익숙하지 않은 교사들과 부모가 보다 쉽게 접근하여 이해하고 활용할 수 있는 생생한 현장중심의 수업을 소개한다.

그림책 요리 놀이 102

이현주, 홍표선, 전영숙, 이은주, 이미영, 김광혜, 오은주 지음 | 김선규 감수

이 책은 우리 아이들이 다양한 음식을 만나 친해지고 골고루 먹으며 행복하고 건강하게 자라기를 바라는 마음을 담아, 32권의 그림책으로 맛있게 빚어낸 102가지 요리와 놀이 레시피를 소개한다.

그림책 놀이 82

성은숙, 이미영, 이은주, 한혜전, 홍표선 지음

상상놀이에서 인성놀이, 자연놀이, 문제해결놀이까지 그림책을 읽고 아이들과 함께 쉽고 재미있게 할 수 있는 다양한 놀이를 소개한다.

교육과실천이 펴낸 **그림책**

제라드의 우주쉼터
제인 넬슨 지음, 빌 쇼어 그림, 김성환 옮김

'긍정의 훈육' 창시자인 제인 넬슨은 이 책에서 아이 스스로 감정을 조절할 수 있도록 제라드의 이야기를 통해 '긍정적 타임아웃'을 알려준다. 아이 혼자 또는 부모나 교사와 함께 읽으면서 '긍정적 타임아웃'이 무엇인지 알 수 있으며, 이 공간을 활용하여 어떻게 자기감정을 조절할 수 있는지 알 수 있다.

소피아의 화를 푸는 방법
제인 넬슨 지음, 빌 쇼어 그림, 김성환 옮김

전 세계에서 사랑받는 '긍정의 훈육' 시리즈 중에서 어린이를 위한 그림책이다. 제인 넬슨은 이 책에서 화가 나 엉킨 마음을 다른 사람에게 상처 주거나 때리지 않고 건강하고 안전하게 해소하는 방법을 알려준다.

내 마음, 네 마음
이준기 글, 김정아 그림, 김진애 감수

같은 상황이지만 서로 다른 생각을 가진 두 아이의 시점과 생각을 각각 보여주며 생각의 차이로 다투게 되는 과정부터 서로의 이해하고 화해하는 모습까지 보여준다. 책을 읽은 후 사용할 수 있는 『독서 지도안』을 제공한다.

잠깐만
이팅 리 글·그림, 그림책사랑교사모임 옮김

'토끼와 거북이'를 함께 보고 읽으며 우리 아이 MBTI 유형을 할고, 아이와 함께 독후활동을 할 수 있도록 질문지와 학습지를 제공한다.

할 수 있어, 클로버
홀리 휴즈 글, 닐라 아예 그림, 그림책사랑교사모임 옮김

아이의 자존감을 키워주는 성장 그림책 첫 번째 이야기. 변화를 싫어하거나 주저하는 애벌레 클로버는 무사히 나비가 될 수 있을까요?

발표는 어려워
이팅 리 글·그림, 그림책사랑교사모임 옮김

아이의 자존감을 키워주는 성장 그림책 시리즈 두번째 이야기. 수줍음이 많고 말이 잘 나오지 않는 수지와 로봇 친구 아놀드는 무사히 '반짝반짝 소중한 보물 발표 시간'을 마칠 수 있을까요?